高校辅导员
工作理论与实务知识

● 陈虹 赵鹏 主编

天津社会科学院出版社

图书在版编目（ＣＩＰ）数据

高校辅导员工作理论与实务知识／陈虹，赵鹏主编．
--天津：天津社会科学院出版社，2021.5
ISBN 978-7-5563-0731-9

Ⅰ.①高…　Ⅱ.①陈…　②赵…　Ⅲ.①高等学校－辅
导员－工作－研究　Ⅳ.①G645.1

中国版本图书馆 CIP 数据核字（2021）第 113566 号

高校辅导员工作理论与实务知识
GAOXIAO FUDAOYUAN GONGZUO LILUN YU SHIWU ZHISHI

出 版 发 行：天津社会科学院出版社
地　　　址：天津市南开区迎水道 7 号
邮　　　编：300191
电话／传真：（022）23360165（总编室）
　　　　　　（022）23075303（发行科）
网　　　址：www. tass-tj. org. cn
印　　　刷：英格拉姆印刷(固安)有限公司

开　　本：787×1092 毫米　1/16
印　　张：23
字　　数：380 千字
版　　次：2021 年 5 月第 1 版　2021 年 5 月第 1 次印刷
定　　价：68.00 元

编 委 会

主　　编:陈　虹　赵　鹏
副 主 编:胡　健
编　　委:王若男　陈文洋　魏文云
　　　　　张诗婕　陈　澄

序

习近平总书记在全国高校思想政治工作会议上强调,高校思想政治工作关系高校培养什么样的人、如何培养人以及为谁培养人这个根本问题,讲话明确指出了高校思想政治工作的重要性。《中华人民共和国教育部 43 号令》中明确规定:"辅导员是开展大学生思想政治教育的骨干力量,是高等学校学生日常思想政治教育和管理工作的组织者、实施者、指导者。"辅导员作为新时期高校思想政治教育工作者,如何成长为大学生成长成才的人生导师和健康生活的知心朋友,如何努力成为一名"好"辅导员,是当前和今后一个时期,辅导员专业化和职业化的关键点。

成为一名好辅导员需要我们有格局,常怀初心。所谓有格局,是要充分认识时代的变化,深刻理解国家以及学校对人才培养的要求,将自己摆进去,摆进落实立德树人的根本任务中去,用"思变"与"思危"的心态去拥抱时代的变化、学校的发展与变化、人才培养目标的变化。同时,要不忘辅导员"立德树人"的初心,时刻记得我们作为大学生思想政治教育骨干力量的身份,我们这个群体肩负为党育人、为国育才的时代责任。

成为一名好辅导员需要我们善于在工作中形成合力。我们常讲"人心齐,泰山移"。辅导员队伍建设只有心往一处想,劲往一处使才能建设好。工作中,我们要学会借力,加强与专业课教师、教辅人员的合作,形成协同育人。

本书在马克思主义理论和相关政策文件的指导下,结合辅导员素质能力大赛和辅导员日常工作中谈心谈话、理论宣讲、主题班会等内容,通过实证解析了辅导员工作,研究了新时代辅导员职业能力的涵盖要素。

首先,要掌握谈心谈话这门必修课。习近平总书记说:"抓好落实,必须大兴调查研究之风,对真实情况了然于胸。"作为新时期的辅导员,抓好职业能力标准的落实,一是要吃透《职业能力标准》;二是要摸清学生真实情况。谈心谈话作为辅导员开展思想政治教育的具体载体之一,是辅导员开展调查研究的重要渠道,也是抓好落实的"牛鼻子",要牢牢把握谈心谈话这个基本功。谈心谈话对于听取学生的心声、摸清学生的现状、找出问题的根据,推动问题的解决有着不可替代的作用。良好的谈心谈话应从四个方面着手:一是要了解学生实际;二是要解决学生问题;三是要跟踪观察学生,通过落实谈心谈话才能谈出心声、谈出幸福、谈出活力与信心。

其次,要站稳理论宣讲舞台。理论宣讲是新时代辅导员的主要职责,是辅导员专业化的根本体现,是职业化的根本要求,是职业能力的基本内容。何为理论宣讲,就是将理论用愿意听、听得进、听得懂的通俗话语进行阐释的过程。简而言之,就是要将深奥的、抽象的思想观点通俗化,复杂的问题浅显化。作为新时期辅导员,面对复杂多变的国内外形势,需要我们面对青年大学生传播党的最新理论成果和党的路线方针政策,用马克思主义理论和中国化的马克思主义理论武装大学生,全面提升大学生思想政治理论水平,推进全面发展。

再次,要组织好主题班会。主题班会是高校思想政治教育工作的重要组成部分,是辅导员向学生进行思想政治教育一种有效形式和阵地,有计划地组织与开展主题班会活动是辅导员的一项重要任务。它有助于提高学生的政治思想觉悟,增强班级的凝聚力,形成良好的班风;有助于培养学生的实践能力,体验成功与挫折,从而培养学生良好的意志品质;又能给学生提供施展才华、展示风采的平台,拓宽学生进行自我教育的空间,更好地促进学生的个性发展。

本书的撰写是由笔者所在高校的思想政治一线辅导员执笔完成,团队成员是由拥有思政工作近二十年经验的副教授辅导员、二级学院学生工作负责人、新入职辅导员组成,拥有丰富的实践经历和实战经验。书中第一章由陈澄同志负责,第二章由赵鹏同志负责,第三章由陈文洋同志负责,第四章由张诗婕同志负责,第五章由魏文云同志负责,下篇由陈虹同志、赵鹏同志、胡健同志共同负责完成。本书的撰写还得到了天津社会科学院出版社的大力支持。

本书虽经多方修改,但疏漏或错误之处仍在所难免,敬请读者提出意见,以便我们修正。

编 者

2021 年 6 月

目 录

上 篇 理论基础篇

中 篇 实务技巧篇

下　篇　基础文件篇

上　篇

理论基础篇

第一章 辅导员理论与制度沿革

第一节 辅导员概述

一、什么是辅导员

高校辅导员制度是一种常见的教育制度,在大学当中因为学生普遍具有较高的知识素养和学习能力,而大学生又面临着毕业后即将步入社会的特点,因此对于大学生的教育不仅仅需要培养大学生本身的专业素养和专业能力,同时也需要提高相应的知识储备思维能力以及价值判断和价值排序,辅导员的设立就是为了更好地引导学生树立正确的价值观、道德观和世界观,提高大学生的心理素质。在现代的大学辅导员工作当中辅导员需要具备较高的政治素养以及严格的工作作风,要求德才兼备。同时对于相关专业的专业知识也需要有一定的涉及和学习,在大学当中辅导员的位置确定相当于其他学龄阶段的班主任工作,辅导员通过相关的工作制度来对一个或多个班级的学生进行道德品质的培育和道德思维的养成。

因此选取辅导员上也有相对应的要求,首先辅导员需要有较高的政治素养,对于当代的社会主义核心价值观有一定的了解。其次辅导员需要有一定的业务能力和教育水平,只有相应的业务能力和教育水平,才可以保障辅导员工作的有效进行,辅导员还需要自身纪律严明对自身有更高的要求。无论是哪一个学龄阶段,对于学生的教育都需要从自身做起才可以达到更好的教育效果,尤其是道德教育和政治教育。辅导员自身必须要增强社会主义核心价值观的学习,并应用到日常当中,严格要求自己,通过自身的坚守,在日常生活当中和细节处对学生们产生影响,通过潜移默化、身体力行来影响学生。一般而言在选取辅导员的标准上,还需要辅导员对心理学教育学以及思想政治教育专业有一定的了解,学习过专业理论知识的教师,在教育的过程当中才有足够的理论依据。理论依据是教育的基础,只有具备更好的理论素养,才可以在教学过程当中更好地进行知识输出,让学生们明确教学当中的目的和想法。

高校辅导员的职责主要分为八个方面:

(1)帮助高校学生树立正确的世界观、人生观、价值观,确立在中国共产党领导下走中国特色社会主义道路、实现中华民族伟大复兴的共同理想和坚定信念。积极引导学生不断追求更高的目标,使他们中的先进分子树立共产主义的远大理想,确立马克思主义的坚定信念;培育四有青年,让学生们在党和国家的领导下追求更高的人生目标和树立正确的人生理想,在学生们毕业以后步入社会当中才可以更好地符合于时代和社会的要求,想要更好地落实这一理想化的结果,学生需要树立正确的三观,通过相关的学习来培养出一个正确正当的思维倾向,坚定走中国特色社会主义道路,坚决拥护党和国家服从党的安排,听从党的指挥,跟随党的领导坚定中国特色社会主义马克思主义的领导和要求。

(2)帮助高校学生养成良好的道德品质,经常性地开展谈心活动,引导学生养成良好的心理品质和自尊、自爱、自律、自强的优良品格,增强学生克服困难、经受考验、承受挫折的能力,有针对性地帮助学生处理好学习成才、择业交友、健康生活等方面的具体问题,提高思想认识和精神境界;通过开展活动以及面对面谈话,引导学生提升自身的道德素养,同时培养学生的爱国主义精神,以此推动国家和社会的平稳发展,为社会提供具有职业道德的人才,提升学生的社会生存能力。

(3)了解和掌握高校学生思想政治状况,针对学生关心的热点问题和焦点问题,及时进行教育和引导,化解矛盾冲突,参与处理有关突发事件,维护好校园安全和稳定;通过日常的工作让学生对政治、经济、文化具备一定的了解,并通过将热点新闻引入课堂的模式引导学生正确地看待事物和认识世界,进而应用到校园管理当中,预防校园内产生不安全因素。

(4)落实好对经济困难学生资助的有关工作,组织好高校学生勤工助学,积极帮助经济困难学生完成学业;及时了解、发现在经济上有困难的学生,并提供一定的指导意见和帮助,通过引导学生们进行勤工俭学,帮助学生们解决学习当中的经济压力,完成学业。

(5)积极开展就业指导和服务工作,为学生提供高效优质的就业指导和信息服务,帮助学生树立正确的就业观念;辅导员需要让学生树立正确的就业观念和就业意识,通过组织相关的就业指导工作,让学生认识到自身发展的缺陷和不足,以及未来发展的方向,树立正确的教学观念,提高工作热情和职业道德。

(6)以班级为基础,以学生为主体,发挥学生班集体在大学生思想政治教育中的组织力量;在班级管理上大学辅导员从学生角度需要提高学生的管理能力,培育相关学生干部的管理技巧,并且通过相关宣传干部对班级大体上有所了解,并进行相对应的指导,及时解决现阶段学生在思维倾向和价值排序以及在思维行动和生活当中的错误倾向。除了面向学生的管理工作,大学辅导员还需要在教师方面进行管理,大学辅导员需要协调各个任课教师的工作,保障任课教师的工作可以顺利进行,可在教学中适当地开展一些教育活动。

(7)组织、协调班主任、思想政治理论课教师等工作骨干,让他们共同做好经常性的思想政治工作,在学生中间开展形式多样的教育活动。

(8)指导学生党支部和班委会建设,做好学生骨干的培养工作,激发学生参与活动的积极性和主动性。利用学生会和班干部的优势对普通学生进行多方面的了解,以此保障教学的有效性和针对性,保证教学的有效落实。

二、辅导员的产生与发展

(一)辅导员的产生

1953 年,清华大学、北京大学向国家提出试点请求(尤其是清华校长蒋南翔);此后,不少高校建立了辅导员制度。1961 年,国家提出在各高校设立专职辅导员,并得到实施。

（二）辅导员的发展

1978 年,国家出台文件,在高校恢复辅导员制度,因历史原因思想政治工作人才（包括辅导员）转岗严重,于是以专业教师兼职为主担任政治辅导员,辅导员工作不在仅仅停留在政治工作上,逐步向思想政治教育转变。1987 年,党中央也出台过改进和加强大学生思想政治教育工作的文件,政治辅导员工作定位依旧没有变。一直到 20 世纪 90 年代,随着改革开放的深入,高校也出现了很多新情况,比如帮困工作、心理辅导、职业辅导等工作也成了辅导员工作的一部分。进入 21 世纪,党和国家越发重视思想政治教育工作,2004 年,中共中央下发《中共中央国务院关于进一步加强和改进大学生思想政治教育的意见》（以下简称 16 号文件）,提出要采取有力措施,着力建设一支高水平的辅导员、班主任队伍。2005 年,为了贯彻落实 16 号文件,教育部下发《教育部关于加强高等学校辅导员、班主任队伍建设的意见》,提出鼓励和支持辅导员长期从事该项工作,向职业化、专家化方向发展。2006 年,教育部又签发第 24 号教育部令《普通高等学校辅导员队伍建设规定》,明确了辅导员的工作职责、聘任、培养等各个方面的内容。其中第十六条规定:高等学校应当鼓励、支持辅导员结合大学生思想政治教育的工作实践和思想政治教育学科的发展开展研究。尤其是 2004 年 16 号文件,拓展了辅导员职能,"帮助学生解决实际问题"作为一项职能写进了文件（包括帮困、心理、就业、生涯规划、人际关系等）,多方面为辅导员的出路和保障做出了努力。16 号文件配套文件《教育部关于加强高等学校辅导员班主任队伍建设的意见》指出:辅导员班主任是高等学校教师队伍的重要组成部分,是高等学校从事德育工作,开展大学生思想政治教育的骨干力量,是大学生健康成长的指导者和引路人,专职辅导员总体上按 1:200 的比例配备。随后教育部又制定《2006 - 2010 年普通高等学校辅导员培训计划》,提出到 2010 年培养和造就 1000 名在思想政治教育方面有一定国内影响的专家等目标。2013 年制定了《普通高等学校辅导员培训规划（2013 - 2017 年）》（教党〔2013〕9 号）,提出构建高校辅导员队伍能力标准体系,推动高校辅导员队伍专业化职业化建设。2014 年,教育部关于印发《高等学校辅导员职业能力标准（暂行）》（教思政〔2014〕2 号）的通知,调整和完善高校辅导员培养培训方案、工作职能设置、考评考核指标等,努力将高校辅导员队伍建设提升到新水平。

第二节　辅导员制度的历史沿革

一、制度的诞生

从历史角度讲个辅导员制度的确立也经历了很长的一段时期,在不同的时期也经历了许多历史事件主要阶段集中在 1951 年、1966 年、1976 年、1996 年和 2004 年,在这五个时间段产生了许多标志性的事件,辅导员制度也经历了萌芽确立破坏恢复和加强结算一直到现阶段的科学发展。在 1951 年之前还没有高校辅导员,这一个岗位也并没有确定高校辅导员的工作内容和工作职责,而高校辅导员制度是在土地革命之后才出现了萌芽阶段,在 1951 年这个历史时期因为历史环境的影响,为了更好地让人们适应当时的社会环境,中国人民抗日军政大学采取了政治指导员的制度,当时国家称之高校指导员为政治指导员,政治指导员是高校辅导员的前身,政治指导员的主要工作就是负责对学生们的思想学习工作和生活进行指导,在中央的意识领导下进行相对应的教学工作,在 1995 年经政务院批准设立专职辅导员的岗位,通过政治辅导员的岗位确立,来对学生们日常政治生活和社会方向思维方式进行引导。这是高校辅导员的初始阶段,政治辅导员在高校辅导员的历史演变过程当中占据了很长一段时间。也通过政治辅导员的工作来影响了很多学生,对学生们思维政治生活观念,都产生了一定程度的影响。

二、制度的确立

在高校辅导员确定的过程中,也经历了很多阶段。1951 年到 1966 年高校辅导员初步形成,1966 年到 1976 年出现了破坏,1976 年到 1990 年高校辅导员制度逐渐得到恢复。1990 年到 2004 年辅导员制度逐渐加强。

1952 年在当时的高校确立了政治辅导员的机制,并且设立了专门机构在学校中称为政治辅导处,政治辅导员需要对于当时的政治有一定的了解,对学生们的思想和政治进行培养,提高相对应的素质,并对学生们提供政治学习和政治引导,由此辅导员制度迎来了制度化的建设阶段。辅导员也逐步走进学生的学习生活当中,具有一定的职责内容,当时的政治辅导员更加倾向于对学生的政治教育和政治理念的灌输,在学习和思想上,也更加偏向于政治化设备政治服务的机构。

1953 年率先在清华大学进行试点设立辅导员制度,在清华大学进行政治辅导工作取得了不错的效果,对学生们思维上的养成和政治上的认知都起到了一定程度的引导作用,对培养高素质的综合性人才提供了帮助。同时,政治辅导员的工作也取得了一定效果,学生的人格得到了丰富,能力得到了提升,认识不断地进步和发展,辅导员制度的确立以及辅导员的重要性,逐步引起相关教育机构的重视,人们开始逐步认识到辅导员在大学校园当中的作用和影响。培养符合社会和时代要求的综合性人才辅导员的作用,显然十分重要。

据此在 1961 年我国决定在大学中确立辅导员制度,同时在辅导员的选人标准上也提高了要求,相关工作人员需要具备一定的政治素养。对国家的政治经济文化思想进行传播,可以起到对学生的引导作用,在这个阶段高校辅导员也迎来了专职的阶段,专职专设,这时政治辅导员正式成为大学教育当中的一个专业职位,相关单位对政治辅导员的工作要求和工作方向,也有明确的规定。

在接下来一段时间,相关单位不断地颁布与大学政治辅导相关的文献和文件,来明确大学辅导员的工作内容和工作方向,明确大学辅导员的配比,对辅导员团队的结构和功能进行了详细的解读,在 1966 年大学辅导员制度逐渐出现。

1966 年到 1976 年,因为社会因素的影响,导致整个教育行业受到打击,相关工作人员也被社会环境所排挤,辅导员的工作受到了严重的摧残,相关工作人员的身体甚至心灵都受到了严重的打击。在这个阶段当中,很多高校领导也受到了压迫,学校在领导上出现了无组织无纪律的情况,导致大学教育工作没有相对应的领导和组织要求,造成了高校政治领导没有重点,缺少相对应规范的局面。缺少相对应的政治因素领导让高校的政治辅导工作困难重重面临着挫折。

1977 年,我国重新开始重视教育行业的发展以及对教育行业的规范工作。在这个阶段恢复了大学期间配备政治辅导的相关制度,政治辅导员重回人们的视野。1980 年,对辅导员的工作进行了明确的要求,要求政治辅导员在政治上和业务上都得到相对应的提高。同时还明确了政治指导员的选取规则和政治辅导员的工作方向。在1980年,我国高校政治辅导员的选取方法是从学生当中选取或者在教师群体中选取政治文化都相对较为出色的人担任政治辅导员的工作。在这个阶段中,辅导员的工作量也出现了变化,从原来的1:100转变为1:120,即每120个学生设立1个政治辅导员,同时国家也通过颁布相关法律来规定政治辅导员工作原则、工作目标以及工作内容。通过全方位的规则完善,政治辅导员的工作得到恢复并且在一定程度上得到了提高。

随着政治辅导员工作制度的完善,以及人们对教育观念的认知不断提高。1990年以后我国进入了快速发展的阶段,教育工作也得到了不断地发展,政治辅导员的相关工作人员在工作上有了更多的经验可以汲取,从而不断完善和发展,纠正了工作当中的错误倾向以及工作内容上的错误方式,政治辅导员的工作得到不断完善和提高。同时国家政策又与政治辅导员的工作和要求相结合,不断地完善高校辅导员的工作制度,高校辅导员已经从政治引导逐步演化为生活、学习、政治全方位引导的特点,也要求政治辅导员不断完善自身的素质,优化相关的政治辅导结构。保证政治知识的先进性和实时性,开始对辅导员团队进行建设,要求相关工作人员政治业务能力要不断加强,关注作风问题,保证作风优良。在1996年、1993年、1994年、1999年以及2000年,我国教育部都颁布了相对应的政策,不断明确和完善高校政治辅导员的工作。而在经济政治不断发展和完善的过程当中,教育方面也在不断地提高,加之我国上层建筑逐步意识到教育工作对国家发展社会发展以及人民进步的作用,想要国家更好的进步和发展,离不开专业性人才的技术提高和相关工作人员思维模式的正确引导,因此逐步重视起政治辅导员的建设问题。在这一阶段高校辅导员迎来了快速发展的阶段,高校辅导员制度也在不断地提升和进步。

三、制度的发展

从2004年开始,高校辅导员制度迎来了科学发展的阶段。同时国家也通过颁布相关的法律和文件明确指出辅导员工作应当注意的问题以及现阶段政治辅导员需要注意的问题,通过文件的颁布来确定现阶段辅导员和学生的比例以及辅导员的工作任务和明确辅导员的重要性。同时国家开始对辅导员实行政策倾斜和经济倾斜,提高辅导员的待遇,辅导员制度得到不断发展和完善。在2005年和2006年都召开了相对应的会议对辅导员的工作进行了明确的要求,对辅导员队伍的建设也提供了一定的引导,指出大学辅导员不仅需要提高学生的政治意识政治素养同时还需要从思想上让学生们树立正确的价值取向、价值排序、思维方式以及价值判断,从思想上不断引导学生们发展以适应社会和时代的要求。同时也需要给学生一定的工作引导,从工作上、生活上、思想上不断地加强学生们的能力,促进学生发展。在这一阶段大学辅导员已经不仅仅局限于政治领域的引导,给学生们灌输政治知识,同时也从道德上和专业上为学生们提供指导和帮助。

自2005年起,国家已经不仅仅局限于文件和政策上为工作人员提供引导,也设立了相对应的辅导培训机构;针对辅导员的工作特性开设科研项目。对辅导员的工作进行深入研究,通过科研来分析,大学生的学龄特点,以及当代大学生的普遍思维模式和思维倾向,总结出大学辅导员的工作性质和工作范畴。不断完善大学辅导员的工作,让大学辅导员的工作更加专业化和职业化。纵观历史时间轴,我国的高校辅导员制度经历了长时间的发展和改革,其间也经历了一些挫折,让我国高校辅导员制度得到了初步完善,对大学辅导员工作内容、工作方式以及工作方向都提供了积极的社会环境,让大学辅导员制度得到了充分的发展。同时不同时代,对于大学辅导员的要求,也不断地发生改变,从一开始的政治传输到现阶段运用思维引导的方式来培育,以及学生职业修养和职业能力的规划,大学辅导员制度已经褪去了青涩的外衣逐步走向成熟,为培育符合于时代要求的高素质人才奠定了基础。思想政治工作是党和国家发展的基础和前提,只有意识工作得到提升,相关的行政工作才能更好落实,国家和地方才能统一资源,资源才能得到整合,政策才能更有效地落实,才会有更高的民族向心力和民族荣誉感。

而大学生作为社会未来的主要生产力,是社会当中的中流砥柱,对于大学生的培训需要辅导员作为大学生培育前沿的支持和保障,提高辅导员的工作能力和工作质量,不断对辅导员进行培训。社会和时代要求的综合性人才,每次在不同的历史阶段不同的社会背景下,高校辅导员的制度都在不断地完善,高校辅导员工作的内容也在不断地发展。在快速发展的社会环境下,辅导员的工作内容也需要随着时代的发展而不断变化,紧跟时代的步伐,培育出新型人才,以推动社会的发展和国家的进步。就现阶段而言,我国的高校辅导员在工作当中仍旧会有一些角色定位模糊,工作职能不明确以及队伍建设方面存在缺陷的问题,但是国家政策已经给出了明确的提示和规范,高校指导员需要解决工作与学生生活之间的联系,明确自己的工作任务,并且通过学习,不断提高高校辅导员的工作态度、工作专业性和工作能力,加强学生管理。

目前在高校辅导员工作开展的过程当中,以学生为中心对学生的专业能力和思想进行指导,提高学生的相关能力。首先高校辅导员需要对学生专业进行了解,通过谈话等方式,结合大学生所学相关专业的特色,以及大学生的学龄心理对大学生们进行引导,准确掌握大学生的思维模式和价值倾向。通过对大学生的了解来提高大学生的管理工作,对大学生实行人性化管理,高校辅导员的工作不同于其他政治工作,更倾向于人性化教学和人性化管理,因此在教育过程中辅导员需要转变新的身份,作为学生的长辈对学生们进行引导,适当地进行换位思考;以学生的思维模式和价值倾向加大对于学生的了解,站在学生的角度及时发现问题、思考问题、解决问题,实现提升。同时针对辅导员的特色,要提高相关工作人员的综合素养,大学可以适当举办一些活动和培训,让辅导员的专业能力和专业知识得到不断的提高。

现阶段社会是不断发展的社会,网络时代的到来,信息数据爆炸,人们的思维方式和心理都会有不同程度的影响,。面对这样的情况,辅导员需要提高自身的综合素养,不断地学习,以达到社会和时代的要求。通过学习和培育,让辅导员的工作开展和工作落实紧跟时代的步伐,从实际出发解决问题,这既是对辅导员进行培训的主要目的,也是辅导员作为大学生的导师需要具备的基本素养。

当今社会是不断发展的,在信息大量灌输的社会生活环境下,学生的思维都在不断地变化,很多不正当的价值排序、价值倾向也在走入学生的生活当中。教师需要及时地发现问题,多和学生们进行沟通,加强管理能力和管理手段解决管理当中的问题。同时针对当前阶段的特点,国家也适当地为高校辅导员提供了政治倾向和资源倾斜以激励辅导员,让辅导员的工作热情不断提升,通过行政手段、榜样宣传以及荣誉给予来提高当代大学辅导员的工作热情,促进辅导员工作的快速发展有效落实,为培育符合时代要求的综合性人才提供了基础和保障。

　　由此可见大学辅导员在现阶段对学生的影响十分巨大,在未来的很长一段时间内大学辅导员都会在教育当中充当十分重要的角色,而我国也认识到了大学辅导员的重要性,不断地对大学辅导员制度体系进行完善,以培养出符合与时代和社会要求的综合性人才。大学辅导员不仅仅是学生的管理者,也是学生生活的引导者,在未来的工作和生活当中也会更加倾向对学生的培养和学生的引导。无论是从思想价值排序上,还是政治性引导以及学生生活习惯的引导上,都会有相应的完善和发展,同时在工作中也会不断提高辅导员与时代的契合度,达到更好地引导和帮助,给予学生更多的帮助。

第二章　辅导员的工作职责与角色定位

第一节　辅导员的工作职责

一、文件规定的工作职责

随着我国教育教学的改革,辅导员已经走出之前那种单一的思想政治教育困境,发展为集多种角色于一身的高校教师。结合实际情况来讲,虽然我国高校辅导员的地位与待遇有所提升,但是其却肩负着过多的工作量,这严重影响着辅导员队伍的工作积极性。因此,如何明确界定辅导员工作任务,构建完善的考评制度,提高辅导员整体素质,是我国各大高校需要重点探讨的课题。

为深入贯彻落实中共中央国务院关于进一步加强和改进大学生思想政治教育的意见精神,切实加强高等学校辅导员队伍建设,教育部部长签发部长令,《普通高等学校辅导员队伍建设规定》(以下简称《规定》)已于 2017 年 8 月 31 日经教育部 2017 年第 32 次部长办公会议修订通过,自 2017 年 10 月 1 日起施行。《规定》①明确了高校辅导员的九项工作职责:

---

① 中华人民共和国教育部令第 43 号.普通高等学校辅导员队伍建设规定,2017(8).

（一）思想理论教育和价值引领

引导学生深入学习习近平总书记系列重要讲话精神和治国理政新理念新思想新战略，深入开展中国特色社会主义、中国梦宣传教育和社会主义核心价值观教育，帮助学生不断坚定中国特色社会主义道路自信、理论自信、制度自信、文化自信，牢固树立正确的世界观、人生观、价值观。掌握学生思想行为特点及思想政治状况，有针对性地帮助学生处理好思想认识、价值取向、学习生活、择业交友等方面的具体问题。

（二）党团和班级建设

开展学生骨干的遴选、培养、激励工作，开展学生入党积极分子培养教育工作，开展学生党员发展和教育管理服务工作，指导学生党支部和班团组织建设。

（三）学风建设

熟悉了解学生所学专业的基本情况，激发学生学习兴趣，引导学生养成良好的学习习惯，掌握正确的学习方法。指导学生开展课外科技学术实践活动，营造浓厚学习氛围。

（四）学生日常事务管理

开展入学教育、毕业生教育及相关管理和服务工作。组织开展学生军事训练。组织评选各类奖学金、助学金。指导学生办理助学贷款。组织学生开展勤工俭学活动，做好学生困难帮扶。为学生提供生活指导，促进学生和谐相处、互帮互助。

（五）心理健康教育与咨询工作

协助学校心理健康教育机构开展心理健康教育，对学生心理问题进行初步排查和疏导，组织开展心理健康知识普及宣传活动，培育学生理性平和、乐观向上的健康心态。

（六）网络思想政治教育

运用新媒体新技术，推动思想政治工作传统优势与信息技术高度融合。构建网络思想政治教育重要阵地，积极传播先进文化。加强学生网络素养教育，积极培养校园好网民，引导学生创作网络文化作品，弘扬主旋律，传播正能量。创新工作路径，加强与学生的网上互动交流，运用网络新媒体对学生开展思想引领、学习指导、生活辅导、心理咨询等。

（七）校园危机事件应对

组织开展基本安全教育。参与学校、院（系）危机事件工作预案制定和执行。对校园危机事件进行初步处理，稳定局面控制事态发展，及时掌握危机事件信息并按程序上报。参与危机事件后期应对及总结研究分析。

（八）职业规划与就业创业指导

为学生提供科学的职业生涯规划和就业指导以及相关服务，帮助学生树立正确的就业观念，引导学生到基层、到西部、到祖国最需要的地方建功立业。

（九）理论和实践研究

努力学习思想政治教育的基本理论和相关学科知识，参加相关学科领域学术交流活动，参与校内外思想政治教育课题或项目研究。

二、工作职责范畴的解读

（一）对大学生进行思政教育

对高校学生进行思政教育，这是我国各大高等院校辅导员一项重大任务。自从有辅导员这一角色后，无论这一角色有着如何的转变，其始终都是在严格贯彻和执行我国教育方针，并以思想政治教育为主来进行我国学生的各项德育工作，促使学生取得更加健康的成长。众所周知，在大学生实际生活与学习过程中，思想政治教育发挥着积极作用，这也是高等院校设立辅导员这一岗位，开展思政教育的重要目的。辅导员与高校学生联系最为频繁，始终走在大学生思想政治教育的前列，可在第一时间获取相应信息，与大学生亲密互动，对大学生的思想动态全面掌握，进而能够与大学生共同交流生活和情感等问题，并帮助大学生理智解决所遇到的问题，维护校园的和谐、稳定。高等院校辅导员唯有秉持正确、科学的理论路线，并以科学合理的方式来指导青年学生，才能保证大学生树立起正确的人生观、世界观、价值观。

（二）积极辅导大学生的心理

近年来，西方文化外来文化的入侵严重影响着我国青年学生价值取向的准确树立。学生学习精神支柱越发脆弱，心里也越发空虚，从而出现了很多不健康的心理。关注大学生心理健康教育已经成为我国各大高等院校要引起高度重视的一项工作。在这样的形势下，高等院校辅导员必须要主动走出以前那种单一的思想政治教育方式，注重管理的综合性发展，不但要做好学生思想政治教育工作,而且还需要引导好学生的思想,确保大学生的心理健康发展。

(三)管理好大学生日常工作

在高等院校管理过程中,辅导员是独一无二的一部分,辅导员工作牵涉到很多方面,主要从事学生的评先评优、学习管理、档案管理、党团活动等。辅导员经常与高校学生联系和沟通,高校中各大事务都需要辅导员来传递给大学生。辅导员的工作就是要服务好学生,以促进学生发展为主,提高工作质量,完善服务中的不足,踏踏实实当好学校与学生的沟通桥梁,真正地为学生办事,确保学生可以毫无后顾之忧地安心在学校内学习。

(四)对大学生就业进行积极引导

在大学学习生涯中,青年学生所经历的一切事情都是他们日后人生发展中的一笔财富,毫不夸张地说高校是每个人一生中的一个选择路口,辅导员就需要做好指导学生往哪个方面走的工作,引导青年学生做好自身的人生规划,用规划来实现自身人生价值,让青年学生有意识地不断磨炼和提升自我。在大学生步入社会前,辅导员还应该积极指导学生就业,帮助分析他们所学专业的就业形势,并为其提供相应的建议。帮助学生抓住良好的就业机会,可以稳步走好人生每一段路程。

第二节　辅导员的角色定位

综观《中共中央、国务院关于进一步加强和改善大学生思想政治教育的意见》《普通高校德育大纲(试行)》和《普通高等学校辅导员队伍建设规定》的相关条文,可以看出辅导员既是高校教师队伍的重要组成部分,又是高校管理队伍的重要组成部分,即:辅导员兼具教师和干部两种身份。因此,笔者认为应从以下四个方面来把握辅导员的角色定位。

一、政治思想领航者

思想政治教育是辅导员的传统角色,在新的历史时期,辅导员更要扮演好政治思想领航者这个角色,将思想政治教育融入日常工作当中去,引导大学生正确认识和理解马克思主义是科学的世界观和方法论,引导大学生用发展的马克思主义眼光去认识和理解当代中国的发展以及发展过程中遇到的各种困难,不断增强大学生对马克思主义的信仰、对社会主义和共产主义的信念,引导大学生树立正确的世界观、人生观和价值观。

高校辅导员的全称是大学生思想政治辅导员,对大学生开展思想政治教育,引领他们树立坚定正确的政治方向,坚定理想信念,努力成为中国特色社会主义事业的合格建设者和可靠接班人,理所当然是辅导员的首责主业。因而,辅导员的首要角色,就是当好大学生政治思想的引领者。当好这一角色,一是要坚定政治立场,严守政治纪律。要做政治上的明白人,牢固树立"四个意识",为大学生树立榜样,引导大学生树立坚定正确的政治方向。二是要加强理论学习,提高理论素养。思想政治工作归根结底是做人的工作,是释疑解惑的过程。辅导员必须具有一定的理论素养,具有一定的马克思主义理论基础,对中国特色社会主义理论体系有一个基本把握。做到这一点,辅导员必须对中国特色社会主义理论真学真懂真信,做一个职业化、专家化的思想政治工作者。三是要注重工作研究,善于继承创新。在具体的工作实践中,辅导员不能陷于繁杂琐碎的日常事务中,必须加强工作研究,把握思想政治教育规律,把握学生成长规律,让理论指导实践。四是要讲究工作方法,强化工作实效。思想政治工作绝不是简单的说教,而是要把这个工作自然地融入学生成长过程中的方方面面,贯穿学校教书育人的全过程,达到春风化雨、润物无声的效果。同时,要不断拓展思想政治教育途径,通过灵活有效的方式增强亲和力、感染力和可信度。

二、学习成才指导者

大学生的本职是学习,辅导员要扮演好学习成才指导者这个角色:对于一年级学生,要指导他们培养学习兴趣,积极端正学习态度和建立大学目标;对于二年级学生,要指导他们坚定专业信念,努力掌握扎实的专业基础和培养缜密的学科思维;对于三年级学生,要指导他们积极参加活动,尤其是本专业范畴下的科研锻炼和社会实践;对于四年级学生,要指导他们理论联系实际,通过专业实习和就业培训完成知识向实践的转化。

关心关注大学生的学习生活,当好他们的人生导师和知心朋友,帮助他们做好学习规划、职业规划,督促指导帮助他们顺利完成学业,同时通过各种办法和途径,关心关注学生的日常生活,帮助他们解决生活上遇到的困难,是辅导员工作中的一项重要任务。因而,辅导员的第二个角色,就是当好大学生成长成才的指导者。学习是学生的天职,是学生的主业,对于绝大多数学生来说,是能够自觉学习并顺利毕业的。但每个高校都会有那么极少数学生,因为种种原因,不愿意学习,不努力学习,结果学业不能按照培养要求如期完成,进而影响了顺利毕业,乃至中途退学。作为辅导员,在这方面要力争早发现,并在第一时间和家长取得联系,从而采取切实有效的办法对学生早督促、早帮扶。同时,要开展好学生第二课堂活动。校园文化科技艺术体育活动、社会实践活动以及各类学生社团活动是大学生成长成才的第二课堂,是课堂教学育人主渠道之外有益而又必要的补充,对提升学生实践创新能力、拓展学生眼界和思维视野、充实学生社会体验和丰富学生生活具有十分重要的作用。辅导员既要指导好学生组织开展好第二课堂活动,调动学生参与的积极性,让校园第二课堂形式多样、健康向上、格调高雅,又要积极参加学生的课外活动,增进对学生的了解,增强与大学生情感的培养。

三、人生发展引导者

在大学里,辅导员是与学生接触交往最多的老师,对学生的成长有着潜移默化的影响,人生发展引导者理所当然成为辅导员的角色之一,这也是以人为本的教育理念对辅导员角色的客观要求。辅导员应具有高尚的品德修养和良好的行为作风,在学生的成长过程中要发挥榜样的作用。同时,辅导员应为学生开展科学职业规划和实现高质量就业提供科学、系统、有针对性的引导,帮助学生正确评价自我、及时获取就业信息、有效拓宽就业渠道。

辅导员要时刻关心学生生活,做到奖励对象是最优秀的学生,资助对象是最困难的学生,就需要辅导员多了解掌握学生真实情况,把握好公平公正,让学生认同认可。辅导员要指导学生做好职业规划,要根据不同性格、类型的学生指导他们规划好自己的职业发展方向,并注重开展个性化辅导、注重心理辅导,建立健全大学生诚信成长档案;有效地开展大学生的职业规划服务。

四、事务工作管理者

辅导员既是高校教师的重要组成部分,也是管理队伍的重要组成部分,这就决定了辅导员还应扮演事务工作管理者的角色。从学风建设、班级管理、评奖评优、勤工俭学、发展党员到各种活动的开展都渗透着辅导员的汗水和心血。当然,在处理事务性工作时,辅导员不应只是简单的管理和忙碌,而应在理清思路的基础上投入更多精力思考学生事务性工作的科学化与规范化发展,从而在科学的学生发展理论的指导下对学生事务性工作进行高效管理。

大学生踏入大学校门,大多数都超过了18岁,属于具有完全行为能力的社会人,但大学生的健康安全不仅时刻牵动着家长的心,而且全社会广泛关注,党和政府高度关切。作为直面学生的一线教师,辅导员有责任、有义务教育引导大学生学会保护好自身安全。因而,辅导员的第三个角色,就是当好大学生事务工作管理者。当好这一角色,一是要加强学生心理健康教育辅导。辅导员应该成为合格的心理健康咨询员,对学生心理健康上出现的小问题,能够早发现早应对,帮助学生尽快解决,或是协助心理健康教育教师做好相关工作,提升对学生心理危机干预的能力。二是要加强对学生的安全教育。辅导员通过多种渠道引导学生树立安全意识和自我保护意识。三要严格规范学生管理。辅导员对于违法违规违纪的学生不能护短遮丑,隐瞒不报或是不过问不处理,涉及法律层面的问题自然要由司法部门处理,其他的要根据《普通高等学校学生管理规定》和校规校纪严肃处理。同时,要提高风险防控意识,对具有发生危险程度特征较高的学生要重点关注,对大型群体性活动的组织要有风险预判,应事先有安全预案,尤其是室内的大型活动,必须和学校保卫部门协调备案,确保活动安全。

第三节　辅导员的素质要求

一个辅导员的职业素质和能力的高低,直接影响到工作开展的成效,影响到工作的成败,影响到大学生成才发展的过程,影响到整个国家的人才储备和发展状况。因而,强调辅导员队伍的素质建设和能力建设对于提高高校学生工作具有重要的意义。一个辅导员必须具备什么样的职业素质和能力呢?首先必须明确辅导员的职责和功能,进而从职责和功能的需求出发,对辅导员提出素质和能力方面的要求。

教育部《关于加强高校辅导员班主队伍建设的意见》中指:"辅导员、班主任是高等学校教师队伍的重要组成部分,是高等学校从事德育工作,开展大学生思想政治教育的骨干力量,是大学生健康成长的指导者和引路人。"由此可以将辅导员的工作归纳为几个方面:一是思想政治教育工作,二是德育工作,三是学生日常事务的管理工作,四是相关学生服务的提供工作。

一、辅导员职业能力要求

(一)思想政治教育能力要求

熟悉学生家庭情况、个人特长等基本信息,掌握学生思想特点、动态及思想政治状况;深入开展中国特色社会主义、中国梦宣传教育和社会主义核心价值观教育,帮助学生树立正确的世界观、人生观、价值观,确立在中国共产党领导下走中国特色社会主义道路、实现中华民族伟大复兴的共同理想和坚定信念;有针对性地帮助大学生处理好学习成才、择业交友、健康生活等方面的具体问题。

能通过日常观察、谈心谈话、问卷调查等方式,收集学生基本信息,了解学生思想动态;能针对学生关心的热点、焦点问题,及时进行教育和引导。能掌握主题教育、个别谈心、党团活动、社会实践活动等思想政治教育的基本方法。能针对学生关注的思想理论热点问题做基本解释。能结合大学生实际,广泛深入开展谈心活动,引导学生养成良好的心理品质和自尊、自爱、自律、自强的优良品格。

(二)党团和班级建设能力要求

做好学生骨干的遴选、培养、激励工作;做好学生入党积极分子培养教育工作;做好学生党员发展和教育管理服务工作;指导学生党支部和班团组织建设。

能考查学生思想政治素质、道德品质、工作能力、发展潜力等基本素质,能激励学生积极主动参与班团事务。能教育引导学生坚定理想信念,增强党性修养,端正入党动机;能组织学生学习党的理论知识。能从思想政治、能力素质、道德品行、现实表现等方面综合考查学生的先进性和纯洁性;熟悉党员发展的环节和程序;能利用各种教育载体激发党员的学习积极性和主动性。能选好配强党支部和班团组织负责人;能积极推动组织生活等工作创新。能发挥学生党员的先锋模范作用和党支部的战斗堡垒作用。

（三）学业指导能力要求

了解学生所学专业的基本情况,组织开展专业教育;培养学生学习兴趣,指导学生养成良好学习习惯,规范学生学习方式行为;组织开展学风建设,营造浓厚学习氛围。

能初步掌握学生所学专业的培养计划、专业前景等;能增强学生的专业认同和学习热情。能及时发现并纠正学生学习中的不良倾向。

（四）日常事务管理能力要求

开展新生入学教育;做好毕业生离校教育、管理和服务工作;组织好学生军训工作;有效开展助、贷、勤、减、补工作,落实好家庭经济困难学生的资助工作;做好学生奖励评优和奖学金评审工作;为学生的日常事务提供基本咨询,进行生活指导;指导学生开展宿舍文化建设,促进学生和谐相处,互帮互助。

能通过主题班会、参观实践、讲座报告、交流讨论等形式开展入学教育,帮助新生熟悉、接纳并适应大学生活。能通过主题演讲、主题征文、座谈会、毕业纪念册、毕业衫等形式做好毕业生的爱校荣校教育。能为毕业生办理好毕业派遣、户档转出、党组织关系转接等工作。能通过宣讲和谈心等形式做好学生军训动员工作,指导学生积极参与军训。能组织评审各类助学金,指导学生办理助学贷款,组织学生开展勤工俭学活动,为学生办理学费减免和临时困难补助工作。能组织学生开展素质综合测评,公开公平地做好奖励评优和奖学金评审工作。能根据学校相关政策规定及社会、生活常识为学生解答一些日常问题。能指导学生依法维护自身权益。能通过召开宿舍长会议、组织宿舍文化符号比赛等形式活跃宿舍文化。能通过团体辅导、个别谈心等形式化解宿舍学生之间的矛盾。

（五）心理健康教育与咨询能力要求

协助学校心理健康教育机构开展心理筛查;对学生进行初步心理问题排查和疏导;组织开展心理健康教育宣传活动。

能协助心理健康教育机构完成心理筛查的组织实施、能了解大学生的心理特点,熟悉大学生常见的发展性心理问题,掌握倾听、共情、尊重等沟通技能,能够与大学生建立积极有效的师生关系,帮助学生调适一般的心理困扰。能组织开展形式多样的心理健康教育宣传活动,如举办讲座、设计宣传展板等;能组织学生参加陶冶情操、磨炼意志的课外文体活动,提高学生心理健康水平。

(六)网络思想政治教育能力要求

构建网络思想政治教育重要阵地,有效传播先进文化、弘扬主旋律;拓展工作途径,加强与学生的网上互动交流,运用网络平台为学生提供学习、生活、就业心理咨询等服务;及时了解网络舆情信息,密切关注学生的网络动态,敏锐把握一些苗头性、倾向性、群体性问题。

能及时把握学生对信息技术的应用趋势;能熟悉网络语言特点和规律;能熟练使用博客、微博及微信等新媒体技术。能及时研判网络舆情。

(七)危机事件应对能力要求

对危机事件作初步处理,努力稳定并控制局面;了解事件相关信息并及时逐级上报;组织基本安全教育并建立基层应急队伍。

能第一时间赶赴现场;能尽快确认相关人员基本情况;能执行危机事件处理预案,及时稳定相关人员情绪。能通过学生骨干、密切接触人员等渠道快速了解事件相关信息;能对事件性质做出初步判断;能将相关情况及时向上级领导汇报。掌握基本安全教育方法,能组织开展学生安全教育活动;能培训指导各级学生骨干具备初步应急常识。

(八)职业规划与就业指导能力要求

为学生提供高效优质的就业指导和信息服务;帮助学生树立正确的就业观念,引导毕业生到基层、到西部、到祖国最需要的地方建功立业。

能及时全面发布就业信息;能开展通用求职技巧指导、就业政策及流程解读等基本就业指导服务工作。具备基本的职业生涯规划能力,能开展就业观、择业观教育。

(九)理论和实践研究能力要求

攻读并获得思想政治教育、教育学、管理学等相关专业学位;参加校内相关学科领域学术交流活动;参与校内外思想政治教育课题或项目研究。

能掌握思想政治教育的基本理论观点;能融入学术团队,运用理论分析、调查研究等方法,归纳分析相关问题。

二、辅导员的职业素质

（一）政治素质

政治性是辅导员工作的根本属性，思想政治教育工作是辅导员工作的重点内容，辅导员是学生政治上的向导、思想的益友、道德的楷模。辅导员需要引导学生加强对马列主义、毛泽东思想等社会主义基本理论的学习，强化对学生进行理想和信念的教育，帮助学生树立正确的世界观、人生观和价值观。辅导员自身政治素质的高低对于辅导员工作的成败起着关键的作用。

辅导员的政治素质要求具体包括以下几个方面：一是辅导员的政治理论水平。辅导员应当拥有较高的政治理论水平和深厚的马克思主义理论基础，认真学习社会主义相关基本理论知识，深入了解党的各项路线纲领和方针政策。辅导员的工作对象是高校中的大学生，大学阶段对于这些学生来说只是世界观、人生观和价值观逐步走向成熟和完善的重要阶段，在这一阶段大学生面对的环境纷繁复杂，思想也比较活跃，容易受到各种各样思潮的影响，辅导员对于学生思想、政治方面的教育引导格外重要。对于一个教师而言，要给学生一碗水，自己至少拥有一桶水。辅导员要引导学生朝着正确的方向发展，首先必须不断加强政治理论的学习，提高自身的思想理论水平，运用系统、科学、扎实的马克思理论主义知识和观点来教育和指导学生，帮助学生解决思想政治方面的问题，使学生拥有正确的理论指导和坚定的理想信念；二是辅导员的思想觉悟程度。政治理论水平的高低并不能完全决定辅导员工作的成败，理论要对实际发挥作用的关键还在于运用，在理论运用过程中一个重要的问题就是思想觉悟问题。理论学习之后只有通过自身的思考，将理论上升为行动指南才能指导实践。对于辅导员工作来说，认真学习相关的政治基本理论是提高辅导员政治素质的基础。在拥有扎实理论的基础之上积极思考、认真领悟，使理论真正成为推动实践的动力，才能真正提升辅导员的政治素质。三是辅导员的道德水平高低。辅导员工作更多时候靠的是言传身教，辅导员通过自己的言行以身作则，发挥榜样的作用，因而辅导员在言行中所体现出来的思想境界和道德水平对学生工作而言是一种直接而有力的教育。辅导员在工作中应当注重加强自身的修养，培养良好的品德风范和工作作风，发挥表率作用。

（二）思想素质

思想素质包括三个方面：第一，树立科学的世界观、人生观、价值观；第二，拥有高度的责任感、事业心和奉献精神，即热爱学生工作、不怕吃苦、勤奋工作、无私奉献、勇于探索、不断创新；第三，保持优良的思想作风和工作作风，即实事求是、讲究民主、严于律己、宽以待人、谦虚谨慎、精益求精。

包括马克思主义理论教育能力、知识更新与研究能力、引导学生学习与创新的能力、组织管理的能力、书面表达与口头表达能力、情感与思想交流的能力、心理健康教育的能力、法治的能力、职业规划与就业指导的能力。马克思主义理论教育能力是说高校辅导员是思想政治教育的生力军，是学校给予学生正确的人生观、价值观、世界观的有效途径，这要求辅导员们不仅仅有扎实的马克思主义理论知识，更要有教育的方式、方法，为大学生们在新的历史时期构建坚实支柱。

（三）文化素质

如今，高等教育越来越重视素质教育，素质教育强调发展学生全面素质，注重学生创造意识和能力的培养，辅导员只有在自己具备较高的文化素质的前提下，才有可能去引导学生求知、探索、发展、提高。这要求辅导员首先要掌握必备的专业知识和技能，例如了解教育学、管理学、思想政治工作原理、青年心理学等方面内容；熟悉教育规律，明确价值取向，例如确认每一个学生都有自我表达和自我实现的权利，学生在学习和适应上有困难是个人行为发展中的自然现象等；其次，辅导员还应具有较广泛的兴趣爱好，广博的社会科学知识，使思想性、教育性和娱乐性融成一体，通过健康活泼的活动，提高学生的思想政治觉悟；再次，具有科学与人文精神，注重传承民族传统文化和世界文化，为提高自身的教学水平和教学能力（"两课"、党课、团课、就业指导）打下基础。

高校辅导员工作综合性很强，对专业知识性的要求很高，它不仅仅需要辅导员具有思想政治工作的相关教育学知识与理论，也需要高校辅导员有丰富的教育学、心理学知识以及方法，职业生涯规划以及管理学的知识与方法等，这些都是作为一个辅导员所应具备的专业知识素养。同时，高校辅导员处在学生工作的第一线，如何深入学生，了解学生，顺利开展工作，需要辅导员具备广博的知识面、一定的人文科学知识素养，以及学生们感兴趣的，诸如足球、篮球等体育知识等。

（四）心理素质

具有良好心理素质的辅导员,应该体现在三个方面:坚忍的意志品格、开放稳重的性格特征、乐观向上的心境状态。辅导员应具有坚忍的意志品格。只有这样,才能产生克服困难的勇气,在困难面前,具有坚强的意志和坚定的毅力。面对成功和失败、顺境和逆境,都能沉着稳定,善于控制自己的情绪,保持冷静。辅导员应保持开放稳重的性格特征,不能把学生当成单纯的受教育对象,更应把他们看作朋友,坦诚地沟通和交心。实践表明,性格开放但不失稳重,且富有吸引力的辅导员,是很受学生欢迎的。辅导员应该保持乐观向上的良好心态,要经常与各种部门打交道,帮助学生解决问题与实际困难,并且在处理学生具体事务中会遇到许多令人烦恼的事。辅导员积极、良好的心态有助于充分发挥积极性、创造性、提高工作效率,顺利克服遇到的困难。另外,辅导员也要自省自重,善于剖析自己、及时改正错误、虚心听取意见,这样更容易赢得学生的尊重。

应对比较烦琐的高校辅导员工作,辅导员必须有良好的心理素质。良好的心理状态是辅导员顺利进行教育管理,培养学生健康人格的基础。保持和调整自己的心理状态,始终乐观向上的心态对待工作,对待学生是新时期高校辅导员应具备的基本素养。

一个好的辅导员还要能够很好地进行自我控制和适时转换。在纷繁复杂的问题已经把自己弄得头昏脑涨的时候,辅导员要能够很好地进行自我心调节,调整情绪,依旧以饱满的热情面对问题。在遇到突发性问题和危机的时候,辅导员临危不惧、处乱不惊,做好稳定工作的同时积极寻求办法解决危机。在实际工作中,辅导员要注重加强自身心理素质的修养和磨炼,理论学习的同时更要注重对实践经验的总结和积累,工作经验使个人的心理素质得到提升。

中　篇

实务技巧篇

第三章 谈心谈话

第一节 谈心谈话概述

一、谈心谈话的基本概念

《普通高等学校辅导员队伍建设规定》（教育部令第43号）指出：辅导员是开展大学生思想政治教育的骨干力量，是高等学校学生日常思想政治教育和管理工作的组织者、实施者、指导者。辅导员应当努力成为学生成长成才的人生导师和健康生活的知心朋友。《教育部关于加强高等学校辅导员班主任队伍建设的意见》（教社政〔2005〕2号）中明确指出：辅导员是高等学校教师队伍和管理队伍的重要组成部分，是高等学校开展大学生思想政治教育工作的骨干力量，是大学生健康成长的指导者和引路人。辅导员是学生的成长导师和知心朋友，而发挥辅导员作用最基本的载体之一就是谈心谈话。谈心谈话是最直接地了解学生思想状况的方式，也是高效的思想引导方式。谈心谈话常态化，既能体现辅导员对学生的人文关怀，又能提高激励引导的精准度。

高校辅导员谈心谈话是指高校辅导员运用思想政治教育学等学科的专业知识、理念、方法和技巧，遵循基本的工作原则，通过专业的工作程序，与学生建立关系、发掘学生的需求和问题、评估需求与问题、制定目标和工作计划、调动资源帮助学生解决问题,满足需求,实现学生的自我改变与教育。谈心谈话是高校辅导员以掌握学生思想动态、解决学生思想问题为目的而开展的与学生进行交流的工作方法,是辅导员对学生进行思想政治教育以及处理日常事务的有效方法。谈心谈话对于满足与学生沟通的情感和心理需求,帮助疏导学生职业规划的困惑,解决学生遇到的各项现实问题,具有十分重大的意义。而对于如何加强谈心谈话的成效,让谈心谈话的作用更加明显,避免深度辅导中的出现的对立化、程序化是辅导员必须掌握的技能,也是辅导员工作职责中的重要部分。因此,积极构建辅导员谈心谈话长效机制,提升谈心谈话实效,对于加强学生的思想政治教育至关重要。

二、谈心谈话的现实意义

谈心谈话是辅导员听取学生心声、摸清学生现状最直接的工作方式,在思想理论教育和价值引领、党团和班级建设、就业创业指导、学风建设、心理健康教育等专项工作中均具有重要作用,是辅导员与学生沟通交流和开展工作的必要途径。辅导员要把谈心谈话工作上升到"培养什么样的人、如何培养人以及为谁培养人这个根本问题"使命的高度去认识,同时谈心谈话也是辅导员基本素质及必备的工作技能,是加强师生沟通的重要桥梁,有利于建设新型师生关系。

(一)谈心谈话是辅导员履行岗位职责的基本要求

《普通高等学校辅导员队伍建设规定》规定辅导员有思想理论教育和价值引领、党团和班级建设、学风建设、学生日常事务管理、心理健康教育与咨询工作、网络思想政治教育、校园危机事件应对、职业规划与就业创业指导、理论和实践研究九大工作职责,辅导员应围绕学生、关照学生、服务学生,把握学生成长规律,不断提高学生思想水平、政治觉悟、道德品质、文化素养。经常地开展谈心活动,可以有针对性地帮助学生处理好学习成才、人际关系、职业规划、心理健康生活等方面的具体问题。《关于进一步加强和改进大学生思想政治教育的意见》指出坚持解决思想问题与解决实际问题相结合。既讲道理又办实事,既以理服人又以情感人,增强思想政治教育的实际效果。坚持教育与管理相结合,把思想政治教育融于学校管理之中,建立长效工作机制,使自律与他律、激励与约束有机地结合起来,有效地引导大学生的思想和行为。辅导员做好谈心谈话工作是辅导员了解学生、走近学生、关心学生、帮助学生、激励学生、引导学生的关键;对于进一步提高学生思想政治水平具有实际效果,也是辅导员履行岗位职责基本要求和渠道。

(二)谈心谈话是增强学生对辅导员认同感、提升师生之间信任度的重要渠道

辅导员要全面了解学生思想状态以及所遇到问题,而有的学生对老师有一定的抗拒,不愿意吐露真实情况。谈心谈话能够进一步拉进学生对辅导员的认同感和信任度,辅导员开展谈心谈话工作不仅能够提高思想政治工作的实效性,还能帮助辅导员在学生中树立一定的威信,在持久的工作中更能全面了解学生的思想动态,增强师生之间的情感。在平常谈心谈话过程中,辅导员要掌握一定的沟通技巧,深入学生内心、触及学生灵魂去开展工作,和学生一起寻找、解决问题,加强和改进思想政治工作,注重人文关怀和心理疏导。海明威曾说过:每一个人都需要有人和他开诚布公地谈心,一个人尽管可以十分英勇,但他也可能十分孤独。通过经常性与学生的谈心谈话,学生会感到被重视,辅导员更能了解到学生内心需求,服务学生成长成才,学生也能找到合适倾诉对象,有利于学生的健康成长。

(三)谈心谈话是大学生思想政治教育的重要途径

中国共产党从成立伊始,就把谈心谈话作为加强思想政治工作的重要方法,通过谈心谈话了解到党内同志的思想动态,对于有效开展思想政治工作、增进党内同志团结、统一思想具有重要作用。习近平总书记指出:"对干部经常开展同志式的谈心谈话,既指出缺点不足,又给予鞭策鼓励,这是个好传统,要注意保持和发扬。"继承和发扬这一优良传统,我们责无旁贷。而新形势下,随着科学技术的不断进步,大学生所接触的知识范围不断扩大,特别是网络思想的冲击,大学生思想日益复杂,表现出自我意识较强、心理承受能力弱、经济独立意识差、对网络有很大的依赖性等,此时也正值大学生价值观的养成时期,做好大学生的思想政治工作,对于国家的繁荣发展至关重要。因此,辅导员在开展思想政治工作要做到因事而化、因时而进、因时而新,不断切合学生思想动态,提高自身的水平,只有与大学生进行谈心谈话、深入交流,才能掌握学生发展规律,帮助学生成长成才,提高思想政治工作水平。

（四）构建辅导员谈心谈话长效机制是推动辅导员职业化、专业化、专家化的重要举措

高校辅导员是大学生健康成长的人生导师和知心朋友，是高校教师队伍和管理队伍的重要组成部分，是开展大学生思想政治教育的骨干力量。因此，辅导员队伍职业化、专业化、专家化建设是我国高等教育适应新时期、新要求的迫切需要，是提升学生工作科学化服务水平，促进大学生全面发展、健康成长的重要保证，是保持学生工作队伍稳定、可持续发展的持久动力，对于加强和改进大学生思想政治教育具有重要意义。扎实做好谈心谈话工作是辅导员开展价值引领的重要举措，做好谈心谈话工作需要辅导员有一定的专业素养，辅导员要对相关政策和文件有深入的了解，具有从事思想政治教育工作相关学科的宽口径知识储备，掌握学生成长成才规律，具备开展思想理论教育和价值引领工作的能力。面对学生在身体、心理等方面遇到的诸多问题，辅导员们要推心置腹，促膝交谈，循循善诱，具体问题具体分析，真正做到"对症下药"。辅导员在谈心谈话过程中要准确把握谈心谈话的概念、原则、技巧、流程，建立谈心谈话质量评估标准，构建辅导员谈心谈话长效机制，加大力度推动辅导员职业化、专业化、专家化建设。

三、谈心谈话原则

谈心谈话不仅是辅导员解决日常工作中碰到的各类实际问题的一种工作方法，而且也是开展思想政治教育的重要途径。辅导员要想把谈心谈话工作做到位，要求辅导员充满爱心、善于倾听，师生之间彼此相互信任，还要把握谈心谈话的一般规律，遵循相应的原则。

（一）明确目的原则

明确目的原则是顺利开展谈心谈话的重要保障，也是谈心谈话取得良好效果的前提。谈心谈话作为大学生思想政治教育的重要方法，并非毫无目的的漫谈，而是具有很强的针对性和引导性，坚持问题导向，帮助学生解决现实遇到的问题，在谈心谈话前必须事先摸清情况、找准问题，要围绕问题来谈，争取在谈话过程中取得最佳效果，每次谈话要做到有主题、有目的、有计划，深入了解学生的思想状态、学习情况以及心理健康情况，因此应坚持明确目的原则。

辅导员应努力提升自身素质，深入了解谈心谈话的实质，努力从以下三

个方面实现谈心谈话的实效,使其成为思想政治教育的重要载体,全面发挥育人作用。一是谈心谈话的直接目的,即辅导员通过谈心谈话帮助学生正确的认知问题、解决问题;二是谈心谈话的深层目的,即在谈心谈话过程中,帮助学生认知到问题的原因、矛盾、自身的不足,培养在以后处理相似问题的能力以及自身能力的提升。三是谈心谈话的根本目的,即通过谈心谈话帮助学生树立正确的世界观、人生观和价值观,高校的根本任务是"立德树人",使其成为社会主义合格的建设者和可靠的接班人。

（二）循序渐进原则

南宋理学家朱熹在《读书之要》中提道:"读书之法,在循序而渐进,熟读而精。"这句话告诉我们做事要循序渐进,切不可追求速度,而我们在教育方面更应该注重循序渐进原则,切勿忽视教育规律。在谈心谈话过程中,循序渐进原则至关重要。循序渐进原则是在谈心谈话过程中,辅导员要有步骤、有系统地进行,把握谈心谈话的节奏和进程,可以通过有计划的多次谈心谈话逐步达到谈话目的,确保谈话具有实效,学生能够敞开心扉,不可以急功近利,欲速则不达,也不要好高骛远、情绪化处理,辅导员要静心陪伴学生健康成长,帮助学生逐渐解决思想上和现实中遇到的问题。

谈心谈话是由一连串有序的步骤组成的一个过程,这个过程基本包括建立起信任关系、确立谈话目标、制定谈话方案、实施行动、结束巩固、跟踪调查等,唯有遵循循序渐进原则,才会切实增强谈心谈话的科学性,保证谈心谈话的质量。

（三）正向激励原则

管理学家贝雷尔森和斯坦尼尔给激励的定义是:"一切内心要争取的条件、希望、愿望、动力等都构成了对人的激励。它是人类活动的一种内心状态。"激励是持续激发人的动机,会使人产生前进的动力。在高校学生教育管理过程中我们应重视激励的作用,充分发挥学生的主观能动性。谈心谈话是近距离多角度了解学生,准确掌握学生学习、生活、思想动态,体现人文关怀。辅导员在谈心谈话过程中运用正向激励原则来鼓励学生,可以充分调动学生谈话的积极性,用发展的眼光看待学生。马斯洛把人的需要分为以下五个等级:生存需要、安全需要、社交需要、尊重需要、成就需要。

辅导员要认真分析学生个体或群体的多样性、差异性、层次性,具体分析到学生在所有需要中最为强烈的某种需要,运用激励措施,方可确保正向激励达到实效,促进学生健康发展。同时,在激励过程中,我们要运用公平理论来保证激励效果,对那些产生不公平感而影响积极性的同学要及时进行思想上的疏导,帮助他们清晰地认识自我,充分发挥激励作用。

(四)引导启发原则

引导启发原则是指在谈心变化过程中,辅导员通过说理话情激发学生思维,引导他们独立得出结论,提高学生分析问题和解决问题的能力。德国教育家第斯多惠说:"一个坏的教师奉送真理,一个好的教师则教人发现真理。"这就是告诉我们:在做思想政治教育工作的时候,不可以忽视教师的主导作用和学生的主动性,对学生进行单一的知识灌溉反而会降低学生自主学习的能力。

我们在与学生进行谈心谈话时要注意两点要求:一是注重引导性,引导学生愿意讲出自己情况,可以先选取学生最熟悉的内容,引导学生放下心理包袱,敞开心扉,通过谈心谈话发现问题;二是要注重启发性,当发现问题后,与学生换位思考,以心换心,和学生一起分析问题,制定可行的方案,启发学生通过自身努力解决问题。辅导员谈心谈话,聚焦的是学生的思想状态和行为方式,立足的是学生学习和生活实际,解决的是学生实实在在的问题。辅导员运用引导启发原则进行谈心谈话,可以提高学生主观能动性,培育学生"自我教育、自我服务、自我管理、自我监督"的能力。

(五)隐私保密原则

隐私保密原则是师生之间建立信任,鼓励学生畅所欲言的基础,也是谈心谈话顺利进行的重要保障。隐私保密原则是指在进行谈心谈话的过程中,当辅导员与学生建立起基本的信任后,学生向辅导员透露个人隐私,辅导员应对学生个人隐私表示理解,尊重学生的合理诉求,切忌对学生个人隐私产生嘲讽、批评等行为。辅导员要对与学生谈心谈话的内容保密,在没有征得学生同意的情况下,不得随意透露学生个人隐私,体现辅导员的诚信,使学生获得安全感,有利于建立起良好的师生关系。同时也存在保密例外的情况,当学生同意将保密信息透露给他人、学生的行为可能触及法律、学生可能对自身或他人造成伤害、学生患有危及生命的传染性疾病等情况,当遇到上述保密例外的情况,辅导员应将泄密程度控制在一定范围内。辅导员在谈心谈话过程中合理运用隐私保密原则,可以打消学生的顾虑,更全面地了解学生的思想动态,同时也会赢得学生的信任和尊重,帮助学生树立正确的自我认知。

(六)平等尊重原则

辅导员应以平等、尊重的态度面对谈话学生,对学生特定的思维、情感和交谈方式所表现出的尊重应该是无条件的,当学生向辅导员吐露个人隐私是为了得到更好的帮助,迫切需要辅导员能够理解他们的内心感受和想法,这时候辅导员的尊重会给学生创造一个安全、温暖的氛围,使其敞开心扉,最大限度地表达自我,也会使辅导员可能完整把握、体验学生的内心世界。平等尊重原则主要表现在:一是辅导员在谈心谈话过程中应接纳学生,尤其学生与辅导员出现分歧时,也应该尊重学生人格,不挖苦学生,避免"训话式"交流,而是给予分析和引导;二是辅导员在谈心谈话过程中要耐心启发、认真倾听,不过早地评价学生对错,让学生把话说完,善于倾听也是一种支持;三是辅导员在谈心谈话过程中应遵循礼仪,礼貌待人。礼貌是一种态度,中华民族是非常强调礼仪文明的,在评价和分析学生遇到的问题时也要注意使用尊重的语言,不批评指责、不歧视嘲笑、不冷漠无情等。

第二节　谈心谈话思路与技术

谈心谈话是辅导员与大学生之间的沟通和交流,也是一种防患于未然的思想政治教育形式,通过提前了解学生的思想动态和心理状况可以较大程度地避免不良后果。辅导员应开展持续的谈心谈话,遵循着基本的原则,运用沟通技术,全面了解学生基本情况,找到学生的问题,共同探讨研究,协助学生分析并解决问题,提高学生分析和解决问题的能力,发挥学生"自我教育、自我服务、自我管理、自我监督"作用。因此辅导员应掌握谈心谈话思路,有针对性地开展工作。

一、谈心谈话思路

(一)谈话前准备工作

辅导员开展谈心谈话,旨在掌握学生的思想动态,帮助学生解决疑难问题。要做到"对症下药""不打无准备之仗",需要辅导员在谈心谈话前做好准备工作,一是要充分了解和掌握学生的情况,包括家庭情况、学习情况、人际关系情况等,尤其对于学习成绩差、心理有障碍、家庭贫困等重点关注学生,辅导员需要投入更多的时间观察和研究,基本信息的掌握能保证工作的顺利进行,奠定良好的谈心谈话基础。二是设定合理的谈心谈话目标。为了让谈话取得最佳效果,每次谈心谈话要设定合理目标,辅导员要做好持续谈心谈话的准备,不能指望通过一次谈心谈话解决学生遇到的所有问题。三是谈心谈话的地点选择。辅导员应根据学生的具体状态而选择不同的谈心谈话的场所,比如有的学生与辅导员已经建立起一定的信任感,谈话地点选择性较多,根据工作方便性选择谈话地点即可;而有的学生并未与辅导员建立起足够的信任感,学生被约谈可能会产生一定的顾虑和抵触,如果选择办公室可能会比较紧张,难以敞开心扉,这时候就可以将谈话地点扩展到操场、食堂、宿舍等较为轻松的地点,学生也能够畅所欲言。

(二)建立对话机制,全面获取信息

在谈心谈话的过程中,辅导员要积极关注学生,调动学生的积极性,让学生敞开心扉,引导学生多说,从学生的表达中收集学生传递的信息并做到及时整合,辅导员也要多留意学生的非语言信息,包括表情、语调、手势等,根据非语言信息更准备的把握学生所表达信息的准确度,不建议辅导员采取边谈边记的方式,这样会让学生感动不适感,而是等谈心谈话结束后再进行统一整理。NLP(神经语言程序学)把沟通由浅入深分为五个层次,分别是:打招呼、讲事实、谈想法、谈感受、敞开心扉,层次越高说明沟通的效果越好。辅导员在谈心谈话过程中要想达到最高层次,必须运用一些常用沟通技术,比如积极倾听、态度温和等,同时也要与心理咨询的技术相结合,比如尊重、热情、真诚、共情和积极关注,运用沟通技术往往能使谈心谈话起到事半功倍的效果。总之,在谈心谈话刚进行时,辅导员应把重心放在获取更多的学生信息方面,少说多听,与学生建立一定信任感,让学生敢于表达自己,并且辅导员要及时在头脑中整合所获得信息,形成连贯的材料。

(三)分析、解决问题

通过分析获取的信息,根据谈心谈话前掌握学生的基本情况,辅导员应掌握学生思想动态,判断学生是否存在问题。如果存在问题,要敏锐地找出问题的症结所在,帮助学生认识、领悟自身的问题,在谈心谈话过程中启发、引导学生自己解决问题,该过程要围绕"法""理""情"开展谈话,法指的原则底线(法律、法规、校规校纪);理指的是政策文件,一些常识性和原则性问题不能违背,规矩要清晰,不能含糊;情指导的是谈心谈话要动之以情、晓之以理,谈话基调保持亲和和耐心。在对学生情况充分掌握和分析的基础上,辅导员要帮助学生总结问题出现的原因,积极寻找解决问题的方法,把解决思想问题和解决实际问题相结合,把解决理论问题和实际问题相结合。在谈心谈话结尾时,如果辅导员与学生达成共识,可以引导学生表明自己态度,按照共同探讨的方案执行;若尚未达成共识,有些问题需要多次谈心谈话,辅导员可以给予支持和鼓励,提升学生解决自身问题的信心。

(四)跟踪反馈

谈心谈话不是一次性工作,一次谈心谈话的结束只能说明阶段性的完成,辅导员要有反复谈心谈话的决心和毅力,做到有问题早发现、早解决,教育为先,预防为主,将事态控制在萌芽阶段。当谈心谈话结束后,辅导员还要做好两方面的工作,一是根据学生情况进行跟踪反馈。正面观察谈心谈话后学生行为、心情等方面是否有所改变;还要进行侧面了解学生的情况,可以发挥学生干部的作用,通过宿舍长、班委等进行反馈,进一步了解学生近期情况变化。对谈心谈话的效果进行客观评价,来决定是否再次进行谈话以及是否需要联系家长。二是要辅导员针对每次的谈心谈话进行记录和总结,做好工作方面的记录,对谈心谈话进行思考和归纳,提炼谈心谈话的注意事项,总结谈心谈话工作的基本规律,形成谈心谈话的工作案例,凝练成学术成果。这样才能真正发挥谈心谈话的实效,让学生能够感动关怀和健康成长,辅导员在谈心谈话方面也能有所提高。

二、谈心谈话技术

谈心谈话在辅导员的日常工作中占有重要的地位,但是并非所有的谈心谈话都能取得非常好的效果。为了达到谈心谈话的实效,辅导员要掌握一些谈心谈话技巧,正确运用可以激发学生的潜力和积极性,建立良好的师生关系,有效解决学生的思想和实际问题。

(一)倾听技术

倾听是在接纳的基础上,积极地听,认真地听,关注地听,并在倾听过程中适度参与。在谈心谈话时,积极的倾听是辅导员正确理解学生所传递的信息的重要保证,也是辅导员走进学生内心的前提条件。在运用倾听技术时,辅导员需要注意以下内容:一是倾听是建立在接纳的基础上,辅导员与学生的阅历不同,其生活态度、思维方式、生活方式等也有较大差异,如果辅导员过于关注自己的观点而排斥学生的想法,这样不仅会错过学生想表达的观点,也会导致谈心谈话进行不顺利。二是倾听需要适当的参与。辅导员在倾听时并不是一声不吭、毫无反应地听,也需要适当的参与进去,这样可以表明辅导员对学生是理解、接纳的,鼓励学生进行深度表达,这种参与即可以是语言性的,也可以是非语言性的,比如辅导员说"我在听,请继续讲""我能听懂,请继续"等,也可以是点头,说"嗯""然后呢"等声音。倾听不仅是为了收集学生的基本情况,也是为了建立良好的师生关系,让学生有倾诉的空间。

（二）换位思考技术

换位思考技术是一种心理活动过程,即人与人之间在心理上互换位置,设身处地为学生所处的位置、角色、情景去思考,深刻体会学生潜在的行为动因,而不应以自己的观点去看待问题及思考他人。换位思考技术在谈心谈话中具有非常重要的意义,能够帮助辅导员设身处地、准确理解学生,把握学生内心世界,使学生感到自己是被理解、接纳的,促进了学生进行深入的自我探索,促成了学生深入、全面、准确地认识自我,加强了师生之间的信任感。如果学生的想法和行为有问题,辅导员在谈心谈话后期要积极的引导、鼓励学生,让学生正视自己的问题。

换位思考是一种以人为本的有效地沟通交流方法,辅导员运用换位思考方法时应注意以下几点:一是辅导员应从学生角度而不是自己的角度来看待学生及其存在的问题;二是换位思考技术应把握时机,适度表达,换位思考技术并非一味强调理解学生的内心,不能在学生表达中随意插入,这样反而会让学生对辅导员产生误解,一般应是学生对某一问题及其对应的情绪完整表达后再进行换位思考为宜;三是在运用换位思考技术时,辅导员还应善于使用躯体语言,注重姿势、目光、声音等表达。

（三）提问技术

提问技术是指辅导员通过对学生发问的形式,来激发学生对某一问题进行澄清、具体化以及积极思考的一种技术。恰当及时的提问有助于将谈心谈话的内容进一步引向较深的层面,辅导员也可以更多地收集学生的相关信息,同时也可以促进学生对自己进行深入的反思和自我觉察,进而促进谈心谈话的顺利进行。提问技术可以分为两种:一是开放式提问技术,即辅导员提出的问题没有预设答案,学生也不能简单的一两句回答,能促使学生主动地、自由地敞开心扉,自然而然地讲出更多相关的情况、想法等,比如"你为解决这个问题做了些什么呢?""你是如何看待这件事的呢?"等。二是封闭式提问技术,即辅导员提出的问题带有预设的答案,学生的回答不需要展开,从而辅导员可以明确某些问题,用来澄清事实、获取重点,缩小讨论范围。通常使用"是不是""有没有""对不对"等词汇。

（四）内容反应技术

内容反应技术是指辅导员把学生陈述的主要内容经过概括、综合和整理,用自己的话反馈给学生,以达到加强理解、促进沟通的目的。内容反应技术对于促进谈心谈话实效具有重要意义,一是内容反应技术目是加强理解、促进沟通。辅导员在运用内容反应技术时,最好引用学生最有代表性、最敏感、最重要的词语。二是可以使得学生再次剖析自己的困扰,重新组合那些零散的事件和关系,深化谈心谈话的内容。三是可以使学生所表述的内容更加明朗化,可以使学生清晰地知道自己所要解决的问题,还可以帮助学生更清晰地做出决定。同时也需要注意,在运用内容反应技术时,辅导员把反馈的内容不要超出学生反馈的内涵,避免加入个人观点,尽量用自己的语言,以避免使用学生已经使用过的词汇进而导致学生的反感。

（五）具体化技术

具体化技术指辅导员协助学生清楚、准确地表述他们的观点以及他们所用的概念、所体验到的情感以及所经历的事情。部分学生可能会因为各种原因,所叙述的思想、情感、事件常常时模糊不清、矛盾、不合理的,也使问题变得复杂化,辅导员通过运用具体化技术帮助学生清楚、准确地表述他们的真实意图、观点,从而促进谈心谈话的顺利进行。

在谈心谈话过程中,当学生出现下面的情况时,辅导员应该使用具体化技术:一是问题模糊。学生对自身存在的问题缺乏深入、准确认识,搞不清自身问题所在。学生常常用一些含糊、笼统的概念陈述自己的问题,比如"我很伤心""我感到绝望"等;二是过分概括,即以偏概全的思维方式。比如,把对个别事件的意见上升为一般性的结论,把对事的看法发展到对人的看法。三是概念不清。学生在表达中,可能在某一概念的内涵和外延上与辅导员的理解不同,导致学生使用的某一概念、所陈述的问题等与辅导员的理解相差较大。

（六）面质技术

面质技术是指辅导员指出学生身上存在的矛盾,促进学生的探索,最终实现统一。辅导员使用面质技术可以促进学生对自己的感受、信念、行为及所处情况的深入了解,激励学生放下自己防卫心理、掩饰心理来面对自己、面对现实,促进学生实现言语和行动的统一、理想自我与现实自我的一致。

使用面质技术时,辅导员应注意以下几点:一是要以事实根据为前提,有矛盾的事实存在才可以使用该技术;二是避免无情攻击。辅导员不可以把面质当作表现自己智慧与能力的机会,一味地、无情况地使用面质,致使学生处于尴尬、痛苦状态;三是要以建立良好的信任感为基础。面质对学生来说有可能具有应激性,因此双方良好的信任感会给学生以心理支持,充满理解、真诚的面质会减弱面质中有害或危险的成分。

第三节　谈心谈话常见类型解析

谈心谈话已经成为高校辅导员职业化、专业化、专家化发展理论的最新成果,是思想政治教育工作的重要载体,也是辅导员开展工作和解决学生问题的有效方法。对谈心谈话常见类型做科学的分类,有助于提高谈心谈话的实效性,避免了辅导员在开展谈心谈话过程中程序化、套路化、说教化等问题,因此谈心谈话的内容可以将其分为八大类。

一、违规违纪类

近年来,随着在校大学生总数增长,在校大学生受网络思想的冲击、家庭的溺爱等原因,其违规违纪行为呈总体上升趋势。在学生违纪后,辅导员应尽快依法依规处理,及时对学生进行教育谈话,从思想上进行政治教育,引导学生正确认识自己的问题。因此,辅导员要掌握与学生相关谈话的规章制度,把校规校纪准确阐释清楚的能力,真正让学生改正错误。对违规违纪类学生进行谈心谈话是辅导员的责任与义务,也能体现辅导员能力与素质的。

案例:

期末考试中,学生小李向邻桌的小林索要答案,小林为了同学情谊递给她一张写有考试答案的纸条,结果被监考教师当场抓到。学生小李因考试作弊,受到学校应有的处分;学生小林对此事后悔莫及,因为她的学习成绩一直都很优异,希望大学毕业时获得研究生保研资格。如果此次作弊上报学校,小林将失去保研资格。她很害怕,心理压力很大,前来找你哭诉。

经了解,小林家境贫寒,父母都有疾病在身,无劳动能力,一直依靠政府最低居民生活保障维持生计。该生的学费和生活费主要依靠生源地国家助学贷款和国家贫困生资助,该生担心受到学校处分后无法继续获得助学贷款和相应资助,心理压力较大,郁郁寡欢。

解析:

一是开宗明义,表明立场。首先,辅导员要向小林明确说明学校关于作弊行为的相关规定和处理意见,使她深刻认识到必须为自己的行为负责。同学之间的情谊表达方式有很多种,但考试作弊绝不是同学情谊正确的表达方式。其次,保送研究生并不是获得学习深造的唯一途径,小林不应怨天尤人,更不能自暴自弃。按照小林之前的学习成绩,完全可以通过今后自己的努力重新考取研究生。

二是积极心理,真诚赞美。从心理学的角度,每个人都有被肯定被接纳的情感需要。辅导员对学生的认可和赞美,能有效拉近师生之间的距离,缓解学生的抗拒情绪,促进沟通。

小林家境贫寒,仍然能取得优异成绩,说明小林懂事理、肯拼搏、重荣誉、能力强。这种言论既符合小林渴望认同的主观心理需要,为小林鼓足勇气面对困难积聚内心力量,同时,较好的共情可以有效降低小林的对抗和悲观情绪,为此次谈话奠定积极的感情氛围。

三是焦点技术,解决问题。在焦点技术中,充分尊重个体且相信个体自身的潜能,使得个体积极挖掘优势和能力,从而解决问题。小林因考试作弊受到处分、失去保研资格,但并不影响她认真学习、敢于拼搏的能力和成绩。只要她改正错误、继续努力,将关注的焦点放在发挥自身优势上,依然有机会考取研究生,继续深造。根据国家和学校的相关规定,小林的违纪处分不会影响生源地助学贷款,按照国家助学金的基本申请条件,小林依然可以申请助学金。

二、思想教育类

目前,仍有相当一部分大学生法治意识和政治观念淡薄、核心价值观缺失,过于以自我为中心,辅导员要加强对大学生的思想教育,利用好谈心谈话这一载体,进一步引导大学生正视、解决遇到的各种问题。

案例:

小巷同学家庭条件优越,总是在其他同学面前炫耀,经常开着宝马来上课,对班级的学习氛围造成了不良的影响。作为辅导员,你该如何与该生谈话?

解析:

1.先由夸奖学生引出该生的问题。

2.用自己与该生的对比,突出问题,减少该生的排斥感。

3.就现实问题和为人处事给该生一些建议。

三、人际关系类

良好的人际交往是大学生心理健康的必要条件,能让学生内心变得宽容、理解和信任。大学阶段是学生人生中一个重要的转折,学生将面临很多新的关系:新的舍友、新的同学、新的环境等,如何处理好人际关系,是每个学生都会面对的问题,因此辅导员对学生进行人际关系方面的引导显得至关重要。

案例:

来自农村的大一女生英子,个性偏执,敏感多疑,因人际交往技巧不足,即使换了寝室后仍无法与室友友好相处,上课时没有一个同学和她坐在一起,为此她常常感到悲观绝望。作为辅导员,你如何与她谈心呢?

解析:

1.马上安慰英子,言语应柔和真切,以劝导为主。

2.辅导员要承诺与英子对话保密。

3.了解英子的内心世界,做好她的思想工作和心理疏导工作,稳定其情绪。

4.鼓励英子积极参与人际间的交往,在集体活动中鼓励提升其自信心。

5.及时带英子到学校心理咨询中心请求帮助。

四、职业规划类

目前正值高等教育大众化的阶段,大学生面临着越来越大的就业压力,如何提高学生的就业竞争能力、提高学生的综合素质,是社会、学校广泛关注的问题。而相当一部分大学生对自己的职业规划欠缺,自我分析不足,效率低下。辅导员对于这类问题学生的谈心谈话有助于帮助学生树立正确的择业观,有利于学生成功实现就业。

案例:

大四毕业生,就业面临多重选择:一是家乡事业单位招考,从事与专业相关的工作;二是与投资公司签约,收入高,工作辛苦,与所学专业无关;三是参加选调生考试,到基层从事公益性服务工作,但要背井离乡去奋斗。该生感觉十分苦恼,不知该何去何从。

解析:

1.建议学生根据自身兴趣、爱好,实际的能力和水平以及家庭等多种因素综合考虑,为今后做出长远的选择。

2.给学生分析三个选择的利弊。

3.如果投资公司收入高,建议学生毕业前去投资公司实习考察一段时间,了解行业运作、企业文化,通过亲身经历,给自己提供可靠的判断依据。

4.事业单位方面建议学生考虑一下,原因:竞争激烈,成功就多了一个就业选择,不成功也是对自身的一种锻炼。

5.建议学生不要把困难想得太大,做好自己人生的决策者。

五、党员教育类

习近平总书记在《加快建设世界一流大学和一流学科》中明确指出,加强高校党的基层组织建设,要做好在高校教师和学生中发展党员工作,加强党员队伍教育管理。新形势下,我国大学生成长的环境变得复杂,受社会不良思想和思潮影响;造成很多大学生党员理想信念缺失,生活理想物质化,辅导员要牢牢把握大学生党员的教育管理工作,对于理想信念缺失的大学生党员开展谈心谈话工作,帮其树立正确的世界观、人生观和价值观。

案例:

该生从小学开始,是第一批成为少先队员,中学也是第一批加入共青团,但是上了大学之后,递交入党申请书却屡屡受挫。该生平时学习努力,积极向上,也能帮助同学,却总不被大家记住,没有得到同学们的推荐。

解析:

1.提醒该生要反思原因,同时肯定该生积极向上的学习生活态度,给予信心。

2.帮助该生选择适当的方法,努力发掘自己的优势,抓住事情的重点,让身边的人注意到自己。

3.与该生深入探讨入党意义,提高认识。

六、学业发展类

大学生在大学期间的主要任务是学习,学习是人生的重要基石,也是辅导员开展大学生思想政治教育工作最显性的抓手。越来越多的大学生存在学习目标缺乏、学习动力不足、学习态度不端正、学习习惯较差等问题。因此,辅导员在平常工作中要多注重加强学风建设引领,通过谈心谈话帮助学生树立正确的学习观念,提高学生的学习能力。

案例:

该生因没有报考上自己心仪的专业,对现在所学的自动化专业没有兴趣,反而对经济专业感兴趣,想请辅导员帮助他并告知该生转专业的相关政策。但该生学院的教学副院长希望辅导员能从正面引导学生,尽量保证学生不转院,不流失。

解析:

1.给学生介绍转专业政策(同类专业内转),告诉学生不符合转专业的基本政策。

2.鼓励学生培养对本专业的学习兴趣。

3.向学生介绍自动化专业良好的就业前景。

4.建议学生在课余时间学习感兴趣的经济学知识,毕业之后也可以选择跨专业考研。

5.建议学生在尽量掌握基础专业知识的前提下,发掘自己在科研、创新、实践方面的潜力,改变原有的认为本专业枯燥、乏味的想法。

七、情感问题类

大学生在日常的生活中会遇到各种情感问题,亲情问题、友情问题和爱情问题最为普遍。大学生情感问题既关系到自身健康成长,又关系到家庭、学校、社会等各方面的稳定。辅导员应培养大学生良好的情感,真诚关爱学生,注重与学生的谈心谈话,帮助学生正确疏导。

案例:

小陈性格内向,喜欢上网聊天并结交了不少网友。快期末考试了,其室友向辅导员反应,小陈最近很喜欢打扮自己,且马上要见一个网友,声称他们已经认识相恋三个月了。作为辅导员,你如何处理小陈的网恋问题?

解析:

1.建立良好关系。一切交流从建立关系开始,应与该生拉近距离,让该生信任辅导员,并听从辅导员的建议,从而建立良好的关系。

2.主动关心该生的近况。因为临近期末考试,可以询问该生准备考试复习得怎么样,是否有需要辅导员提供帮助之处。引导该生应关注当下的学习和考试等。

3.通过他人的事例,了解该生对网恋的看法,并引导该生正确对待网恋。网络的普及使人际交往模式发生了天翻地覆的变化,网恋是否会完全转化为真实世界的爱情,仁者见仁智者见智,但是对于学生的恋爱问题,辅导员应该从相信学生开始,到引导学生和帮助学生,而一开始就否定网恋或者否定网络社交可能会招致学生的反感。

4.谈心进入结尾阶段时,还需给该生一些肯定和期望。可以是此次谈话中发现的优点,也可以是平时了解到的优点。例如,按照文中案例所描述的,小陈性格内向,但内向的人有时又很细心、谨慎,所以可以在谈话的结尾时对小陈说:"你一向是个谨慎细心冷静的孩子,老师相信你肯定能够通过判断,分析利弊并保护好自己。"

八、学生干部事务类

学生干部是高校进行自我教育、自我服务、自我管理、自我监督的主体,是搭建辅导员和普通学生之间的重要桥梁,而学生干部队伍建设也存在相应的问题,比如学生干部理想信念不高,学生工部事务与其学习之间的协调失衡,学生干部服务意识不足等,辅导员应重视学生干部教育、培养和管理,使其在具体工作中更好地服务于学生。

案例：

担任学生会副主席一年时间的小秦，工作勤勤恳恳却常被大家抱怨举办那么多活动，浪费大家时间不说，自己也挂了一门课，奖学金也无缘了，自己觉得很委屈。

解析：

1.回忆一年中比较有意义的工作，对工作表示肯定。

2.表示理解，这些工作是老师下达的。

3.分析该生哪里做得不够好，其他同学抱怨其实也是在帮助你成长。

4.创新活动。在教导别人的同时严格要求自己，阳光总在风雨后，风雨总在拐角处，坚持下去就会胜利。

九、心理问题类

大学生在平时的学习生活面临着各种压力，比如学习成绩、人际交往、情感就业等，辅导员在日常工作中也要重视与学生就心理健康方面进行谈心谈话，并给予一定的关怀和支持，促进大学生的心理健康发展。

案例：

小盛，大二女生，性格胆小、敏感、多疑，家庭经济条件差。其父亲对该生的教育方式非常粗暴，父母之间也经常发生争吵。大一时该生与同校男生恋爱，但相处3个月后提出分手，与自己的好友相恋，一系列的事情使她对生活丧失了信心。作为辅导员，你如何与她谈心呢？

解析：

1.首先查找并分析该生的新生心理普查记录，发现并无异常，但有敏感、多疑、忧郁等人格特征。

2.针对其父粗暴教育方式产生的逆反心理，要有针对性地进行谈话。

3.建议与同宿舍的同学、班团干部多交往。

4.心理辅导，鼓励她要努力做一个独立自主的人，帮助其确立新的生活目标。

5.妥善地进行寝室调整，让该生尽可能减少与其好友的正面接触。

第四节　部分地区辅导员素质能力大赛
谈心谈话题目整理

一、首届全国辅导员职业技能大赛决赛之谈心谈话题目

1. 喜欢文科,高考却迫于父母压力报考了理科专业;第一学期数学等四门理科课程不及格,造成严重心理负担;第二学期一上理科课,就紧张、焦虑,并伴有严重的睡眠障碍。

2. 学生高考被调剂,不喜欢现在所学的自动化专业,对经济比较感兴趣,想请辅导员讲讲转专业政策,而学院的教学副院长希望辅导员正面引导学生,尽量保证学生不转院,不流失。

3. 学生贪玩,多门功课挂科,面临劝退,家长给辅导员送礼,希望帮忙疏通专业课老师的关系,免于退学。

4. 学生会干部宝庆和敏敏都非常能干,在学生会工作中都能独当一面。一次两人共同负责"永远跟党走"暑期实践活动,性格好强的两人在方案设计上产生了矛盾,谁也不服谁。

5. 藏族同学阿桑按照家里的民族习惯,每天在宿舍点一支藏香,由于同学对烟味过敏,他们先后找到辅导员。

6. 在王教授讲课之时,学生朱彬懒懒散散地趴在桌子上,王教授请他回答问题时,他认为老师的教学内容太陈旧,教学方法太简单,看书都比听课有意思,一些学生还在一旁起哄,王教授将此事告知辅导员。

7. 为了将来能找一个好工作,递交了入党申请书,希望能够加入中国共产党,作为辅导员如何与同学谈心。

8. 大二女生王霞来自陕西农村,近期父亲去世对原本贫困的家庭雪上加霜,母亲身体患病,已经无力承担王霞的学习及生活费用,故劝其退学,该生找到辅导员求助。

9. 大学二年级的男生宋镕,一天晚上违反宿舍管理规定在宿舍使用违规电器。当宿舍管理人员上门检查时,宋镕猛然关门拒检并迅速将违规电器藏匿起来,宿舍管理人员再次敲门,宋镕开门后又拒绝配合检查,态度恶劣,宿舍管理员当晚就将这一情况告诉宋镕的辅导员。

10. 一名学生的母亲突然去世,学生办完丧事回到学校后,情绪十分低落,甚至想要退学。

11. 女学生与男友分手后,十分伤心,在宿舍不吃不喝,也不去上课,最后想要退学。

12. 该生在大学期间做过多项兼职,能力较强,决定休学一年自行创业,要做中国的"比尔盖茨"。

13. 与学生发生口角,冲动失手将同学打伤,该生父亲赶到学校,在学校领导不在场的情况下,辅导员与其父亲交谈。

14. 一名大三的男生喜欢一名女生很久了,但是一直不敢表白。近一段时间他上课的时候总是走神,集体活动也不参加。他不知道该怎么做,于是找到辅导员谈心。

15. 从小学起第一批入队,中学第一批入团,但是上了大学之后,交了入党申请书却屡屡受挫,不能入党;学习努力,积极向上,也能够帮助同学,却总是不被大家记住,没有得到同学们的推荐。

16. 一学生学习成绩优秀,但在开学补考中代替同学考试被抓,按照学校学生管理规定,两人都被处以留校察看的处分,该生痛苦万分,另一位作弊学生也是内疚自责,他们希望找到辅导员聊一聊这件事情。

17. 小黄的父母皆务农家庭收入低。但小黄不愿意申请国家助学贷款,觉得借钱是件不光彩的事,学校帮助他找到一份食堂清洁员的勤工助学岗位,他却觉得没有面子,希望去图书馆、阅览室这样类似的岗位,这样他也能有更多的时间学习。

二、2018 年全国部分省区市辅导员素质能力大赛谈心谈话题目

(一)福建省

学生小惠,来自甘肃,理科基础较差,大一下的"高等数学"不及格,经补考和重修后还是没通过。而隔壁宿舍同专业学生小米"高等数学"成绩也不好,可是这次重修考试却通过了,为此,小惠怀疑老师收了小米好处。马上要进入毕业班,小惠更加焦虑,多次向恳求任课老师请求帮助未果后,发了一条威胁短信给任课老师。作为辅导员,你怎么与小惠谈话?

（二）河南省

1.在学校的期末考试中,监考老师发现小强将手机带入考场,并在其手机上发现与考试有关的内容,便没收手机让其停止考试,并将其作弊行为上报教务处。在考试结束之后小强找到相关领导,说自己只是把手机放在桌上并没有使用,不算作弊,监考老师没有直接证据证明他确实拿手机抄了答案,冲动之下还打了监考老师。因为牵涉是否取消学位证的问题,学生家长也跑到学校。他们一起来到你的办公室,作为小强的辅导员,你该怎么跟他们谈?

2.你所带大二年级学生小孙在大一下学期结识了本学院的师姐小李。小孙对小李很有好感。小孙每天通过短信、电话等向小李表白,但小李拒绝了小孙,小孙的学习成绩直线下滑,精神不振。期末考试后,小孙又不远千里来到小李在广东的家,希望用实际行动感化小李,但是小李依然未见他一面。开学后,一蹶不振的小孙找到你,提出要办理休学手续,并请你帮助联系小李见上一面,作为小孙的辅导员,你该怎么跟他谈?

3.你班同学小王打开某知名支付平台,里面跳出抽奖信息,投入钱就可以迅速增值,想着这个平台是比较安全的,他试着投入120元起投金额,转盘转动,迅速返回126元,他接着又投入1100元,被告知级别上升,额度不够,然后在网上贷了5000元再投,这才发现钱回不来了。得知受骗后,小王想到父母辛苦工作供他上学非常后悔,得知情况后,你会怎样和小王谈话?

4.你班学生小李生活习惯不是很好,同宿舍的小王看不惯,在学校的贴吧上对小李进行人身攻击,并说小李患有疾病,随地吐痰。小李知道后非常生气,要求小王撤掉帖子,并当着全班同学的面向他道歉,澄清事实。小王让他改掉坏毛病再说,不愿意在班上道歉。两个人闹到你的办公室,你将如何处理?

5.大四毕业季,班级同学都忙着找工作签协议,可小王并不像别的同学那样积极,辅导员找他谈话,他说不是单位看不上他就是他看不上单位,何况就业不就业是自己的事,老师反复催促不就是为了完成考核指标吗?现在国家鼓励大学生创业,他准备毕业后创业。作为辅导员,你该怎样谈?

（三）江苏省

1.某大二女生小轩:"老师,你好!这些天我一直心情很不好,看到寝室里的姐妹们都有了男朋友,每天特别开心的样子,心里很不是滋味,追我的人

49

也有一些,可是我对他们都没有感觉,但是没有男朋友的日子真不好过,随便答应人家又很不负责,我很无助,不知道该怎么办?"作为辅导,你会如何与她谈话。

2.学生小美服从志愿被招到你所带专业,报到后对所学专业不感兴趣。暑假期间应聘了某网络平台主播,目前已月薪过万,为了更高的收入小美想休学做专职主播,临近期末时,小美拿着休学申请找到你,作为辅导员,你将如何与她谈话。

3.一学生经常与周围学生抱怨学校评助学金的制度不合理,还在校内论坛里写了不少意见,她的举动引起了不少老师和同学的关注,当你得知这一情况后,作为辅导员,你将如何与她谈话。

5.大一临近期末考试时,内向且不善人际交往的女学生小禹给辅导员老师发来微信:"……过几天就要期末考试了,每次临近考试我就感觉浑身不舒服,大家都在为考试后的假期做准备,可是我却一点儿也开心不起来。我该怎么办呢?"作为辅导员,你将如何与她谈话。

6.小董是一名大三男生,他积极参加企业实践活动,深受用人单位的好评。但为了去企业实践,小董有时经常逃课,逃课数量已经接近学校的警告处分标准。得知此事后,辅导员决定找小董谈话。

7.小罗是少数民族,定期在寝室做礼拜。同寝室的小张对其行为表示不满,并在班上谎称小罗有精神疾病。小罗得知后,指责小张不尊重自己的信仰,侮辱诋毁自己,从而找到辅导员。作为辅导员,你将如何与小罗谈话。

(四)宁夏回族自治区

1.西部某高校女生小叶偶然在社交网上认识了远在东南某高校的袁某,没多久俩人便确立了恋爱关系,每天视频聊天,小叶深深爱上了袁某。某天,小叶的同学提醒她,微博上有人公开了她的照片和信息,说她抢了别人的男朋友,小叶打开电脑一看,原来袁某一直有女朋友,曝光她信息的正是袁某的女友。面对网络上的隐私曝光和源源不断谩骂诋毁,小叶的心理防线被击垮,再次联络袁某,得到的是"我们分手吧"的回答。她的手机号码被曝光后经常接到骚扰信息和骚扰电话,面对网络暴力的打击和失恋的痛苦,小叶找到了你。

2.小刘是二年级学生,也是院学生会文娱部部长,平时工作比较忙,临近期末考试时,他觉得自己有一门专业课没准备好,担心考不好,于是准备了一些小纸条偷偷带进考场,被监考老师当场发现,学校给予记过处分。小刘不仅该门课程没有通过,而且失去了这学年各类评奖评优资格,他的心情非常不好。作为辅导员,你将如何与他谈话。

(五)山东省

1. 某大四学生干部,女生,工作认真,为班级组织过很多活动,因为一个重要资格证考试没有通过,找工作一直不顺利,临近毕业也没有确定工作单位。宿舍同学都找到了工作,她内心非常焦急,怀疑当初参加学生会是错误的决定。作为辅导员,你如何帮她走出困境。

2. 某大二女生,因一门专业课为研讨式教学模式,即老师讲一部分,学生自己讲一部分,老师再统一点评。但是该生性格内向且不能适应这样的授课方式,因此非常害怕去上课。作为辅导员,你如何帮她走出困境。

3. 某大三男生,一门课程成绩不理想,但他从不旷课,平时成绩也不错,但期末成绩很不理想,直接影响申请奖学金。同班级另一名同学有旷课的情况,但是学习成绩比他好。作为辅导员,你怎么和他交谈。

4. 小李在朋友圈中发出"我真的支撑不下去了,要对不起家人了"的消息,据了解其父亲赌博欠款逃走,逼债人威胁小李和家人,小李只能通过网贷为父亲还债,但现在还不上了,导致自己心理压力很大。得知这些情况后,作为辅导员,你该怎样和他交谈。

第四章　主题班会

第一节　主题班会概述

《中共中央国务院关于进一步加强和改进大学生思想政治教育的意见》(中发〔2004〕16号)指出:"班级是大学生的基本组织形式,是大学生自我教育、自我管理、自我服务的主要组织载体,要着力加强班级集体建设,组织开展丰富多彩的主题班会等活动,发挥团结学生、组织学生、教育学生的职能。"主题班会作为高校重要的思想政治教育渠道和德育阵地,对促进学生的全面发展起着至关重要的作用。

著名教育家马卡连柯提出德育的平行教育原则,又称集体教育原则,即集体是教育的对象,良好集体的形成是教育的结果;当良好的集体形成以后,它又成为教育的巨大力量,集体的正确政治方向、共同的奋斗目标、集体的舆论和优良的传统作风,对每个成员都会产生巨大的影响。主题班会是面向集体开展的教育活动,通过教育集体影响个人,通过教育个人形成集体。

一、主题班会的内涵

在通常意义上,班会可分为固定班会、临时班会、主题班会,固定班会和临时班会统称为普通班会,固定班会指每周、每月、每学期、每学年中已形成惯例的、较固定的班会,内容往往也比较固定。临时班会根据形势需要或学校要求而临时决定召开的班会,时间因事而定,以解决当下的具体问题。主题班会区别于普通班会,是围绕特定主题开展的思想政治教育活动。

高校主题班会是指高校辅导员根据一定的社会政治时事背景、学校思想政治教育的要求及班级事务管理的需要,针对班级学生在思想、学习、日常生活中的某个问题确立教育主题,围绕特定主题组织开展的一种有目的、有计划、有组织的思想政治教育活动。高校主题班会是高校辅导员开展思想政治教育的有效途径,是大学生开展自我教育、自我管理、自我服务的重要路径,是师生平等交流、构建良好关系的重要平台。

二、主题班会的特征

高校主题班会具有以学生为中心、以辅导员为指导、以班级为单位、以大学生思想政治教育为目的的特征。

（一）系统性与灵活性

大学教育的根本目的是培养具有完整人格的人,学习科学文化知识不是教育的唯一目的,国家和社会真正需要的是德才兼备的人才,能够热爱劳动、坚守诚信、懂得感恩、有坚定的理想信念、有积极乐观的健康心态,这些思想政治教育是一个系统性工程,应该贯穿大学教育的始终,在潜移默化中不断提高学生的综合素质。同时,大学四年每一阶段都有不同的任务和目标,大一是新生入学的适应期,大二是学生成长的调整期,大三是承上启下的关键期,大四是自我实现的冲刺期,主题班会的开展要遵循思想政治工作规律、教书育人规律和学生成长规律,灵活选择班会主题,有针对性地解决问题。

（二）学生的主体性

主题班会是以班级为单位,在辅导员指导之下,由学生干部主进行组织策划、全体班级成员的集体性教育活动。辅导员是主题班会的宏观指导者,把握班会的总基调。学生干部是具体策划者、组织者和实施者,全体学生是主题班会的主体。只有充分尊重学生的主体性,把主动权交给学生,让学生自主选择、自主思考,才能构建民主、平等、和谐的师生关系,实现主题班会的真正目的。

（三）内容的教育性

主题班会区别于普通班会,不仅限于开展班级日常管理、传达班级日常事务,而是更注重思想政治教育和价值引领。主题班会必须有明确的教育目的,无论是主题的选择、形式的确定、还是班会的设计都应将教育性渗透其中,把育人放在首位,这样主题班会才能不流于形式,真正发挥实效性。

三、主题班会的现实意义

（一）发挥学生主体作用,提高学生综合素质

学生是主题班会的主体,是班会教育的对象。第一,主题班会是围绕一定主题或聚焦某一问题而举行的班级成员会议,其过程中的引导、讨论均会促进学生对特定问题产生兴趣、提高认知、丰富理解,从而提高学生分析问题、解决问题的能力。第二,在主题班会中,通过引导学生关注时事热点,聆听、学习新时代新思想,能激发学生的责任感和使命感,提高思想政治水平,激励学生努力成为社会主义核心价值观忠实践行者和能够担当民族复兴大任的时代新人。第三,一个良好的主题班会能让学生们都参与到其中,放松身心,彼此交流,从而实现自我完善和自我成长,起到课堂教学中难以起到的作用。

（二）加强班级建设,提高班级凝聚力

主题班会作为班级活动的重要组成部分之一,是班级建设的有效载体。第一,主题班会是全体师生共同参与的活动,能加深师生、生生之间的互相沟通与了解,有利于形成集体观念,增强学生的团结协作意识和归属感,极大地增强班级的凝聚力,使班级不断发展成为一个优秀、文明、荣誉感强的集体。第二,一次卓有成效的主题班会能让学生产生心灵上的震撼,对学生行为产生深远影响,能激发学生拼搏向上的精神,促进良好班风的形成。第三,主题班会能有效培养学生主动参与的意识,提高班级学生自我管理、自我教育、自我服务的能力,从而加强班级管理,促进班级建设。

（三）发挥学生干部带头作用,提升学生干部综合能力

学生干部是主题班会的策划者、组织者和实施者,在整个过程中能有效提升个人能力。第一,主题班会为学生干部提供了一个学习的机会。在主题班会的策划阶段,学生干部需要对所定主题进行深入的学习和思考,了解会议的各项流程和细节,不断学习新知识,掌握新本领。第二,主题班会为学生干部提供了一个展示自我的平台。学生干部需要动员班级同学积极参与活动、协调个体关系、促进集体融合,这有利于充分发挥学生干部自身的闪光

点,极大地锻炼自身的表达能力、组织能力、人际交往能力。第三,主题班会为学生干部提供了一个发现自身不足的契机。在主题班会的策划、组织和开展过程中,学生干部难免会碰到一些难以解决的问题,需要通过各种途径解决难题,这有利于他们改进自身的不足、提高解决问题的能力。第四,主题班会的开展是学生干部工作的一部分,参与主题班会的策划、组织和开展也是学生干部的职责所在,这有利于增强他们建设班级、服务班级的责任感,树立榜样意识,起到先锋模范作用。

(四)加强师生沟通交流,促进辅导员自身成长

辅导员是开展大学生思想政治教育的骨干力量,是高校学生日常思想政治教育和管理工作的组织者、实施者和指导者。辅导员应该努力成为学生的人生导师和知心朋友。主题班会是高校辅导员开展思想政治教育的有效途径之一。第一,开展主题班会有利于提升辅导员的政治素养。面对国家发生的大事件和中央相关的最新文件精神,辅导员必须全面了解党的路线、方针、政策,关注国内外政治生活的热点问题,认真学习习近平新时代中国特色社会主义思想,做到旗帜鲜明,坚持党性原则,坚定正确的政治方向,提高政治站位,并以此引导、教育和影响学生。第二,在精心筹备和开展主题班会的过程中,辅导员的分析总结能力、语言表达能力、组织管理能力等也会得到锤炼。第三,通过与学生干部、班级成员的深入沟通和交流,辅导员能深入学生群体,真正了解学生的所思所想,从而真正做到以生为本,帮助学生解决思想、学业、就业、心理等各方面的实际问题,成为学生思想政治引导者、学习成才指导者、学生安全稳定维护者、就业指导服务者、心理健康教育者等诸多角色,促进自身的专业化发展。

第二节　主题班会的设计思路

一、设计理念

主题班会是高校思想政治教育工作的重要组成部分,开好主题班会是全面贯彻党的教育方针、落实立德树人的根本任务的重要要求。在设计主题班会时,应注重内容的教育性和形式的多样性,拓宽思想政治工作渠道,强化主

题班会的实效性,帮助学生树立正确的世界观、人生观、价值观,"系好人生的第一粒扣子"。

二、设计原则

(一)针对性原则

针对性原则是指主题的选择必须结合时代背景、学生的需求和班级的存在等现实问题,以解决具体问题为出发点,从而达到思想政治教育的根本目的。同时在开展主题班会时要考虑学生的专业、年级及心理特点等,根据不同阶段学生的具体情况选择有针对性的主题和开展形式。

(二)主体性原则

主体性原则是指在主题班会各个环节必须以学生为主体,充分发挥学生的主体地位。前期可由学生干部带领班级成员自定主题、自主策划、自制方案,开展过程中可由班级学生自行主持、进行自我总结,保证学生能够自主地参与到主题班会的各个环节,提高学生的自我管理和自我教育能力。

(三)创新性原则

创新性原则是指在具体开展主题班会时,要做到主题立意的创新、开展形式的创新和班会内容的创新。要善于利用身边的各种有效资源,摒弃传统说教式、填鸭式的教学模式,采取多种形式,丰富班会内容,使学生能够积极地参与全过程,真正将主题班会做"活",做到有特色、有效果。

三、设计思路

(一)确定班会主题

主题班会是学校教育活动的重要组成部分,主题则是主题班会的核心,只有选对了主题,才能提高主题班会的针对性和实效性,增强主题班会的吸引力和感染力。

第一,主题班会要与时俱进,把握时代脉搏,紧紧抓住当下我们国家发生的大事件和中央相关的最新文件精神来选题,引导学生关注社会,提高思想觉悟。例如全民抗"疫"、爱国主义教育、劳动教育等。

第二,主题班会应围绕学校、学院新动态和新要求选题,如学校升格、学校更名、学校校庆、学院院庆、专业认证等中心工作,加强爱校荣校教育,体现学校思想政治教育工作的育人本位。

第三,主题班会可围绕班级建设和班级管理有关内容选题,选题时要结合班级的实际情况,如班风班貌、学风、日常管理、校园文化及课外活动等情况,使主题班会真正成为班级建设的载体。

第四,主题班会要以学生中带有普遍性和倾向性的问题为选题来源,如人际关系处理、心理健康问题等,抓住学生的所思所想,做到以生为本,解决学生的实际问题,促进学生的健康成长成才。

(二)抓住学生特点

主题班会的开展要遵循大学生思想政治教育规律和学生成长规律,要结合不同年段、时段、专业的环境特点、学习内容、心理特点及接受能力来确定,制订出一个有益于学生发展的主题班会策划书。

大一主题班会的主题应偏重入学教育、班级建设、适应性教育、人际交往、职业生涯规划等;大二主题班会的主题应偏重学业指导、家国情怀培养、实践能力提升等;大三主题班会的主题应偏重综合素质提升、择业就业观教育、心理健康教育等;大四主题班会的主题应偏重就业指导、感恩教育、爱校荣校教育等。

在新媒体时代,00后大学生获取信息的渠道与日俱增,具有独特的个性、较强的自我意识和勇于突破的创新精神。因此,主题班会应采取学生喜闻乐见的形式,充分运用现代新媒体技术,使主题班会将可视性、观赏性、教育性等融为一体。班会内容应兼具教育性和趣味性,贴近学生生活,拉近主题班会与新时代大学生们的距离,让主题班会真正入脑、入心。

(三)丰富宣传载体

在主题班会开展前,辅导员及班干部应积极抓住网络阵地,充分利用微博、微信、抖音等新媒体手段进行宣传,发布关于主题班会的H5、微信推送或短视频,以吸引学生的注意力,同时增强与学生的互动性,倾听学生的心声。在班会结束后,应鼓励学生利用课余时间深入学习,并以小视频、微电影、微信平台推文等形式形成学习手记,进一步增强育人效果。

(四)创新班会形式

传统班会主要采用单一的说教模式,即在固定时间、固定地点重复说教,这容易导致学生产生反感情绪,使班会流于形式。而新时代的主题班会应注重提高学生的体验感和参与感,真正达到育人的目的。首先,要改变传统的说教模式,积极探索实施专题讲座式、座谈讨论式、竞赛式、辩论式、娱乐式、活动体验式等多种活动形式,增强主题班会的吸引力和感染力,充分发挥学生的潜能,使学生的主体性得以实现。同时,主题班会的场所不一定局限在固定地点,室内室外、校内校外、线上线下均可,如教室、实验室、操场、宿舍、社会实践基地及校外教育基地等,让学生在体验中受教。

(五)精心设计内容

内容决定形式,形式反作用于内容。内容是主题班会的内核,而形式是主题班会的框架,内核的多样性决定了对应框架的选择,良而有序的框架同样也促进了内核的稳定性。

第一,深入了解大学生群体思想现状,找准主题班会的突破口。在策划内容前可以先通过问卷调查或面对面谈话的形式了解学生对这一主题的理解及其关注的内容,并在此基础上选取学生感兴趣的、具有教育意义的相关内容。

第二,分析主题的重难点,在班会开展过程中要采取措施突出重点,突破难点。具体而言,内容选取上要说明重点,媒体呈现上要强化重点,多样化的形式上要紧扣重点,辅导员在参与、点拨和总结时要围绕重点,必要时可采取情景再现、同伴互助、竞赛辩论等方法来突破难点。如以“不忘初心、牢记使命”为主题开展班会,班会重点是带领学生领悟解读共产党人的初心使命并明确大学生的使命和担当,难点是找到主题的引入点和突破口,由浅入深、由抽象到具体地解读初心使命。在具体开展时,可以电影《哪吒之魔童降世》作为主题引入,引导学生分析点评其中人物形象,阐述哪吒的初心和使命,进而引出共产党人的初心和使命。同时结合党史,在电子版地图上画出共产党发展壮大的足迹路线,邀请学生通过小视频、微电影等方式分享家乡革命圣地参观手记,既可以提高学生参与的积极性,又可以让主题教育真正走深、走心、走实。

第三,根据主题班会的具体形式,设计详细的会议流程,不漏掉每一个细节。准备一些有创意的开场白、串联语、结束语,选择学生喜闻乐见的电影、歌曲、小视频等作为切入点或小插曲,以调动学生们的参与积极性;可以开展关于主题的大讨论,引发学生对主题的深入探讨和思考;可以设计辩论赛环节,让思维之花绽放异彩;可以组织学生开展调研,以客观科学的方法了解情况、解决问题;可以使用新媒体手段进行成果展示分享,提升学生的体验感,提高活动的实效性,培养学生的团队精神。

（六）剖析相关案例

在主题班会中,选取学生群体关注并感兴趣的相关案例能够激起学生的思考和共鸣,从而引发强烈反响。通常而言,案例有三种来源,第一种即从公开出版的案例集或教材中选取;第二种是从报刊媒体报道中搜集;第三种是结合身边人、身边事,创设一定的情景,组合成一个新的案例。在选择案例时应该注意以下几点:第一,在选取案例前可以了解学生感兴趣的内容,在此基础上加以筛选。第二,所选取的案例应与主题班会相契合且具有教育意义。第三,在班会过程中应选择恰当的时机引入案例,并设置案例讨论、案例分析环节,从而让学生更直观地透过现象看本质,实现主题班会的教育目的。

（七）挖掘主题内涵

在班会接近尾声时,辅导员应对主题班会的内容进行总结升华,深入挖掘主题的教育意义。对于在主题班会中学生提出的问题,辅导员应在班会现场给出清晰正面的解答,对学生的发言作出恰当的评价,对有争议的问题应及时给出结论,对学生进行正确的引导。同时,辅导员要及时总结班会过程,指出本次班会在策划、组织、开展过程中的优缺点,针对不足之处提出优化方案,争取在下次班会中扬长避短,提升效果。

第三节　主题班会常见类型解析

主题班会是大学生思想政治教育的重要途径,从形式和内容来看,主题班会有多种类型,每个类型的主题班会都有不同的功能和作用,这就要求组织者全面地认识主题班会的各种类型,针对不同的主题选择合适的类型,使参会者拥有最佳的参会体验,从而达到开展主题班会的真正目的。下面将从形式和内容两个方面对主题班会进行分类。

一、形式化分类

新时代背景下,面对新一代大学生,主题班会的形式不应该是固定不变的,而应该不断创新班会模式,选择恰当的班会形式,真正实现师生互动、生生互动,达到育人目标。主题班会的形式可以有如下几种:有专题讲座、座谈讨论会、辩论会、经验交流会、咨询答疑会等会议形式,有演讲比赛、知识竞赛等竞赛形式,有歌舞、诗朗诵、情景剧、说唱等艺术形式,还有社会实践等户外活动形式。

（一）专题讲座式

专题讲座式主题班会指的是围绕特定主题,邀请名人名家、优秀教师、优秀校友等,以专题讲座的形式对班级学生进行知识讲授和思想教育。专题讲座的特点是具有很强的针对性和指向性,能快速给予学生一个明确清晰的方向,在有效时间内传达大量的信息,可以提高教育效率,达到宣传教育的目标。

（二）座谈讨论式

座谈讨论式主题班会是指围绕社会热点或学生关注的问题,参会的学生以有领导或无领导的形式进行座谈与讨论,对于所讨论的问题建言献策,提出自己的看法和建议。座谈讨论的形式能够创造自由和谐的氛围,给予学生充分的自由度,拥有更多可能性与创造性;学生可以畅所欲言,袒露心声,相互启发,碰撞出思维的火花;同时无领导小组讨论的形式可以让更多学生真正参与到主题班会中,担任更适合自己的参会角色,获得更好的参会体验。

（三）经验交流式

经验交流式主题班会是指邀请高年级的优秀学生或同年级品学兼优的学生开展经验交流会,结合自身经历,为低年级学生传授个人在学习、考研、求职、创业等过程中的经验和教训,有利于加强朋辈之间的沟通交流和帮扶互助,发挥优秀学生的榜样示范和模范带头作用,营造积极向上的良好风气。

（四）咨询答疑式

咨询答疑式主题班会以学生最关注和最期望解决的问题作为咨询答疑的主题,聘请任课教师、学生代表、资深领导或心理专家作为答疑的人选,学生就选定的主题提出问题,答疑人根据自身的经验和掌握的理论进行解答,以帮助学生答疑解惑。

（五）辩论式

辩论式主题班会是指以一个具有思辨意义的主题作为辩题,参会学生基于自身对该主题不同的观点和立场展开争论,从而不断加深双方对于该主题的理解并逐渐统一思想、正确认知。辩论式主题班会的真正目的是让学生通过思考和辩驳发现和认识真理,在辩论中实现自我教育。同时,辩论可以培养学生的竞争意识,提高学生的演讲能力、应变能力、辩证思维能力等综合能力。

(六)竞赛式

竞赛式主题班会是围绕一个专题或一个问题,采取演讲比赛、知识竞赛等形式,以让学生掌握某类知识、提升思想水平为目的的一种主题班会。竞赛能激发学生的学习兴趣,增强学习的趣味性,提高学生的参与积极性,从而达到以赛促教、以赛促学、以学促用的目的。

(七)节日纪念式

节日纪念式主题班会以具有纪念价值的人物、日期等为既定的主题,组织开展相应的主题教育活动,如雷锋纪念日、建党节、建军节等。该班会形式能够抓住重要时机,让学生对于特定的伟人、节日等有较为深刻的认识,从而增强文化自信,培养爱国情怀。

(八)娱乐式

娱乐式主题班会是将各类先进人物的事迹或具有纪念事件的编成各种文艺节目进行表演,如歌舞、说唱、相声、小品、诗歌朗诵、心理剧和道德情景剧等形式。在主题班会上,学生既可以现场表演,也可以以视频的方式呈现,寓教育于娱乐之中。在轻松娱乐的氛围中,参会学生能放松身心,获得归属感,而参与展示的学生在这一过程中也能发展个人特长,提升个人自信。同时,与其他形式相比,娱乐式主题班会更有利于增进师生感情,增强班级凝聚力。

(九)成果汇报式

成果汇报式主题班会指的是针对学生参与的社会实践活动,如社会调查、暑期三下乡等,在实践活动结束后邀请学生们进行成果展示与汇报。通过成果的展示和彼此之间的交流,有利于强化学生的内在体验,增强学生的自豪感和成就感,激发学生参与社会实践活动的积极性,培养学生的社会责任感,为学生的未来发展奠定基础。

(十)现场模拟式

现场模拟式主题班会是通过创设情景、角色扮演等为途径,以训练技能为目的的主题班会形式,如模拟现场招聘场景、面试场景、教学场景等,通过现场发言、回答问题、表演等方式,增强学生的表达能力、应变能力、实战能力,从而不断增强和拓展自身综合素质,提高自身竞争力。

（十一）活动体验式

活动体验式主题班会是指一种开放式的、不限于拘束在室内、更注重室外亲身体验所获得的经验的一种班会形式,如外出参观、实践活动、素质拓展等。室外的体验有利于提升参与学生的动手能力、实践能力、操作能力,考验同学们的互帮互助意识、集体意识以及团队协作能力,从而增强班级同学间的感情,提升班级凝聚力。

二、内容化分类

主题班会应以安全稳定为底线,以日常管理为基础,以思想政治教育为先导,以社会主义核心价值观为引领,以促进学生成长为目标,紧紧围绕立德树人,开展理想信念教育、爱国爱校教育、传统文化教育、文明礼貌教育、养成教育、法制教育、安全教育、职业素养教育、心理健康教育、学风建设教育和就业教育等主题班会活动,与大学生思想政治教育工作有机结合,促进大学生健康成长。从内容上分,主题班会主要概括为以下几类:

（一）社会政治主题

社会政治主题是指围绕国家发生的大事件、社会热点、中央相关的最新文件精神等内容开展的主题班会。其作用是对加强对学生的思想政治教育,帮助学生了解社会时事政治,提升政治素质;加强宣传思想教育工作,引导学生学习党团新思想,用先进的思想理论武装头脑、指导实践;帮助学生坚定理想信念,培养社会主义事业合格建设者和可靠接班人。如理想信念教育、爱国主义教育、重大节日主题等。

（二）班级建设主题

班级建设主题是指围绕班级管理和建设开展的主题班会。其作用是传达班级各项事务,加强班级内部管理;加强班级成员之间的沟通交流,增进成员之间的感情,增强班级的凝聚力,展现良好的班风班貌;加强班级学风建设,营造班级浓厚的学习氛围。如日常事务、学风建设、班风建设等。

（三）学生发展主题

学生发展主题是围绕学生在日常生活、人际关系、心理健康、安全稳定、求职就业等各方面关注的话题和存在的实际问题为中心而开展的主题班会。

其作用是加强安全素质、心理健康、职业生涯规划、就业创业等各方面的教育,面向全班学生普及相关知识,成为学生健康成长、全面发展的重要课程,帮助学生更好地自我净化、自我完善、自我革新、自我提高;有利于辅导员深入学生群体,倾听学生心声,关心学生成长,服务学生发展。如心理健康教育、安全教育、职业规划与就业指导、思想道德教育等。

（四）活动实践主题

活动实践类主题是以校园文娱活动、社会实践、志愿服务等为主题,以学生的实践活动为基础,以学生的直接体验或间接体验为形式,把主题实践活动引入主题班会的类型。其作用是帮助学生认识社会、了解社会生活,提高实践能力,提升综合素养。实践活动类型具体包括以研究性学习为主的探究类活动、项目与应用设计类活动、以社会考察为主的体验性活动以及实践性的社会参与与社区服务活动等。如传统文化教育、生态环境保护教育、志愿服务教育等。

第四节　主题班会注意事项

一、各个主体的注意事项

一次好的主题班会需要各个主体的相互协作,密切配合。辅导员、学生干部、参会学生是主题班会的三大主体。辅导员是主题班会的宏观指导者,学生干部是主题班会的主要策划者和组织者,参会学生则是主题班会的主角。

（一）辅导员

辅导员要明确自身在主题班会中的角色和定位,充分发挥辅导员的教育职责,保证主题班会能够高效科学地开展。第一,要有全局观念,做到抓大放小。辅导员需要为主题班会定下总基调,但具体工作应交由学生干部或学生组织来完成,而非事必躬亲。第二,辅导员要做好主题班会的调控员,对主题班会的时间、内容、进展等进行把控。在主题班会开展过程中,辅导员把握主题班会的主旨方向,以免班会主题出现偏题,导致无法达到预期的教育效果;要注意活跃气氛,调动学生的参与积极性,鼓励学生畅所欲言,使得主题班会能够顺利开展;要抓住主题班会的关键时机,对问题进行总结和升华,对学生进行正确的引导,强化思想教育;要灵活应对班会过程中出现的突发状况,如学生因为某一问题的不同见解而发生争论时,辅导员要及时处理,把控全局;要及时掌握学生对于信息的接受程度与反馈,随时调整班会开展的速度和进展,促进主题班会有序高效地开展。第三,在主题班会结束后,辅导员要善于总结经验,及时发现不足,以便今后更好地开展工作。

（二）学生干部

学生干部是班集体的核心和中坚力量。在主题班会策划、组织、开展全过程中,学生干部应当充分发挥的主导作用,积极承担学生干部的职责,保证主题班会的顺利开展。第一,要有规划意识,做足前期准备。学生干部要严格围绕班会主题和班会基调,做好充分的会前策划,全面了解会议细节,制定合理的会议流程,做到事无巨细。第二,要深入班级内部,加大宣传力度。学生干部应通过多种途径大力宣传班会的主题,并结合线上或线下等多种方式,了解班级同学所关注的话题和内容,引发同学们对班会主旨的深刻思考。第三,要充分了解班会主题思想,在班会中积极发表自己独到的看法和适当的见解,点燃同学们各抒己见的热情,调动大家的参与积极性,以便达到良好的班会教育效果。第四,要做好主题班会记录。学生干部要准确记录班会开展的时间、地点、参加对象、会议主题和议程、参会者的讲话内容要点、会议总结或议定的事项等。第五,要学会自我总结和反思。班会结束后,学生干部应将本次会议整体复盘,及时总结经验,反思不足,不断优化工作流程,提高工作效率,以便今后能够高效落实学生工作。

（三）参会学生

参会学生要明确主题班会在大学生思想政治教育中的重要作用,以及对班级建设和自身成长的重要意义,主动参与,认真学习,争做新时代高素质大学生。第一,要提前了解班会主题。参会学生可以通过各种方式搜集相关资料,提前了解班会主题的相关内容,为召开主题班会做准备。第二,要以认真的态度和饱满的热情参会。参会学生要认真学习相关内容,全身心参与各项活动,畅所欲言,分享自己独到的见解,聆听他人的不同见解,在不断沟通中充分了解班会主旨的深刻内容,填补知识的空白,提高思想的深度。第三,要认真反思。在主题班会结束后,参会学生要做好思想总结,提升自己的思想觉悟,将学习精神落实在实际生活的具体行动中,做到学有所思,思有所悟,悟有所为。

二、各个环节的注意事项

主题班会包括前期策划组织、宣传动员、中期开展、后期总结等环节。抓好各个环节,抓实每个细节,也是主题班会成功开展的关键所在。

(一)前期策划环节

在前期策划环节,策划者应结合时代背景、相关文件、现实情况与受众对象,确定会议主题和内容。在策划的过程中应做到具体与细化,争取使主题班会的影响力达到预期效果。

1. 开展主题班会要有计划性。学期初,根据学校和学院统一安排的固定主题,辅导员和班干部应结合学生思想状况、专业的培养特点、现阶段面临的问题等各个方面拟订主题班会计划,确定灵活的主题,做到一周一主题,这样的主题班会既有系统性,也不失灵活性。

2. 选题切忌假大空,过于宽泛。选题时既要结合时政要点、社会热点问题、中央文件精神等,引导学生思想向主流价值方向发展,也要着眼于学生成长的实际需要,为学生提供切实的指导和服务,帮助学生解决实际问题。

3. 做足充分准备,不打无准备之战。在前期,学生干部应制定详细的会议流程,考虑到每一个环节的具体实施办法和应该注意的问题;要围绕主题进行多层面、多角度的材料筛选,力争材料充实;要明确分工,设置好主持人、会议记录人等角色。

(二)宣传动员环节

为提高主题班会的影响力,调动学生参与班会的积极性,需要采取多样化的手段对主题班会进行宣传,可在学院微信公众号上发布关于主题班会的推文和 H5,或利用"抖音""哔哩哔哩"等拍摄宣传短视频,可适当增加一些活泼元素,吸引学生主动参与到班会中来,而非被动地接受。

(三)中期开展环节

中期开展环节是主题班会的核心环节。通过各种途径充分调动参会学生的积极性,实现全员参与,最终实现育人目的,这才是一次成功的主题班会。

1. 选择合适的主题班会形式

主题班会的形式直接关系到活动的效果,应根据主题的特点选取合适的开展形式。如以安全教育为主题的班会,可以邀请保卫处工作人员或派出所的警官开设专题讲座,可以开展关于宿舍安全、网络安全、人身安全、财产安全等各方面的知识竞赛,可以表演安全教育情景剧、开展安全消防演练等,最终目的是把思想性、趣味性、知识性、教育性结合起来,最大限度地调动学生的积极性和参与热情,做到寓教于乐。

2. 设置恰当的导入

导入是主题班会开展的起始环节,好的导入不仅可以调动学生的参与积极性,还可以激发学生的思考,激活学生的思维。在班会开展时,可以选择学生群体关注的热点问题或与大家息息相关的生活实例来引发学生的思考,可以设置问题和悬念来激发学生的好奇心,可以以角色扮演等表演形式抓住学生的眼球,可以选择学生喜爱的电影、歌曲、短视频等渲染班会气氛,为班会的顺利开展奠定基础。

3. 注重内容的教育性

班会的主旨和主要内容应具有教育意义,不应偏离思想政治教育的根本目的,过分娱乐化。不宜生搬硬套,导致将主题班会内容空虚化、抽象化,而应从大处着眼、从小处着手,贴近学生生活和思想实际。

4. 切忌"独角戏",做到全员参与

在主题班会上,应尊重学生的主体性,主讲人不能一味地单方面灌输,每个学生都应该是主题班会的参与者而非旁观者,只有让每个学生都亲自参与其中,才能达到自我教育、自我完善的目的。

(四)后期总结环节

注重每次班会后的总结和反思,是提升主题班会实效性的重要环节,也是策划者和组织者促进能力发展的重要途径。

1. 及时反思总结

辅导员应及时对主题班会的内容进行总结和升华,对班会过程进行评价。学生组织者和策划者在每次主题班会结束后应进行总结反思,可以随机询问部分参会学生,也可以发布匿名问卷供与会同学们填写,了解参会学生对本次主题班会的意见和建议,争取在未来的工作中继续发扬优点,弥补缺点。

2.切忌"一阵风"现象

对大学生的思想政治教育是一项持久的工作,并非一朝一夕的事情,需要锲而不舍,长期坚持。辅导员和学生干部应不断完善和充实主题班会的内容,通过多种途径建立主题班会的长效机制,推进学习教育的常态化和制度化。

第五节　本科阶段主题班会整理

本科阶段班会主题的选择要遵循大学生思想道德建设的普遍规律和学生身心发展规律,结合不同年段、时段、专业的特点"对症下药"。例如,开学初要开展"适应性教育""入学专业教育"等一系列入学教育;考试前要开展"诚信教育";毕业前要开展"走好人生第一步"等一系列离校教育。同时,高校主题班会具有连续性、系统性和科学性的特点,具体包含安全教育、理想信念教育、学风建设、班级建设、心理健康教育、职业生涯规划、诚信教育、感恩教育、劳动教育等方面。每一个主题班会的开展旨在加强大学生日常思想政治教育,帮助学生解决每一个思想问题和实际问题,努力培养能够担当民族复兴大任的时代新人。

对于大一新生,要着重开展以环境适应、人际交往、职业规划、自我探索等为主题的班会,为今后四年的健康成长奠定扎实的基础。入学教育是大学生进入大学的第一课,具体包括院校介绍、校规校纪教育、健康教育、安全教育、管理与资助教育、入党启蒙教育、心理健康教育、适应性教育等,其目的是帮助大学生尽快了解和适应大学新环境,及时完成高中生到大学生的角色转变,明确学习目的,增强学习动力,科学规划大学生活,以昂扬的精神状态迎接崭新的大学生活。

宿舍是大学生学习生活的重要场所之一,开展以宿舍人际关系、宿舍安全等为主题的班会,能够让来自五湖四海的学生尽快融入集体生活,构建和谐宿舍。学习仍是大学生活的重中之重,开展关于专业介绍、课程学习、竞赛为主题的班会,能让学生明确目标,找准方向,尽快进入学习状态。大学班级是学生共同学习的基本组织形式,是学生自我教育、自我管理、自我服务的基本载体,提升班级凝聚力的"黄金时间"是大一阶段,开展以班级管理和班级建设为主题的班会是十分必要的。

对于大二学生,经过一年的适应,已经完成了从高中生到大学生的角色转变,这一阶段是一个调整和纠错期,也是一个分化期。大二学生逐渐接触到较为重要和核心的课程,应开展学习经验交流会,引导学生平衡好学生工作和学习的关系,注重理论知识的学习,掌握科学的学习方法,提升专业技能。经过一年的学习,学生对所学专业有了更进一步的了解,应开展学科竞赛专题讲座,帮助学生了解学科竞赛,培养参赛兴趣,提高科研能力。同时,实践出真知,学习书本仅仅是大学生活的一部分,应开展以实践实习为主题的班会,引导学生认识到参加社会实践、参与社会实习的重要性,鼓励学生走出校园,关注社会,增强运用知识解决实际问题的能力,在实践中认识到自身的不足,并为成为一名德智体美劳全面发展的大学生而不断努力。

对于大三学生,大三是大学期间尤为关键的一年,是承上启下的重要时期,也是大学能力爆发、潜力发掘的最高阶段。学生即将面临考研还是就业的重要选择,如果选择就业,要在保证完成学习任务的前提下,积极参与实习,提高自身综合能力,为今后求职就业打下基础,如果选择读研深造,就应该积极参加学科竞赛,丰富专业知识,提升专业素养。举办考研与就业主题班会,让学生了解当下考研与就业的形势,帮助学生树立正确的就业观和择业观,并结合自身优势对未来做出选择,不要随波逐流。举办考研经验交流会,帮助大三学生科学择校择业,传授各科学习方法,制定合理目标,坚定考研信心。

对于大四毕业生,毕业教育是对毕业生在毕业前进行的一次比较全面系统的思想教育,对帮助毕业生顺利毕业、步入社会、完成从学生到社会人的角色转换具有重要作用,主要包括就业指导、理想信念教育、爱校荣校教育、感恩教育等。开展就业指导,向应届毕业生全面介绍所学专业当前的就业形势和就业政策,传授简历制作和面试的技巧、求职和签约的注意事项,加强就业诚信和就业安全教育等,帮助学生实现高质量就业。加强理想信念教育,引导即将离开校园、步入社会的毕业生树立家国情怀和责任意识。开展爱校荣校教育,激发毕业生爱校荣校之情,增进学生对母校的认同感和归属感。开展感恩教育活动,引导毕业生回报父母养育之情,回馈母校教育之恩。

同时,还有一些主题班会是本科期间各个年级通用的,主要包括以下九个主题:

一、以安全为主题的班会

学生安全,牵动万家。安全是一个大学生完成学业的重要保证,是每一位学生健康成长的基本条件。定期开展以安全为主题的班会,加强高校学生的安全教育,才能构建安全和谐的校园环境,保障学生平安健康。安全教育涉及内容广泛,具体包括宿舍安全、人身安全、财产安全、网络安全等。宿舍内严禁放置违禁品、严禁吸烟、做到人走断电,避免引起火灾等;出行途中要提高自我保护意识,懂得保护自己;谨防电信诈骗和校园贷款,学会维护自己的合法权益;学会识别虚假招聘信息,防范求职诈骗,避免进入传销组织;合理利用网络资源,提高对网络犯罪的防范意识,树立总体国家安全观,这些都是安全教育的重要内容。

二、以理想信念为主题的班会

理想信念教育是思想政治工作的核心,具有强大的精神力量。当代大学生肩负着实现中华民族伟大复兴的责任和使命,是祖国的未来和民族的希望,这就要求当代大学生要树立远大理想,把小我融入大我。因此开展理想信念教育主题班会有利于青年学生认识到自己所肩负的责任和使命,树立正确的人生观、世界观和价值观,坚定理想信念,自觉投身到中华民族伟大复兴事业中,贡献青春力量。

三、以学风建设为主题的班会

学风是大学精神的集中体现,优良学风是治学之本、成才之本、立校之本。从高中步入大学,学习仍是大学的首要任务,但老师的教学模式由传统的填鸭式变为开放式,学生的学习模式也由在老师或家长的督促下学习变为自主学习,这就要求在大学期间定期开展以学风建设为主题的班会,在班级营造浓厚的学习氛围和良好的学习风气,帮助学生明确学习目标,端正学习态度,培养自主学习能力,掌握科学的学习方法,激发学习动力,促进每位学生的全面发展。

四、以班级建设为主题的班会

班级是学生集体中最基层的组织单位。只有班级工作达到良性运转,才能为学生工作特别是党团建设工作提供坚强有力的组织保证。班级应该定期开展以班级建设为主题的班会,针对班级在学习、活动、入党、班干部队伍等各方面的现状,提出目前存在的问题,由班干部和班级同学共同商讨,提出合理的解决方案;规范班级管理、奖惩等各项制度,开展民主监督,使班级事务能够公开、透明、公正开展;制定班级建设目标,规划班级发展蓝图,争创优秀班集体;建设班级"家"文化,加强彼此之间的沟通交流,在班集体中营造温馨和谐、团结协作的氛围,使班级的每一位同学既能体会到归属感和荣誉感,又能感受到家的温暖,从而增强班级凝聚力。

五、以职业生涯规划为主题的班会

面对当前严峻的就业形势和日趋激烈的竞争,开展职业生涯规划教育势在必行。定期开展以职业生涯规划为主题的班会,能帮助大学生解决在自我成长和自我实现过程中遇到困惑,如对未来感到迷茫、对求职一无所知、对生活缺乏安全感等,引导学生客观地认识自我,认清就业形势,了解市场需求,放眼未来并立足当前,抓住大学四年宝贵而有限的时间,掌握有效的知识和技能,提高综合能力,提早为自己确定职业方向,选择职业道路,最终找到适合自己的职业。

六、以心理健康为主题的班会

当代大学生在环境适应与角色转换、学业、工作、人际交往、就业等各方面都面临一定的心理压力,难免因心理调适不当而产生不良认知和不当行为,导致发展性心理问题、适应性心理问题与障碍性心理问题,因此加强对大学生的心理健康教育成为家庭、社会和学校迫切需要关注和解决的问题。在不同阶段,结合学生的特点和面临的问题,开展以心理健康教育为主题的班会,能够普及心理健康知识,传授心理调适技能,帮助学生缓解心理压力,引导学生树立正确的心理健康,培育理性平和、乐观向上的健康心态。

七、以诚信为主题的班会

人无信不立,诚信是中华民族传统美德,是当前社会每个人必须具备的品质之一,具体包括经济诚信、考试诚信、资助诚信、网络诚信、就业诚信等方面。诚信教育是大学生思想政治教育的重要组成部分,应该贯穿于大学生活的始终。加强诚信教育,定期召开以诚信为主题的班会,有利于完善大学生的健康人格,为学生的成长成才奠定立身之本。

八、以感恩为主题的班会

感恩是中华民族传统的道德准则,感恩教育是塑造大学生健全人格和正确三观的基础,只有心怀感恩意识,才能主动地报恩、施恩。在现阶段,依托各大重要节日开展以感恩为主题的班会是行之有效的方式,诸如父亲节、母亲节、教师节、重阳节、国庆节等,有利于帮助学生建立感恩概念、认知感恩价值、明确感恩对象、强化感恩意识,从而真正将感恩付出实际行动,感恩父母的养育之恩、老师的教诲之恩、朋友的知遇之恩、国家和社会的帮助之恩。

九、以劳动教育为主题的班会

中华民族是勤于劳动、善于创造的民族。正是因为劳动创造,我们拥有了历史的辉煌;也正是因为劳动创造,我们拥有了今天的成就。劳动教育的目的,不仅是培养现代大学生基本的生活技能,而且要促进人的体力发展和智力发展。开展以劳动教育为主题的班会,讲好劳动故事,弘扬劳动精神,引导学生树立正确的劳动观点和劳动态度,热爱劳动和劳动人民,养成劳动习惯,促进学生的全面发展。

第五章　理论宣讲

第一节　理论宣讲概述

一、理论宣讲概述

（一）概念

1. 理论宣讲

理论宣传又称理论教育,是对社会科学理论进行推广和普及,或从理论上说明现行路线、政策、方针的宣传活动。在社会主义国家,理论宣传主要是在马克思主义基本原理的指导下对各种实践问题和科学理论进行阐述,提高人们对客观世界规律的认识,帮助人们掌握科学的思想方法和工作方法。

理论宣传更多是指推广理论成果的活动,表现为在报刊上、广播电视节目里和社会宣传活动中大量介绍理论观点,运用现实生活中的具体事例解释这些观点,以及指导人们运用理论来把握、解决现实生活中所面临的紧迫任务。主要任务是围绕现行的方针政策和时局变化,给予理论上的说明,及时做出令人信服的解释。

理论宣讲基本要求:坚持党性原则,把握正确的舆论导向。坚持唱响主旋律,打好主动仗,科学地、生动地宣传马克思主义,引导干部和群众不断克服和抵制错误的、落后的、腐朽的思想文化的影响与侵蚀。要遵守党的宣传纪律,报刊、广播、电视、理论宣传必须坚持和体现党的基本路线,坚持"学术研究无禁区,理论宣传有纪律"。要注意贴近生活,贴近实际,增强时代感、针对性、说服力和战斗力,加强宣传效果。要注重理论的深刻性、表述的科学性、文风的生动性,提高理论宣讲节目和理论文章的可读性、视听性、可听性。

2. 辅导员职业能力大赛中的理论宣讲

为了提升高校辅导队伍专业化、职业化建设,自 2012 年开始,辅导员职业能力和职业素质的高校辅导员职业能力大赛揭开了序幕,2018 年更名为高校辅导员素质能力大赛。这个比赛发展到今天,其比赛环节、时间和形式都发生了变化,最新的素质能力大赛包括有笔试、案例分析、谈心谈话、理论宣讲等环节,考验辅导员关于基础理论、沟通表达、应急公关等各方面的能力,以赛带练、以赛代训,全面提高辅导员工作的针对性和辅导员自身的亲和力。

2018 年"辅导员职业能力大赛"更名为"辅导员素质能力大赛",以前大赛是每年举办一次,从 2018 年开始,改为每两年举办一次。2018 年举办的是第七届辅导员素质能力大赛,2020 年将举办第八届辅导员素质能力大赛。随着名称的变化,比赛形式也发生了一些改变,其中"主题演讲"环节变为"理论宣讲"。"理论宣讲"是党和国家对高校辅导员的新要求,是全国高校辅导员素质能力大赛的新环节,也是越来越多高校对辅导员考评考核的新标准。

辅导员职业能力大赛中的理论宣讲环节,是指在特定的时空环境中,参赛选手在大赛规定的时间内,围绕某一特定的主题,结合辅导员的日常工作发表公开的讲话,运用有声语言和体态语言向评委和观众传达信息、表述见解、抒发感情、阐明道理,从而引起观众的思想和情感共鸣,达到对辅导员实际工作进行指导的目的。

(二)理论宣讲的重要性

理论宣传的主要任务是围绕现行的方针、政策和时局变化,给予理论上的说明,并做出令人信服的解释。理论宣传增强了广大群众社会实践活动的原则性、系统性和预见性,在各种错综复杂、迷离混沌的状态中发现事物新的趋向,洞察事物的本质,明确前进方向。

理论宣讲作为理论武装的重要组成部分,要让理论内化为理想信念、价值观念、道德观念,外化为思维方式、行为方式和生活方式,更好地促进主观世界和客观世界的改造,实现精神变物质的转变。辅导员只有提高理论宣讲能力,才能更好地把握当代中国马克思主义的时代性、人民性、实践性和创新性,才能更好地把握大学生思想政治教育内容的科学性,满足青年学生在新时代的理论需求,才能更好地形成"理论转化为物质"的磅礴伟力,引导青年学生做担当民族复兴大任的时代新人。

因此,理论宣讲素质已经成为高校辅导员必须具备的素质之一。运用理论宣讲开展思想政治教育是非常必要的,从辅导员的角色定位和能力要求方面来讲,需要具有一定的理论宣讲能力,需要具备良好的语言表达能力,这样才能贴近学生、教育学生和引领学生,成长大学生思想政治教育的骨干力量,当好大学生政治思想的引领者。

二、理论宣讲范畴与原则

(一)理论宣讲范畴

1.理论宣讲的范畴

教育部办公厅发布的《第七届全国高校辅导员素质能力大赛工作方案》这样阐释理论宣讲:理论宣讲环节主要考察辅导员对马克思主义理论、习近平新时代中国特色社会主义思想、党的十九大精神等的学习宣传阐释能力,以及对大学生开展理想信念教育、中国特色社会主义和中国梦宣传教育、社会主义核心价值观教育过程中的理论宣传阐释能力,注重考察理论宣讲的政治性、思想性、理论性、政策性、导向性。

2.理论宣讲的类型

对高校辅导员来说,理论宣讲应该包含以下三种类型:第一种是竞赛型理论宣讲,这类理论宣讲是指高校辅导员素质能力大赛中的理论宣讲环节,即辅导员围绕某一个特定选题进行五分钟的宣讲,并由评委进行打分。第二种类型是日常型理论宣讲,这类理论宣讲是辅导员面向学生开展日常思想政治工作的重要方式,一种常态化的理论宣讲,比如在党课团课、形势政策报告、主题班会上某些政策理论问题的解读阐释。第三种是普及型理论宣讲,这类理论宣讲主要是辅导员以社会人士为宣讲对象开展的政策理论解读活动,目的是普及政策理论知识。这里重点介绍第一种高校辅导员素质能力大赛中的理论宣讲。

（二）理论宣讲坚持的原则

1.政治性与思想性相结合

理论宣讲的实质将正确的观点、主流意识形态灌输到观众脑海中,以影响人的政治态度、政治选择,争取受众对政策方针的支持、拥护和参与为目的。因此辅导员想要做好理论宣讲,就要遵循政治性和思想性相结合的原则,通过宣传使更多青年学生掌握马克思主义的内涵,理解当代马克思主义的发展,以马克思主义的世界观和方法论发现和解决现实问题,做社会主义事业合格的建设者和接班人。让青年学生对习近平新时代中国特色社会主义思想的核心要义、党的十九大精神和十九届一中、二中、三中、四中全会精神的精髓要点有深刻的理解和全面的把握,做一名爱国爱党爱社会主义的新时代青年。

3.理论性和实践性相结合

理论宣讲要注重理论和实践相结合的原则,辅导员运用理论宣讲的方式就是为了更好地指导实践工作。因此理论宣讲既要讲究理论性,要求讲清楚、讲透彻理论知识,更要接地气,与学生实际、社会现实联系起来。因此,辅导员要进行理论宣讲,就要同中华人民共和国成立70年发展现实成就相关联,与新时代经济社会发展现实需求相匹配,与高校办学理念相统一,与社会主义事业培养目标相融合,实现宣讲主题源于生活,又要回归生活指导实际。在对现实成就的全面展示、现实问题的辩证回应、现实使命的有序承接中,促进经济社会发展新需求、民族复兴新使命与高校青年学生责任担当的耦合,强化思想引领的现实优势与源头优势,引导青年学生更好地将个人理想融入社会发展与民族复兴的时代潮流中。

4.主题性和政策性相结合

理论宣讲的主题性要求辅导员要坚持马克思主义形势政策观,科学把握党和国家系列方针政策,讲准方针政策制定基于的变化条件,讲透方针政策制定基于的确切事实,坚持用发展的观点分析形势与政策。如2018年高校辅导员素质能力大赛通过不同宣讲主题的设置考察辅导员的政策把握能力,"四个全面"及其逻辑关系(山东省)、"一带一路"倡议(四川省)、"弘扬红船精神,做新时代的好党员"(江苏省)、中国梦是历史的、现实的,也是未来的

（湖北省）。这些都要求辅导员在进行理论宣讲时与政策相结合，准确理解理论和政策，进而严谨地将其表达出来。

三、理论宣讲的风格

（一）论证说理风格

这种风格的理论宣讲以思维严谨、见解独到、思想深刻为特点，对宣讲主题进行论述时，追求以据论理，用事实说话，思维逻辑清晰，论述结构层次分明，没有过多的叙事环节，能够以有力量的论据去说服观众。

（二）温婉知性风格

这种风格的理论宣讲通常是以娓娓道来的方式向观众去介绍宣讲主题，运用温柔的语调循序渐进地讲述事物或者道理，寓情于理，擅长以情感人，以情化人，从而达到自然而然地打动观众的目的。

（三）慷慨激昂风格

这种风格的理论宣讲通过运用夸张、排比、比喻等修辞手段，以饱满高亢的情绪讲述宣讲主题，如大河奔流，气势磅礴，宣讲者慷慨陈词，滔滔不绝。具有较强的鼓动性和煽动性，能快速激发观众的认同感，给观众留下深刻印象。

（四）幽默风趣风格

这种风格的理论宣讲通常以幽默诙谐的语言、姿势和事例来叙述宣讲主题，寓教于乐，以小见大，使观众在轻松愉快的氛围中受到启发，理解深刻的道理，备受观众喜爱。

第二节　理论宣讲的构思策略

理论宣讲是第七届辅导员素质能力大赛新增的比赛环节，根据要求，参赛选手现场提前 20 分钟抽题，比赛限时 5 分钟。这要求参赛者在有限的时间内快速明确主题、构思大纲、组织语言，流畅阐述，侧重考查辅导员工作的政治性、理论性、政策性和导向性，高校辅导员理论宣讲必须具有思想教育、理论教育和价值引领功能，该环节难度之大可见一斑，对参赛者而言是极大的挑战。

第七届辅导员素质能力大赛,最大的变化就是理论宣讲环节,相对于命题演讲侧重团队作战,即兴演讲强调由事入理,由理入情的讲述方式,理论宣讲则全部由参赛辅导员当场准备,不仅要有理论、有阐释,还要有引导,必须做到"顶天立地、虚实结合、刚柔并济、凝心聚力",才能实现精彩阐述。因此理论宣讲环节想要拿到高分是非常不容易的,不仅要求参赛辅导员拥有深厚的理论功底,还要需要讲究一定的构思策略和宣讲技巧。

一、理论宣讲的构思策略

(一)确立主题,凝练中心思想

理论宣讲环节主要考察辅导员对马克思主义理论、习近平新时代中国特色社会主义思想、党的十九大精神等的学习宣传阐释能力,以及对大学生开展理想信念教育、中国特色社会主义和中国梦宣传教育、社会主义核心价值观教育过程中的理论宣传阐释能力,基本是需要联系辅导员九大职责(思想理论教育和价值引领、党团和班级建设、学风建设、学生日常事务管理、心理健康教育与咨询工作、网络思想政治教育、校园危机事件应对、职业规划与就业创业指导、理论和实践研究)与日常一线工作,其实都是围绕辅导员的工作职责、育人使命命题比赛的。理论宣讲更加注重以"理"为主,注重理论指导实践工作的能力,更多考查辅导员对学生进行理论教育和价值引领的能力。选手抽到宣讲的题目后,首先要做的就是快速分析题目,从自身擅长的知识储备和理论宣讲风格出发,确定本次理论宣讲的主题。

全国辅导员素质能力大赛的题目一般都比较简单、精炼,需要选手根据抽到的题目进行分析,确定自己的宣讲主题,进而凝练出中心思想。一个成功的理论宣讲应该是立意鲜明、方向明确、意义深刻的,因此宣讲主题不适宜分散,应该清晰地专注一个方向,这样凝练出来的中心思想才能够深化主题,直击人心,同时也能突出选手的个人特色,给评委和观众留下深刻的印象。

(二)巧妙开题,找准切入的点

好的开场白是理论宣讲的成功的一半,这里就是要凸显开题的重要性了。心理学上的首因效应是指最初接触到的信息所形成的印象对人们以后的行为活动和评价的影响。人与人第一次交往中给人留下的印象,在对方的头脑中形成并占据着主导地位,这种效应即为首因效应。理论宣讲也是如此,开题成败的关键在于能否吸引并集中评委和观众的注意力,好的开场应该是给评委和观众留下深刻的"第一印象",吸引评委和观众的注意力跟随着选手的节奏,为后续宣讲内容进行成功的铺垫。选手根据确立的宣讲主题,运用演讲的技巧,可以运用事例、轶闻、经历、反诘、引言、幽默等手段在宣讲的关键点切入,从而进行巧妙开题,达到"先声夺人"的效果。理论宣讲的开场一般有以下几种:

第一种引用故事、寓言开场。选择切合主题的、适合环境的故事开场一方面能够水到渠成地表达中心思想,另一方面能够拉近与评委和观众的距离,使自己的观点更具有说服力。第二种是利用问题作为开场。巧用问题开场是走进观众内心最简捷和确切的方式,通过"明知故问,自问自答"的方式引起观众的好奇心和注意力,不是直接抛给观众所要表达的答案或者事实,这样更能带动现场气氛,增强表达的效果。第三种开门见山,直击主题。开场时没有进行铺垫没有罗列其他支撑材料,而是开门见山地直接表达自己的观点,这样能够让评委和观众快速抓住选手所要表达的重点内容和观点,清楚明白地理顺选手思路。

(三)搭建脉络,层层推进内容

理论宣讲虽然是在有限的时间表达选手的观点和思想,但是也如文章一样,要有血有肉,有灵魂,有内涵,有思想,这非常需要有清晰明确的脉络结构和表达框架。选手运用语言表达技巧、引用佐证材料、姿态等手段,只有按照一定的脉络结构进行,才能全面、顺畅清晰地表达宣讲主题,推进宣讲节奏。推进理论宣讲的内容方式可以借鉴"凤头、猪肚、豹尾"的形式组织宣讲材料,保证宣讲内容充实而精练,丰富而生动,辅之选手饱满而真挚的情感,进而完成整个理论宣讲。脉络结构越清晰,逻辑越严谨,从而附着的宣讲内容越具有层次和条理性,越能支撑宣讲主题。

(四)呼应主题,恰当运用例证

在理论宣讲中,所选用的例证材料要符合呼应主题的原则。理论宣讲所表达的中心思想和观点是需要在掌握和分析丰富的数据材料基础上形成的,因此例证材料是支撑宣讲主题的基础,所以要合理运用例证材料,呼应主题、深化主题。

例证材料需具备一定针对性,根据确立的宣讲主题有计划有重点地组织和选择例证材料,达到增强理论宣讲效果的目的。选手可能同时了解非常多的例证材料,如果同时使用例证材料会给评委和观众造成凌乱和不知所云的感觉,因此要根据宣讲主题,选择运用最恰当、最具有代表性的例证材料。

(五)凝练升华,结尾引起共鸣

一个成功的结尾,具有三大重要功能:深化宣讲主题、突出主要观点;给评委和观众留下深刻印象,牢记宣讲内容;提供一个结束的信号与氛围。一个恰到好处的结尾对于理论宣讲来说非常重要。一个好的结尾既是在整体结构上提升理论宣讲的高度,也是再次突出和强调宣讲主题的机会,在结尾处点题、在结尾处重申主题更容易给评委和观众留下深刻的印象。同时,使用好的结尾可以引起评委和观众的情感共鸣,理论宣讲的重要作用就是运用理论指导辅导员工作实践,帮助学生在理解和把握上有一个质的飞跃,让学生受到使命的感召和情绪的感染。

适宜理论宣讲的结尾方式包括号召式、总结式、名言警句式等,以号召式语句结尾,可以将选手的情感快速传递给评委和观众,产生强烈的互动,最大限度地引起共鸣。总结式的结尾能够让评委和观众理清宣讲的主题与中心思想,通过对前文观点的概括和重述,深化主题。名言警句式的结尾可以为理论宣讲增加文化色彩,提高宣讲的文采,引起评委和观众的理性思考。

二、注意事项

(一)仪态

宣讲时要保持久充沛的精力,要给评委和观众呈现一种器宇轩昂或洒脱大方的姿态,要展现出自己的风度和气度。站立要稳,切勿前后摇摆,如果左右移动重心,这会使人认为你心神不定。宣讲时的表情,这里指的是面部表情,即眼、眉、嘴以及头等配合讲词的协同动作。这些动作要完全服从于宣讲内容的需要,是自然而然的,从生活中来的。台上的表情可以比生活中稍为夸张,但不宜过分,给人以做作之感。在表情中尤为重要的是眼神。首先,宣讲者的眼神要自然地平视;其次,眼神要照顾到台下两边的观众,以加强演讲者和观众的感情交流。

宣讲时,双手尽量不要胡乱挥动,可以双手相握,放在身前或身后,或者放松垂在两侧。要尽量避免一再重复同一动作,不要胡乱地挥动手臂以免分散听众的注意力。站位可以随着宣讲的内容而变化。脚跟应靠近,腿站直,显得精神。虽然不必如体育课"立正"般,但切忌双脚分立,那样显得粗俗松垮。站好后切忌脚尖点地,脚跟颤颤。在宣讲过程中,有时候可以稍为向左、右、前、后做些动作。

总的来说就是宣讲者要站直,重心平均分配在两脚上,两脚自然地分开几英寸的距离,用双手和胳膊自然摆动,强调你要说的话。站姿(稳)、手势(开)、走动(有目的)、微笑(真诚)都是为了让宣讲者的宣讲充满力量。

(二)声音

理论宣讲时要字正腔圆,断词、断句要准确,还要注意语调要有抑有扬,有快有慢,有张有弛。参赛选手的声音要洪亮,音量的大小要根据会场的大小和观众的多少而定。既不要过高,也不要过低。过高易失去自然和亲切感,过低会使会场出现不应用的紊乱。通过语音语调的变化,让语言更有感染力,让宣讲充满能量。

(三)服饰

参赛选手的服饰应以整洁、朴实、大方为原则,男士的服装一般以西装、中山装、青年装为宜,女士不宜穿戴过于奇异精细、光彩夺目的服饰,服装过于艳丽,容易分散听众的注意力。

三、案例赏析

(一)案例赏析:第七届全国高校辅导员素质能力大赛决赛上的理论宣讲

师德师风是评价教师队伍素质的第一标准
刘国权①

"师德师风是评价教师队伍素质的第一标准",这句话出自 2018 年 5 月 2 日习近平总书记在北京大学师生座谈会上的讲话。讲话中,总书记提出了"一个根本任务""两个标准""三项基础性工作"和对青年大学生的"四点希望",再次站在党和国家事业兴旺发达、中国特色社会主义事业后继有人、中华民族伟大复兴的历史高度和战略高度,强调教师的重要使命,肯定教师的突出贡献,并满怀深情地对教师进行勉励、提出要求。

---

① 刘国权,哈尔滨师范大学辅导员,第七届全国高校辅导员素质能力大赛一等奖(案例分析全国第一名、理论宣讲全国第一名、谈心谈话全国第二名),在 2018 年全国高校辅导员工作现场会作代表发言。

　　这不是总书记第一次强调教师素质和师德师风建设。从 2013 年教师节提出的"三个牢固树立",2014 年提出的"四有好老师",到 2015 年回信"国培计划"贵州参训教师,2016 年强调的"四个引路人",再到 2018 年的"5.2 讲话"和全国教育大会上的重要讲话,总书记代表党和国家,始终把教师的理想信念、爱国情怀、道德修养视为教师队伍建设的基础,将师德师风视为评价教师队伍素质的第一标准。

　　为什么师德师风是第一标准? 因为我们的高校要培养的是爱国、励志、求真、力行的社会主义建设者和接班人,教师肩负着传播思想、真理、知识,塑造生命、灵魂、新人的时代责任。因为教师作为"学为人师、行为规范"的表率,举手投足之间就是无声的教育,一言一行、一举一动、一点一滴都在感染学生、影响学生、教化学生。因为教师是人类灵魂的工程师,是三寸粉笔、三尺讲台系国运,一颗丹心、一生秉烛铸民魂的立德树人者、传道授业者、答疑解惑者。总书记说,一个人遇到好老师是人生的幸运,一个学校拥有好老师是学校的光荣,一个民族源源不断涌现出一批又一批好老师则是民族的希望! 事实证明,什么样的教师教育引导出什么样的学生;理想信念坚定、爱国深情满怀、师德师风高尚的教师一定能够培养出有家国情怀、责任意识和担当精神的新时代大学生。

　　辅导员作为高校教师队伍的重要组成部分,是高校思想政治工作的骨干力量,是学生成长成才的人生导师和健康生活的知心朋友。作为大学生认识最早、相处最长、感情最深的教师,辅导员必须师德优良、师风高尚、党性坚定、严于律己,在"三个角色于一体""四季不离伴青春""五有目标做表率"上下功夫。"三位一体"即当好学校大局工作的"兵",服务大局讲政治;学院独当一面的"将",敢想敢做有担当;学生中旗帜鲜明的"帅",言传身教指方向。"四季陪伴"即做学生春天的花、秋天的果、夏天的冰块、冬天的火,让学生心怀正能量、拥有获得感、有成更谦卑、受挫志不短;"五有目标"即口中有理、心中有爱、胸中有则、手中有宝、脚下有路,切实围绕、关照、服务学生,做到以理服人、以爱感人、以则树人、以宝育人、以路带人。

　　各位同仁们! 新时代、新使命、新征程,学生要有新目标、新成长、新气象,教师要有新思考、新作为、新担当! 我们相信,只要我们为人师者昂首阔步新时代,筑梦圆梦大舞台,武装思想有力量,立德树人写华彩,就一定会有学生的崇高理想荡胸怀,幸福奋斗展风采,民族复兴我必在,强国一代向阳开!

（二）案例赏析:第七届黑龙江省高校辅导员素质能力大赛上的理论宣讲

中国共产党的领导是中国特色社会主义制度的最大优势
刘国权[①]

同学们好,每天早自习我们都会利用一段时间就同学们关注的热点和难点问题进行交流,这两天很多同学都问我,说:"老师,你能不能给我们讲一讲为什么坚持中国共产党的领导是中国特色社会主义制度的最大优势。"

同学们,今天我想从历史、现实和未来三个维度与大家进行交流。首先,从历史的维度上讲,坚持中国共产党的领导是我们历史的选择。我们知道,1840年以后,中国因为闭关锁国等种种原因,陷入失语挨骂、落后挨打、贫穷挨饿的悲惨境地,一时之间国内先后产生了300多个政党和团体,可都是昙花一现,直到1921年中国共产党成立了,它带领中国人民取得了三次伟大胜利,实现了从站起来到富起来再到强起来的伟大飞跃。今天,中国已经成为世界第二大经济体,这足以证明,坚持党的领导,是历史的选择,没有中国共产党的领导,就没有我们今天的幸福生活,没有我们对未来更加美好生活的向往。第二,从现实的维度上讲,它是现实的必然要求。中国特色社会主义进入了新时代,社会主要矛盾发生了变化,立足新时代,把握新矛盾,需要我们展现新作为,呈现新姿态。面对发展课题,我们必须要坚持和发展中国特色社会主义,必须要牢记习近平总书记在十九大上强调的"中国共产党的领导是中国特色社会主义最本质的特征,中国共产党的领导是中国特色社会主义制度的最大优势。"我们将面对的矛盾、问题、阻力非常之多,必须统揽"四个伟大",其中具有决定性意义的就是党的建设新的伟大工程;必须要全面统筹推进"五位一体"总体布局,协调推进"四个全面"战略布局,这都离不开党的领导,所以坚持和发展中国特色社会主义,坚持党的全面领导,是现实的

---

① 刘国权,哈尔滨师范大学辅导员,第七届全国高校辅导员素质能力大赛一等奖(案例分析全国第一名、理论宣讲全国第一名、谈心谈话全国第二名),在2018年全国高校辅导员工作现场会作代表发言。

必然选择。从未来的维度上讲,想要走向未来,走向一个无限光明和崭新的未来,实现中华民族伟大复兴,必须要坚持党的领导。习近平总书记在2017年的新春茶话会上曾用过一个非常形象生动的比喻。他说,中华民族伟大复兴这艘巨轮正在劈波斩浪前行,我们需要中国共产党掌舵领航,需要改革开放的伟大春风,更需要在中国共产党的带领下,全国各族人民和全体中华儿女团结奋斗,扬帆划桨,只有这样,这艘巨轮才能走向未来,驶向理想和光明的彼岸!

同学们,综上我们知道,坚持中国共产党的领导,正确地认识中国共产党的领导是中国特色社会主义制度的最大优势,也就意味着我们可以从历史、现实和未来这三个维度上来理解和把握。认识是第一位的,我们在日常生活中又该怎样去践行呢?在座的同学有党员,也有非常积极向党组织靠拢的积极分子,更多的是共青团员。我们一定要强化"四个意识",坚定"四个自信",正确认识中国和世界发展大势,正确认识中国特色和国际比较,正确认识时代责任和历史使命,正确认识远大抱负和脚踏实地。一定要牢记没有中国共产党的领导,就没有我们从站起来到富起来到强起来的伟大飞跃,就没有我们今天"新时代"的光明前景,更没有我们每一个人自由而全面的发展,没有全体人民的共同富裕!

回望历史,荡胸生层云;立足现在,蓝图已绘就;展望未来,扬帆但信风!今天,五千年文明在中国共产党的领导下焕发出勃勃生机,170年苦难始终牢记心底,97个春秋我们改天换地,69载奋斗一切都日新月异,改革开放40年,我们砥砺进取,而现在,新时代的征程已经大幕拉起! 同学们,只要我们坚持党的领导,坚决维护以习近平同志为核心的党中央权威和集中统一领导,我们就一定能够在新时代展现新作为、新担当、新风采。只要我们爱国、励志、求真、力行,只要我们心中有爱,脑中有梦,口中有理,手中有宝,脚下有路,我们就一定能够用一颗丹心着色时代锦绣,在万里河山谱写绚烂青春!

第三节
部分地区辅导员素质能力大赛理论宣讲题目整理

一、全国高校辅导员素质能力大赛理论宣讲题目

（一）2018年全国高校辅导员素质能力大赛决赛中的九道理论宣讲真题

1. 建设社会主义现代化强国新征程可以分为两个阶段。

2. 东西南北中，党政军民学，党是领导一切的。

3. 坚持以人民为中心的发展思想。

4. 习近平新时代中国特色社会主义思想是马克思主义中国化的最新成果。

5. 新时代的历史方位。

6. 共产党人的初心和使命。

7. 师德师风是评价教师的第一标准。

8. "5·2讲话"的核心要义和基本内涵。

9. 高校只有抓住培养社会主义建设者和接班人这一根本，才能办好、才能办出中国特色、世界一流大学。

其中第一题至第六题都出自党的十九大报告，第七题至第九题都出自习近平总书记2018年5月2日在北京大学师生座谈会上的讲话。充分说明对新讲话、新精神、新文件、新材料的积累最为关键。十九大报告中的"一个主题提出新使命""十大成就宣告新时代""四个伟大指引新奋斗""八和十四阐述新思想""分两步走踏上新征程""九大领域再写新篇章"，"5·2讲话"中的"一个根本任务""两个标准""三项基础性工作""四点希望"等都是完成高质量理论宣讲的基础材料。

二、部分地区高校辅导员素质能力大赛理论宣讲题目

（一）2018年江西省第六届辅导员素质能力大赛

1. 习近平新时代中国特色社会主义思想"明确深化改革总目标是完善和发展中国特色社会主义制度、推进国家治理体系和治理能力现代化"。请结合坚定制度自信,为学生党员开展一场理论宣讲。

2."文化兴国运兴,文化强民族强。没有高度的文化自信,没有文化的繁荣兴盛,就没有中华民族伟大复兴",请结合坚定文化自信,为你所带的班级开展一场理论宣讲。

3."网络空间是亿万民众共同的精神家园。"请结合党的十九大报告提出的"营造清朗的网络空间",为你所带的班级开展一场理论宣讲。

4."幸福不是毛毛雨,幸福不是免费午餐,幸福不会从天而降。人世间的一切成就、一切幸福都源于劳动和创造。"请据此结合党的十九大精神,为你所带的班级开展一场理论宣讲。

5."雄关漫道真如铁""人间正道是沧桑""长风破浪会有时",这是习近平总书记对中国过去、现在和将来的形象评价,请据此结合坚定"四个自信",开展一场理论宣讲。

6.习近平总书记强调"把建设美丽中国化为人民自觉行动",请据此为你所带班级开展一场理论宣讲。

(二)第七届辽宁省高校辅导员素质能力大赛理论宣讲题目

1.在党的十九大报告中,习近平总书记再次重申"坚持党对一切工作的领导"并将它至于新时代坚持和发展中国特色社会主义基本方略的第一条。请以"党政军民学,东西南北中,党是领导一切的"为主题,对你所带的班级进行理论宣讲。

2.全国人大常委会今日全票通过英雄烈士保护法,于2018年5月1日起正式实行。英烈保护法的一系列规定,表明了我们捍卫英烈尊严的鲜明价值导向,请以"用法治筑牢心中丰碑"为主题,对你所带的班级进行理论宣讲。

3.党的十九大报告指出,青年一代有理想、有本领、有担当,国家就有前途,民族就有希望。请以"青年兴则国家兴?

青年强则国强"为主题,对你所带的班级进行理论宣讲。

4.2018年3月8日,习近平总书记参加十三届全国人大一次会议山东代表团审议时这样强调:"红色基因就是要传承。"请以"传承红色基因?坚定理想信念"为主题,对你所带的班级进行理论宣讲。

5.党的十九大报告指出,党要团结带领人民进行伟大斗争、推进伟大事业、实现伟大梦想,必须毫不动摇坚持和完善党的领导,毫不动摇把党建设得更加坚强有力。请以"全面从严治党永远在路上"为主题,对你所带的班级进行理论宣讲。

(三)2018年4月安徽省高校辅导员素质能力大赛复赛(皖南赛区)

1. 宪法——国之重器。

2. 做坚定的马克思主义者。

3. 青年兴则国家兴,青年强则国家强。

4. 沿着新时代"两步走"战略目标阔步前进。

5. 文化自信:挺起中国人的精神脊梁。

6. 中国共产党的领导是中国特色社会主义最本质的特征。

(四)四川省第六届素质能力大赛理论宣讲题目

1. 推动构建人类命运共同体,是习近平新时代中国特色社会主义思想的重要组成部分,是新时代中国外交竖立起来的一面旗帜。党的十九大报告把推动构建人类命运共同体作为新时代坚持和发展中国特色社会主义的基本方略之一。请结合你对"人类命运共同体"的理解对学生开展一次宣讲。

2. 2018年是中国改革开放40周年,1978年,在邓小平同志倡导下,以党的十一届三中全会为标志,中国开启了改革开放的历史征程。从农村到城市,从试点到推广,从经济体制改革到全面深化改革,40年众志成城,40年砥砺奋进,40年春风化雨,中国人民用双手书写了国家和民族发展的壮丽史诗。请向学生宣讲中国改革开放40年的重大成就。

3. "文明办网,文明上网,文明用网",网络空间需要人类文明优秀成果的滋养。请面向学生开展一次以"让网络空间天朗气清"为主题的宣讲。

4. 十九大报告中指出,"青年兴则国家兴,青年强则国家强。青年一代有理想、有本领、有担当,国家就有前途,民族就有希望。"请以"国家的发展、青年的责任"为主题进行宣讲。

5. 2014年5月4日,习近平总书记在北京大学师生座谈会上发表重要讲话,对广大青年提出:要修德,加强道德修养,注重道德实践。"德者,本也。"蔡元培先生说过:"若无德,则虽体魄智力发达,适足助其为恶。"请结合你的理解,面向大学生进行一次宣讲。

6. 习近平新时代中国特色社会主义思想,是对马克思列宁主义、毛泽东思想、邓小平理论、"三个代表"重要思想、科学发展观的继承和发展,是马克思主义中国化最新成果,是党和人民实践经验和集体智慧的结晶,是中国特色社会主义理论体系的重要组成部分,是全党全国人民为实现中华民族伟大复兴而奋斗的行动指南。习近平新时代中国特色社会主义思想源于实践又指导实践,为新时代坚持和发展中国特色社会主义、推进党和国家事业提供了基本遵循,为发展 21 世纪马克思主义、当代中国马克思主义作出了历史性贡献。请就习近平新时代中国特色社会主义思想的历史贡献对大学生进行一次理论宣传。

7. 习近平同志在十九大报告中指出:坚持推动绿色发展,促进人与自然和谐共生,必须树立和践行绿水青山就是金山银山的理念,坚持节约资源和环境保护的基本国策。请以"绿水青山就是金山银山"为主题面向学生展开宣讲。

8. "深入挖掘中华优秀传统文化蕴含的思想理念、人文精神、道德规范,结合新时代要求继承创新,让中华优秀传统文化展现出永久的魅力和时代风采。"请以"中华优秀传统文化的继承与创新"为主题面向学生进行宣传。

9. 实现中华民族伟大复兴的中国梦,需要一代又一代有志青年持续奋斗。广大青年要以国家富强、人民幸福为己任,胸怀理想、志存高远、积极投身中国特色社会主义伟大实践,并为之终生奋斗。请以"中国梦"为主题面向学生进行宣讲。

10. 习近平总书记在党的十九大报告中指出:"培育和践行社会主义核心价值观。"请以社会主义核心价值观对公民个人层面的价值准则为主题对大学生开展一次宣讲。

11. 习近平总书记在党的十九大报告中作出了"经过长期努力,中国特色社会主义进入了新时代,这是我国发展新的历史方位"这一重大政治判断。请结合你对中国特色社会主义进入新时代的理解,面向学生进行演讲。

12. 2016 年 12 月,习近平总书记在全国高校思想政治工作会议强调,要教育引导学生正确认识世界和中国发展大趋势,正确认识中国特色和国际比较,全面客观认识当代中国、看待外部世界。请结合你的理解面向学生进行宣讲。

13. 2013 年 9 月和 10 月由中国国家主席习近平分别提出建设"新丝绸

之路经济带"和"21 世纪海上丝绸之路"的合作倡议,简称"一带一路"倡议。2018 年 4 月,在博鳌亚洲论坛上,习近平总书记发表主旨演讲,指出共建"一带一路"倡议源于中国,但机会和成果属于世界,中国不打地缘博弈小算盘,不搞封闭排他小圈子,不做凌驾于人的强买强卖;把"一带一路"打造成为顺应经济全球化潮流的最广泛国际合作平台,让共建"一带一路"更好造福各国人民。请结合你的理解向学生进行宣讲。

14. 2018 年 5 月 2 日,习近平总书记在北京大学师生座谈会指出:"要力行,知行合一,做实干家。"请结合你的理解面向学生进行宣讲。

15. 2018 年 5 月 4 日,习近平总书记在纪念马克思诞辰 200 周年大会的讲话中指出:"马克思主义是实践的理论,指引着人民改造世界的行动。马克思说,'全部社会生活在本质上是实践的''哲学家们只是用不同的方式解释世界,问题在于改变世界'。实践的观点、生活的观点是马克思主义认识论的基本观点,实践性是马克思主义理论区别于其他理论的显著特征。"马克思主义不是书斋里的学问,而是为了改变人民历史命运而创立的,是在人民求解放的实践中形成的,也是在人民求解放的实践中丰富和发展的,为人民认识世界、改造世界提供了强大精神力量。请结合你的理解面向学生进行宣讲。

(五)2018 年河南省高校辅导员素质能力大赛理论宣讲题目

1. 为什么说社会主义核心价值观是当代中国精神的集中体现?

2. 如何理解建设教育强国是实现中华民族伟大复兴的基础工程?

3. 如何把握我国社会主要矛盾发生变化的主要依据?

4. 如何理解中国特色社会主义已经进入新时代,但基本国情没有变?

5. 如何理解习近平新时代中国特色社会主义思想是中国特色社会主义理论体系的重要组成部分?

(六)2018 年江苏省高校辅导员素质能力大赛理论宣讲题目

1. 围绕"拥护党的领导,担当复兴大任"为学生做宣讲。

2. 围绕"弘扬红船精神,做新时代的好党员"为学生做宣讲。

3. 围绕"十八大到十九大:极不平凡的五年"为学生做宣讲。

4. 围绕"马克思主义与中华民族伟大复兴"为学生做宣讲。

5. 以"谈爱国正当时"为题面向学生理论宣讲。

6. 以"开启马克思主义新时代,争做追梦圆梦新青年"为题进行理论宣讲。

7. 结合党的十九大报告,以"正确认识变与不变"为题进行理论宣讲。

8. 以"筑梦、追梦、圆梦"为题进行理论宣讲。

(七)2018 年山东省高校辅导员素质能力大赛理论宣讲题目

1. 围绕"四个全面"及其逻辑关系面向学生进行理论宣讲。

2. 以"中国共产党的领导是中国特色社会主义最本质的特征"为题面向学生进行理论宣讲。

3. 以"积极培育社会主义核心价值观,筑牢精神家园"为题面向学生进行理论宣讲。

4. 围绕"新时代中国共产党的历史使命"面向学生进行理论宣讲。

(八)2018 年陕西省高校辅导员素质能力大赛理论宣讲题目

围绕宪法修订的依据和意义面向学生进行理论宣讲。

(九)2018 年广西壮族自治区高校辅导员素质能力大赛理论宣讲题目

1. 围绕"中国特色社会主义进入了新时代"对学生进行理论宣讲。

2. 围绕"青年梦·中国梦",在五四青年节对团员青年进行理论宣讲。

3. 围绕"自觉做共产主义远大理想和中国特色社会主义共同理想的坚定信仰者和忠实实践者"对学生进行理论宣讲。

4. 围绕"开启全面依法治国新征程"对学生进行理论宣讲。

5. 围绕"网络安全问题"对学生干部进行理论宣讲。

(十)2018 年北京市高校辅导员素质能力大赛理论宣讲题目

1. 以"释放青春激情,追逐青春理想"为题面向学生进行理论宣讲。

2. 以"新思想引领新时代"为题面向学生进行理论宣讲。

(十一)2018 年福建省高校辅导员素质能力大赛理论宣讲题目

1. 结合"纪念马克思诞辰 200 周年大会"谈一谈马克思主义能给予我们什么。

2. 新时代"新"在哪里。

3. 围绕"中华民族从站起来,到富起来,再到强起来的历史性飞跃"进行理论宣讲。

(十二)2018年四川省高校辅导员素质能力大赛理论宣讲题目

1.以"国家的发展,青年的责任"为主题进行理论宣讲。

2.围绕习近平总书记提出的"要修德,加强道德修养,注重道德实践"进行理论宣讲。

3.结合你对"一带一路"的理解面向学生进行理论宣讲。

4.以"绿水青山就是金山银山"面向学生进行理论宣讲。

5.围绕"马克思主义是实践的理论,指引着人民改造世界的行动。实践的观点、生活的观点是马克思主义认识论的基本观点"面向学生进行理论宣讲。

6.围绕引导学生"四个正确认识"面向学生进行理论宣讲。

7.以"让网络空间天朗气清"为主题面向学生进行理论宣讲。

8.结合你对"人类命运共同体"的理解面向学生进行理论宣讲。

9.以"社会主义核心价值观对公民个人层面的价值准则"为主题面向学生进行理论宣讲。

10.以"习近平新时代中国特色社会主义思想的历史贡献"为题面向学生进行理论宣讲。

11.围绕"要力行,知行合一,做实干家"面向学生进行理论宣讲。

12.以"中国梦"为主题面向学生进行理论宣讲。

13.围绕"中国特色社会主义进入了新时代"面向学生进行理论宣讲。

14.以"中华优秀传统文化的继承与创新"为主题面向学生进行理论宣讲。

(十三)2018年湖北省高校辅导员素质能力大赛理论宣讲题目

1.以"实现伟大梦想"为题,为学生做宣讲。

2.围绕"新时代的主要特征",为学生做宣讲。

3.以"做有理想、有本领、有担当的时代青年",为学生做宣讲。

4.围绕"我们所在的世界充满希望,也充满挑战",为学生做宣讲。

5.围绕"新时代"的"新"为学生做宣讲。

6.围绕"中国梦是历史的、现实的,也是未来的"为学生做宣讲。

7.以"要把社会主义核心价值观转化为人们的情感认同和行为习惯"为主题为学生做宣讲。

8.围绕"革命理想高于天"这句话对学生进行一次理想信念教育。

第六章　网文写作

第一节　网文写作概述

一、概念

随着信息化时代的到来,网络传播成为信息传播的主要渠道,网文也逐渐成为每个现实个体在网络空间内的联通桥梁。所谓网文,即网络文章,是指发表于各类公众号、网页等网络平台的单独成篇的网络作品。对于辅导员群体来说,网文写作是由最初的公文写作、博文写作逐渐延伸发展形成的,旨在考察参赛辅导员的理论功底、文化素养、逻辑水平和写作能力。其过程也体现了辅导员职业发展与时俱进的时代要求,是检验辅导员职业技能的重要方式。教育部、各高校也多次举办网文比赛并以此推动辅导员队伍网络育人能力的发展。

二、意义

"网文写作"不同于"公文写作"。后者文体相对固定,文风相对严肃,常用于正式文件。而前者不限体裁,不限格式,不限字数,通过吸引学生阅读,达到"不断提高学生思想水平、政治觉悟、道德品质、文化素养;引导学生正确认识世界和中国发展大势、正确认识中国特色和国际比较、正确认识时代责任和历史使命、正确认识远大抱负和脚踏实地"的作用,从大学生思想政治教育的角度来看,具有重要意义。

(一)网文写作是思政工作者开展思想政治教育的重要方式

2004年,中央第16号文件就明确指出要主动占领网络思政教育主阵地,开拓思政教育的新领域。近年来,我国已经快速步入了信息化时代,网络空间成为当代青年群体生活不可分割的重要部分。"学生在哪里,思想政治工作就要做到哪里",因此加强网络思政教育也是新形势下加强大学生思政教育的重要分支。习近平总书记指出:"青年一代有理想、有担当,国家就有前途,民族就有希望,实现我们的发展目标就有源源不断的强大力量。"高校的根本任务是立德树人,辅导员是大学生成长成才的人生导师和知心朋友,也是思政工作队伍的主力军,肩负着大学生思政教育的重要任务。面临繁多琐碎的工作事务,辅导员在兼顾学生日常管理的同时也要与时俱进,围绕大学生关心关注的话题,创新思想政治教育的方式,而在大学生"网络生活化"的背景下,网文写作无疑就是最好的教育方式。因此,网文写作为辅导员开展大学生网络思想政治教育开辟了新途径,也是主动占领网络阵地的体现,对大学生思政教育具有重要意义。

(二)网文写作是辅导员引导大学生思想动态的重要手段

新形势下,网络空间日益成为大学生生活成长的第二空间。网文在一定程度上也搭建了师生间倾心交流的新平台。辅导员网文写作主体是辅导员,写作受体是学生,在"信息爆炸"的时代,大量网络信息良莠不齐,青年学生长期处于象牙塔般的学习环境,年轻气盛,容易被网络上的不当言论吸引,导致迷失方向。这就需要通过网络思政教育途径大量传播真善美的声音、传播主流价值观、传递健康向上的信息。由于客观的时间、空间等条件限制,辅导员日常工作之余,很难做到时刻掌握每一位学生的思想动态,毕竟传统的面对面谈心谈话也很难短时间内就打开学生的心扉。所以,借助网文写作,辅导员不仅可以向学生传递正能量,灌输社会主义核心价值观,引导学生树立积极健康、向善向好的思想观念,不断促进学生成长为志存高远、德才兼备、具有创新能力和优秀品质的社会主义合格建设者和可靠接班人。也可以借助信息平台的互动性实现"屏对屏""键对键"的深入沟通,及时把握学生的思想动态,及时发现学生群体中可能存在的思想危机并化解,从而弥补现实生活中的沟通不足。因此辅导员要深刻认识到网文写作对于学生工作的重要意义。

（三）网文写作是辅导员提升自身职业能力的重要途径

上文提到，网文写作对大学生思政工作的开展以及引导大学生思想动态具有重要意义，这就要求辅导员不断提高自身总结、写作的能力，不断向网络世界输入更多有思想、有温度、有品质的优秀作品。从唯物辩证法的角度来看，任何事物的成长发展必须具备内因和外因两个因素，其中内因占主要地位，外因次之。对于辅导员队伍的成长发展来说，外因依赖于国家、地方、高校的政策支持，依赖于大学生思想政治教育学科的发展；内因则指的是辅导员对于自身综合职业能力发展的自觉认识和能动提升。网文写作虽然是在网上进行的，但要求辅导员熟悉党的方针政策，熟悉国家法律法规，熟悉教育教学规律，熟悉青年学生特点。既要有理有据，发人深省，又要让学生愿读，易于理解。

因此，网文写作与辅导员自身成长是互相促进的关系，如果辅导员能将网文写作作为日常工作之一并长期坚持下去，平时在工作中不断地总结工作经验，在网文写作中强化工作思考，锻炼自身的写作表达能力，这不仅对自身的职业本领形成正向推动，也能积攒一定的工作成果来反向指导和优化工作能力，为今后创造更多的发展机遇；同样，正是得益于平时对工作的认真负责，对学生的关心爱护，对教育的深度思考，才能让辅导员凝练平时所见所闻所思所想，利用自身所学寻求答案，完成高质量的"网文写作"。

三、网文写作的特点

由于载体的不同，网文与传统的书面文章相比，具备很多特点以及优势。

（一）时效性

辅导员以往都通过撰写和发表传统的研究型论文进行工作经验总结和思考，从研究思路的产生到最后发表登刊，需要经过撰写、修改、投稿、审稿、排版等一系列流程，需要消耗大量的时间成本及人力物力。另外，当文章内容涉及社会时事热点时，往往因为时间的原因造成内容以及观点的滞后。而网文写作则大大克服了这一不足。首先，网文不拘泥于硬性格式，投稿只需要通过电子邮箱发送，编排上也不需要过多的对接交流，从内容完成到推送只需要一天或几天的时间，全部过程都只要"电子化"操作，节约了时间成本;另外,由于网文推送的快速便捷,很多作者想要表达和传输的观点、看法,都会利用网络传播,从而更快地影响到相应的读者群,符合新闻事件对于时效性的要求。

(二)互动性

在网络发达的时各种信息化平台逐渐取代了纸质的书籍,人与人之间的互动方式也随之改变。在学校环境中,老师与学生之间的交流往往是面对面的谈心谈话,谈话的内容也是围绕学生的学习成绩、生活状况、心理健康等,缺乏知识拓展和互动效果。借助网络平台的交互性,师生之间出现了一个可以"背对脸"式的交流平台,对于那些平时不愿意与辅导员交流的学生,辅导员可以通过互加好友,在不影响他们生活的同时,了解他们的真实想法。通过网文和诸多互动平台,师生之间可以打破地域、时间、身份的限制,随时通过留言板、评论区进行问答探讨,既可以增进师生之间的互动交流,也能及时发现和解决学生的困惑,鼓励他们针对某一问题进行辩证思考和观点表达,从而促进学生的全面健康发展。

(三)传播性

由于借助强大的网络,网文具备纸质文字无法比拟的快速传播的特点,信息转发取代了印刷买卖,一篇普通的文章能在短时间内获得成千上万的点击量,打破了空间局限,加快信息传播,促进读者之间不同观点的交流,提升文字影响力。

四、网文写作的基本要求

本章所讨论的网文写作,主要指辅导员群体的网文写作。网文写作是进行网络育人,进行大学生思想政治教育的主要途径,网文的内容则是大学生网络思政教育的重要内容,因此,写好网络文章对于大学生精神世界构建起到积极的助推作用。辅导员撰写网文的主要目的是通过文中正确的世界观、人生观、价值观以及政治理论、道德规范来积极引导大学生群体培育和践行社会主义核心价值观,成长为社会主义合格建设者和接班人。这就要求辅导员应具备网文写作所要求的职业能力。

(一)基本理论功底

辅导员的一言一行对学生的思想观念具有重要影响,这就要求辅导员应具备扎实的思想政治教育基本理论功底。辅导员的基本理论功底也是辅导员写好网文应具备的第一门槛。基本理论功底通常包括职业知识、辩证分析能力、学习能力等。职业知识是最基础职业素养。2014 年教育部发布的《高等学校辅导员职业能力标准(暂行)》中提出辅导员应具备的职业知识主要包括基础知识、专业知识、法律法规知识三方面。基础知识包括马克思主义理论、哲学、政治学、教育学、社会学、心理学、管理学、伦理学、法学、文学、历史学等学科的基本原理和基础知识;专业知识包括思想政治教育基本理论、基本知识、基本方法,马克思主义中国化相关理论及知识,大学生思想政治教育工作实务相关知识;法律法规知识是指与大学生思想政治教育相关的法律法规条文规定。辅导员对基础知识、专业知识、法律法规知识的掌握情况,决定着网文写作是否具备理论依据的问题,也决定着网文写作的方向。只有掌握了扎实的职业知识,才能写出有理有据、导向正确、思想深刻内涵丰富的好网文。辩证分析能力,是指辅导员运用唯物辩证法的基本原理对一件事、一种现象、一个概念进行研究的方法。通常是将分析对象分成较简单的组成部分,找出这些部分的本质属性和彼此之间关系,单独进行剖析、分辨、观察和研究的能力。辩证分析主张是用全面的、联系的、发展的观点来分析问题,反对用片面的、孤立的、静止的观点看问题。学习能力也是写好网文的基础能力,互联网时代的知识更新日益增速,网络文化不断推陈出新,网络资源呈现几何级倍数增长。辅导员要写出紧跟形势富有内涵生动活泼的网文,就需要不断增强学习能力,主动跟紧时代步伐。

（二）文字表达能力

如果说基础理论功底是辅导员写好网文的前提条件,那么良好的文字表达能力则是辅导员写好网文的关键。文字表达能力是辅导员开展日常各项学生工作的基本功,也是写好网文的助力因素。良好的文字表达能力,能将辅导员的所思所想,通过文字及时传达给读者,从而引发读者的共鸣。辅导员网文主要面向学生群体,这就要求写出来的网文能够让学生感兴趣、愿意读。因此如何让自己的观点思想形成结构严谨、行文流畅、内容丰富且富于感染力和吸引力的文章,就需要辅导员具备相当水平的文字表达能力,辅导员需要熟悉各种文体的特点和规范,做到各种文体信手拈来。另外,辅导员还要熟悉网文的特点和规律,能够将思政话语体系网络话语体系相结合,适当引入流行语,从而撰写出既有思想高度又接地气的好文章。

（三）网络道德素养

网文作为网络大学生思政教育的重要手段，不仅具备传播速度快、受众范围广，同时又容易快速引起社会舆论，因此网文对于辅导员网络素养的要求同样很高。对于辅导员来说，网络素养包括网络话语的运用能力和网络信息的处理能力。网络话语的运用能力是指辅导员对网络话语的敏感程度与熟悉程度，网络话语是大学生网络交际生活的重要工具，因此，辅导员如果能在网文中熟练运用适宜的网络话语，将使网文更加具有亲和力。由于网络平台的开放性，网民群体的价值观念趋于多元化，尤其是青少年网民尚未形成稳定的价值观，面对形形色色的网络文化冲击，很容易受到不良信息的影响，从而影响他们的世界观、人生观和价值观。因此，辅导员就需要在正确辨别和筛选的基础上，科学合理的运用获得的网络信息，形成严谨正确的网文作品，既能让学生从网文中看到耳熟能详的网络信息，又能从辅导员网文中感受到正能量。

第二节　网文主题选择

一、网文主题常见类型

辅导员网文写作的主题各异，也没有过多的限制，整体上看主要有以下三类。

（一）以自身工作实际为例

教育部第 43 号令即《普通高等学校辅导员队伍建设规定》明确规定了辅导员工作的九大职责。一是思想理论教育和价值引领。引导学生深入学习习近平总书记系列重要讲话精神和治国理政新理念新思想新战略，深入开展中国特色社会主义、中国梦宣传教育和社会主义核心价值观教育，帮助学生不断坚定中国特色社会主义道路自信、理论自信、制度自信、文化自信，牢固树立正确的世界观、人生观、价值观。掌握学生思想行为特点及思想政治状况，有针对性地帮助学生处理好思想认识、价值取向、学习生活、择业交友等方面的具体问题。二是党团和班级建设。开展学生骨干的遴选、培养、激励工作，开展学生入党积极分子培养教育工作，开展学生党员发展和教育管理服务工作,指导学生党支部和班团组织建设。三是学风建设。熟悉了解学生所学专业的基本情况,激发学生学习兴趣,引导学生养成良好的学习习惯,掌握正确的学习方法。指导学生开展课外科技学术实践活动,营造浓厚学习氛围。四是学生日常事务管理。开展入学教育、毕业生教育及相关管理和服务工作。组织开展学生军事训练。组织评选各类奖学金、助学金。指导学生办理助学贷款。组织学生开展勤工俭学活动,做好学生困难帮扶。为学生提供生活指导,促进学生和谐相处、互帮互助。五是心理健康教育与咨询工作。协助学校心理健康教育机构开展心理健康教育,对学生心理问题进行初步排查和疏导,组织开展心理健康知识普及宣传活动,培育学生理性平和、乐观向上的健康心态。六是网络思想政治教育。运用新媒体新技术,推动思想政治工作传统优势与信息技术高度融合。构建网络思想政治教育重要阵地,积极传播先进文化。加强学生网络素养教育,积极培养校园好网民,引导学生创作网络文化作品,弘扬主旋律,传播正能量。创新工作路径,加强与学生的网上互动交流,运用网络新媒体对学生开展思想引领、学习指导、生活辅导、心理咨询等。七是校园危机事件应对。组织开展基本安全教育。参与学校、院(系)危机事件工作预案制定和执行。对校园危机事件进行初步处理,稳定局面,控制事态发展,及时掌握危机事件信息并按程序上报。参与危机事件后期应对及总结研究分析。八是职业规划与就业创业指导。为学生提供科学的职业生涯规划和就业指导以及相关服务,帮助学生树立正确的就业观念,引导学生到基层、到西部、到祖国最需要的地方建功立业。九是理论和实践研究。努力学习思想政治教育的基本理论和相关学科知识,参加相关学科领域学术交流活动,参与校内外思想政治教育课题或项目研究。

　　辅导员日常事务也是围绕以上九项规定内容展开,所以以辅导员工作实践为主题的网文比较常见。下面以辅导员职业技能大赛的考察主题为例进行分析。

案例一:社会主义核心价值观

　　题目——2014年5月4日,习近平总书记在北京大学师生座谈会上发表重要讲话,明确指出社会主义核心价值观,充分体现了对中华优秀传统文化的传承和升华,弘扬中华优秀传统文化对培育和践行社会主义核心价值观具有重要作用。

作为辅导员,请你写一篇文章,引导学生学习继承中华优秀传统文化,努力践行社会主义核心价值观,要求题目自拟,文体不限,形式上符合网络媒体需要,内容上贴近学生实际,字数 800 字左右。(第四届全国高校辅导员职业能力大赛试题)

分析——本例题很明显是从习近平总书记在五四座谈会上的重要讲话出发,所以辅导员首先要审题,第一时间梳理出写好这篇网文要同时具备对以下几方面知识的了解:首先是辅导员对习近平总书记五四讲话内容的熟悉程度,尤其是讲话背景以及主要的精神内涵;然后是辅导员对大学生社会主义核心价值观教育工作的认识与理解;最重要的是辅导员要对学生践行社会主义核心价值观的实际情况有深刻地了解与思考。

以思想引领为主题的文章很容易缺乏思考深度,成为长篇大论的命令式文章,不接地气也不能引起学生的共鸣。如果要通过一篇 800 字的网文来引导学生学习和继承中华优秀传统文化,努力践行社会主义核心价值观,就需要辅导员具备扎实的工作实践经验,具备对社会典型热点以及学生实际情况的了解和对比总结的能力。

题目同时要求文章要符合网络媒体的需要,内容贴近学生,即要求网文内容要同时具备理论的高度和内容的温度。在这样的条件下,文章就需要既着眼于大局,又结合实际,以小见大。笔者认为,在简要阐述了习近平总书记的讲话精神以及社会主义核心价值观在个人层面上的要求后,可以从学生日常学习生活中存在的符合或违背习近平总书记讲话精神的思想、行为等入手,可以是学生喜欢的电视剧片段或是学生感兴趣的热门话题,也可以是各类综艺节目等,使学生通过对比认识到社会主义核心价值观并非是不可触碰的"道德珠峰",而是可以体现并实现于日常小事中的点滴阳光。

案例二:中国梦

题目——"实现中华民族伟大复兴的中国梦,是近代以来中华民族的夙愿。1840 年鸦片战争以后,中华民族蒙受了百年的外族入侵和内部战争,中国人民遭遇了极大的灾难和痛苦,真正是苦难深重,命运多舛。中国人民发自内心的拥护,实现中国梦,因为中国梦首先是 13 亿中国人的共同梦想。"——《在第十二届全国人民代表大会第一次会议上的讲话》(2013 年 3 月 17 日)〔引用的文献应该是:在接受金砖国家媒体联合采访时的答问

（2013 年 3 月 19 日）〕

请以"中国梦（成才梦"为主题，自拟题目面向新生写一篇博文，以积极引导新生，坚定理想信念，确立成才目标，字数 800 左右。

分析——本题同样是基于辅导员九大职责中思想理论与价值引领部分的考察，再次强调基础理论知识功底对网文写作的重要性。题目从习近平总书记有关中国梦的一段讲话入手，要求面向大一新生，写一篇引导其坚定理想信念，立志成才的网文。行文前，作者要对中国梦提出的历史背景和精神内涵有着深入了解，同时也应意识到中国梦对于大学生群体的要求和意义。

大一新生处在刚走出成长的象牙塔，开始独立生活的蜕变阶段，很容易丧失学习奋斗的目标和动力，但是他们作为最有发展潜力、最具有可塑性的新时代青年，更应成长为堪当时代大任、实现中华民族伟大复兴梦的弄潮儿。在行文上，可从以下几点出发展开论述：第一，中国梦的背景。中华人民共和国成立前，无数革命先烈为了取得人民解放，付出了巨大的牺牲，在天灾人祸面前，中华儿女同心协力，才换来了如今幸福和平的生活。中国人民走过了站起来、富起来的辉煌岁月，如今正是我们实现强起来这个最终目标的关键时期，每一位中华儿女都有义务为实现中国梦而各尽其力。第二，大学生如何实现中国梦。中国梦并非是遥不可及的蓝图，而是通过每一名中国人的双手绘制的理想画卷，作为实现中国梦的最强力量，青年学子要励志成才，做好大学四年的规划，努力学好专业知识，拓宽知识面，树立大局意识，时刻秉持将"小我"融入"大我"的报国之志，时刻与不良思想划清界限，坚定政治立场，共同期待中国梦的实现。

为增强文章感染力，作者也可以以身边青年为例，如校内优秀毕业生、优秀校友等，进一步增进学生奋斗的决心和信心。

（二）以学生成长发展为例

习近平总书记在北京大学师生座谈会上提出"为谁培养人，培养什么样的人，怎样培养人"的教育命题，他明确指出："我们的教育要培养德智体美全面发展的社会主义建设者和接班人。"这就给各级学校教育教学工作指明了方向。高校的根本宗旨是立德树人，引导和实现学生成长成才是辅导员工作的最终目的。我们要通过各方面的工作影响和引导学生成长为具有执着信念、优良品德、丰富知识、过硬本领的好学生。网文写作的对象是学生，以学生学习生活实际为基础撰写的网文才更有感情色彩。

案例一：校园贷

题目——据媒体报道，某高校一位同学用自己和同学的身份在各种校园借贷网站上无信用贷款数十万元，最后无力偿还自杀。这件事引起很多的学生的议论，请结合此事撰写一篇网文。

分析——校园贷因申请便利，手续简单，放款迅速的特点，在大学校园里迅速兴起，吸引了一大批学生借贷者，但由于其普遍存在信息审核不严，高利率，高违约金等问题，甚至以威胁骚扰等违法方式催款贷款，引发了大学生出走自杀等极端现象，严重影响高校和谐稳定和学生健康成长。辅导员在撰写该类网文时，首先应该具备对"校园贷"的充分了解，尤其是如何识别和应对"校园贷"，最好是可以通过实际，通过反面教材展开正面引导，使学生意识到该行为的不良后果以及遭遇"校园贷"后如何做到正确化解。

校园贷案例的化解措施可以从以下四方面考虑：一是加大不良网络借贷监管力度。建立校园不良网络借贷日常监测、实时预警、应对处置机制。二是加大学生消费观教育力度。教育引导学生树立文明、理性、科学的消费观，鼓励学生利用业余时间开展勤工俭学，培养节俭自立意识。三是加大金融、网络安全知识普及力度。大力普及金融、网络安全知识，增强防范意识，提升金融理财实践能力；四是加大学生资助信贷体系建设力度。在做好经济困难学生精准资助的基础上，充分挖掘校内外资源，探索建设校园金融借贷服务，满足学生拓展学习、创新创业等发展性需求，建立健全既有共性需求、又能体现个体差异的资助模式。

范文——《警惕"校园贷"套路　千万别上当！》

近日，据媒体曝光，一些网贷平台无视国家规定，仍悄悄从事非法"校园贷"业务。提醒各位同学务必要提高警惕，树立科学的消费观，不要被虚假承诺所诱惑。非法"校园贷"究竟有哪些危害？该如何防范？下面这三点，请同学们牢记。

第一，保持头脑清醒。不良"校园贷"惯用通过"零利息""超便捷""零风险"等美丽的谎言诱骗学生。一定要擦亮眼睛、想清后果，不要轻信贪图其所谓的"方便、快捷"。一定要明白不存在只有你知道、别人不知道的"发财秘诀"。

第二,花钱要理性。大学生已经是成年人了,要有自强自立精神,要有自律能力。不要去攀比用什么手机、用什么电脑,也不要攀比穿什么名牌、吃什么大餐,而是要合理安排生活支出,量入为出、理性消费,把时间和精力用在知识学习和本领提高上。

第三,借钱走"正道"。那些急需用钱创业或试图参加培训班学一技之长的学生,更应该慎之又慎。在创业方面,大学生既要尽力而为,更要量力而行;既要勾勒美好蓝图,更要评估各种风险;既要有一腔热情,更要三思而后行。即使有强烈创业意愿,也要多征求老师、家长、学长、专业人士的意见。非得贷款的话,一定要选择安全系数高、信用口碑好的国家正规金融机构的借贷产品。

有不少网贷机构无视规定,披上创业贷、毕业贷、培训贷、求职贷等外衣,继续向大学生放贷。入学后,一些非法机构采取各种手段,诱骗在校学生申办不良"校园贷"。如有问题及时向辅导员反馈,提醒大家一定提高警惕、抵住诱惑,千万别上当!

案例二:文化冲突

题目——近日,学院学生会邀请专家开展讲座,该专家大讲西方文化的重要性。他指出只有西方文化才是哲学社会科学的基础,而中国文化并不重要,而且抨击了中国的文化制度,因此同学们的情绪受到很大影响。题目自拟,撰写网文。(第五届全国高校辅导员职业能力大赛)

分析——本题很明显是以中西方文化冲突为例的,该类现象在学生工作中也比较常见,不管是现实情境下的,还是网络平台上的,都应首先明确立场,摆明态度,并引导学生坚定文化自信。

着眼于本题,辅导员应当在简短的网文中同时体现以下几点主要内容。首先是对"讲座事件"的客观评价,要从哲学社会科学的角度入手进行分析评判,论证中西方文化都是人类文明史的重要组成部分,不应该被区别对待,专家的说法是片面的,不应认可的;其次,要从中国文化的历史渊源入手,结合实际,分析总结中国文化的优点以及中国文化制度的优越性,呼吁同学们坚定文化自信,科学理性地对待问题;最后,辅导员还应该意识到题干中学生会做法的不足之处,进行学生社团管理工作总结,避免类似情况再次发生。

（三）以社会热点事件为例

当今社会热点事件层出不穷，国内外形势变幻莫测，网络舆论环境也逐渐复杂。作为思政教育的主要方式，网文写作也是辅导员占领网络主阵地，引导网络正向舆论的重要途径。社会热点事件也逐渐成为目前网络思政文章的主题之一。

社会热点虽然只是一个事件或一种现象，但是不同的人在面对同一热点话题展开讨论时，往往会出现褒贬不一的说法。大学生群体同样处在网络空间，加之现在众多的社会热点话题都与高校甚至是学生生活常见现象密切相关，这就引得大学生对于社会热点的讨论存在自己的见解。不论是何种现象，辅导员在评价和探讨时，都应该透过现象看本质，从根源上进行剖析，以社会热点为基础，深挖该事件或者现象所反映的深刻内涵，使网文脱离"就事论事"的单一维度，从而上升到思想引领的教育高度。

案例一：网络诋毁英雄

题目——人民网发布文章《英雄的时代坐标》，社会上出现诋毁英雄等言论，请就此写一篇网文。

分析——根据前文，我们可以知道，在看到这类有关社会热点现象的题目时，首先要做的就是分析这个社会热点所反映的深刻本质，从根源上进行剖析。网络和社会上出现诋毁英雄的言论只是表象，由于网络的匿名化，很多非正义的片面言论不胫而走，在网络诋毁的现象之下，蕴含的本质其实是基于言论自由把柄上的历史虚无主义的清洗。作者如果仅仅看到了诋毁英雄的现象来批判和撰写，文章的水平就会局限在表象框架之中。因此，要明确一点是，网文的主题选择应以社会热点为基础，并非指的是以社会热点的外在表现为基础，而是以社会热点所反映的思想本质和意识形态本质为中心。

就此题目而言，辅导员要写好这篇文网文，首先需要了解诋毁英雄这个社会热点的来龙去脉。它的具体内容是什么、网络和社会所诋毁的英雄有哪些、诋毁的原因、该事件对社会造成了怎样的影响、目前社会上对于该现象的评论又是怎样。在了解了以上问题的基础上，网文的写作才能够有的放矢。

其次，在完整分析了表象之后，就应该挖掘并指出该社会热点所反映的意识形态本质，即历史虚无主义。文章的目的是教会学生透过现象看本质，要让学生充分了解到历史虚无主义的危害。另外,网文的内容要做到与学生实际相关,既要分析热点,剖析本质,又要做到将热点与学生的实际生活紧密相连。笔者认为,该类网文的写作最好富于感情色彩,增强对诋毁英雄的批判性和对学生群体的呼吁性,开篇即旗帜鲜明地亮出观点,坚决抵制和批驳诋毁英雄的言行,坚决抵制和批驳历史虚无主义。这样的网文重点通过对观点的阐述与论证以及英雄的革命大无畏精神在学生中得到认可。

案例二:"网红"李子柒

题目——在网络盛行的时代,一大批网络红人占据了人们的视野。其中一位瘦弱单薄的四川女生,围绕平凡人的衣食住行,通过自己的微视频而火遍海内外,她就是"90 后"古风美食博主李子柒。题目自拟,写一篇网文,引导大学生树立劳动意识。

分析——题目的主人公我们并不陌生,相信很多学生也一样。李子柒作为"网红"届的一枝独秀,她的视频多以中国传统乡村生活及其独特的物产为中心,充满着浓郁的烟火气息。最开始,人们不禁将她与商业炒作挂钩,后来因为视频里所体现的日出而作、日落而息的生活方式和劳动魅力,人们开始从内心深处认可她;三月桃花开,采来桃花酿成酒;五月樱桃季,开始酿樱桃酒……从原料的种植、栽培、采摘、制作,她的视频完整诠释了生命的力量和劳动的魅力。

文章要求将李子柒与劳动教育相结合,首先就要求辅导员对劳动教育有着充分的认识。中共中央国务院发布了《关于全面加强新时代大中小学劳动教育的意见》,对劳动教育进行了全面部署。对此很多人有疑问,智能时代都来临了为何还要开展劳动教育?应当意识到,劳动教育是学生成长的必要途径,它具有树德、增智、强体、育美的综合育人价值。缺乏劳动教育就不可能有真正的教育。马克思主义认为劳动有三个价值:一是创造人类生存所必需的物质条件和精神条件;二是推动社会历史的发展;三是在劳动的过程中,人与自然界发生了关系。习近平总书记曾说:"人世间的美好梦想,只有通过诚实劳动才能破解;生命里的一切辉煌只有通过诚实劳动才能铸就"。我们今天强调的劳动教育,其实是对教育本质认识的回归,是让学生懂得生活靠劳动创造,美好生活也靠劳动创造。

加强和改进劳动教育,可以从以下几点展开论述:一是丰富劳动实践平台。加大力度引导学生参与雷锋月、暑期三下乡、志愿服务、社会公益等活动。结合劳动节、植树节等重要时间节点,分类分批指导学生参与劳动教育。二是推动劳动课程改革。高校可开设创新创业、实训实习、专业服务等实践性强的课程,提高实践动手能力的学分比重。三是组建劳动教育队伍。单独组建劳动教育队伍,配备相应的专任老师,定期开展培训,提供组织保障。

以李子柒为例,在行文上会比较具有影响力,但是如果行文中能引入全国劳模的例子或者校园自强之星的例子,结合学校劳动教育部署的内在意义,文章效果会更加明显。

二、网文主题的选择原则

网文写作虽不同于研究型思政论文,形式和内容上具有一定的开放性,但是在进行写作时同样需遵循以下三个原则:

（一）以政治方向为大局

网文虽然不同于论文,其内容具有一定的开放性和活泼性,但不论是科研论文或者网文,辅导员应始终把政治方向作为选题的关键。选题时的政治方向决定网文的政治立场,贯穿全文,决定文章的中心思想。辅导员创作网文的目的是通过网络作品的形式延伸大学生思政教育的范围。作为思政教育的手段之一,网文同样应该具备明确、正确的政治内涵。全国辅导员目前已有十几万,每一名辅导员对于自己的工作或是不同事件、社会现象有着各自的理解,但一旦要在网络上呈现,就必须保持统一的政治方向,这也是辅导员的工作职责要求之一。网文不是随手而写的感慨,而是要在既定的政治大方向和立德树人的目标要求下,完成网络思政教育的任务。反过来说,如果辅导员都能在网络中合力营造强大的正能量舆论场,那么,许多优秀的辅导员网文将会源源不断地输入网络,形成一股股正能量的"声浪",从而有效增强了网络思想政治教育的力度。因此,不论是比赛还是平时,不论是何种题材,辅导员都应时刻秉持政治大局意识。

（二）以思想引导为关键

党和国家领导人历来高度重视青年的成长问题。习近平总书记指出:"青年一代有理想、有担当,国家就有前途,民族就有希望,实现我们的发展目标就有源源不断的强大力量。"可见,重视大学生的成长问题,意义十分重大。辅导员作为大学生的人生导师和知心朋友,要承担起帮助和引导大学生健康成长成才的重要责任。

《高校思想政治工作质量提升工程实施纲要》提出高校要充分挖掘课程、科研、实践、文化、网络、心理、管理、服务、资助、组织等方面的育人资源，着力构建新时代十大育人体系，促进全面育人功能。针对大学生"生活网络化"的特点，辅导员除了现实指导外，也应占据好网络阵地，网文也由此诞生。网文写作，"写"是前提，"引"是关键。不论何种选题，都应围绕思想引导展开论述，主动向学生传递积极健康、向上向善的思想观念，以社会主义核心价值观引导大学生建构自己的精神世界，让大学生拥有健康的心灵和健全的人格，成为志存高远、德才并备、情理兼修、勇于开拓的优秀人才。

（三）以能力提升为中心

网文写作不仅是对学生的教育引导，也是对自身能力的锻炼。随着写作次数和工作时间的增加，辅导员也应该主动锻炼自身，利用网文写作实现职业能力提升。在网文的选题和写作上，辅导员应与社会速度相适应，保持时政热点敏感度，实现在网文写作中提升自身的理论辩证能力的目标。同样，辅导员也应该意识到网文对于自身工作效率的帮助，充分利用网文减轻日常工作负担。大学生在生活、学习中经常会遇到各种各样的困难和挫折，极容易造成精神困惑和思想困扰。面对新情况，辅导员所遭遇的挑战相较于以往显得更为复杂艰巨，有效运用互联网开展日常管理工作显得尤为迫切。网络文章作为传递信息的手段，能极大提升辅导员日常管理工作的效率，辅导员可以将入学教育、军训动员工作、"奖助贷勤补免"政策解读、校纪校规教育、生活常识教育、人际关系教育、法律意识教育、毕业生教育，以及办理请假手续、办理在读证明、办理医保报销等一系列大大小小的日常事务作为主题，以网络文章的形式发布于网络平台，利用网文的快速传播性的特点，让学生通过阅读网络文章即可知晓如何处理近阶段与自己有关的事务。如此，既可避免学生面对各种事务不知如何处理的情况，也可避免辅导员对同一问题要重复回答的情况，能使日常管理工作产生事半功倍的效果，为辅导员赢得更多工作时间和生活时间。

第三节　网文写作技巧

面对当前网络信息发达,文章数量多,类型各异的现状,如何让自己的网文脱颖而出,获得目标读者群尤其是大学生读者的喜爱,是辅导员在锻炼网文写作能力时应思考的问题。一篇优秀的网文应同时具备与学生工作实际密切相关的主题、醒目简练的标题、构思缜密的内容以及新颖脱俗的语言表达。同样,网文写作的技巧提升也应该围绕以上几点展开研究。

一、主题筛选

上一节中,笔者对网文写作的三大主题分别进行了举例分析。以辅导员个人工作实践为基础,围绕工作中的经验或者总结思考进行网文撰写最能检验辅导员的基本职业能力,也是相对来说比较容易成文的主题;以学生工作案例为基础,围绕学生日常生活、学习的实际状况或者事务性工作谋篇布局,对内容要求要比较高。学生工作案例要准确得当,且具有代表性,一般对辅导员的工作经验有一定要求;以社会热点话题为主题的网文,比较符合新时代大学生网络思政教育的要求,这类网文一般都需要辅导员具备扎实的理论辩证功底、细微的分析能力、较强的政治敏感度等,虽然文章难度相对较高,但是此类网文的思政育人效果比较明显,也很容易引发深入的思考,既有利于积极引导大学生坚定政治立场,对于辅导员自身的成长发展能力提升也有一定的帮助。

结合社会时事政治事件、学生敏感话题展开的网文,更能捕捉学生读者的阅读兴趣。此类主题也是近几年辅导员技能比赛中常见的题材。因此,辅导员应侧重自身政治敏感度的培养,关心社会热点,紧跟社会趋势,创新网络思政育人主题。

二、标题拟定

网文标题是影响网文的浏览量、传播速度的重要因素,标题的拟定因文而定,没有固定的格式。常见的标题的拟定方法主要有如下几种。

(一)开门见山型

这种标题开门见山,一目了然,使读者一看就能把握文章的题旨。网文写作中一般用这种方法拟定标题,即把中心论点高度凝练和概括,并使其成为文章的标题,表明自己对给定材料所反映主要问题的看法和观点,旗帜鲜明地表明自己的立场。如《疫情之下见证中国制度优势》,直接表明作者观点,以便读者快速了解并把握文章中心思想。

（二）全文凝练型

全文凝练型标题是指通过标题概括文章的主要内容。这种标题只说明文章涉及的内容和范围,并不表明作者对这些问题的态度和观点。网文写作尤其是在以个人工作实际或学生日常事务为主题的网文中,多采用这种方法拟定标题。如《大学生就业解答三步走》《关于"爱国"我想说》等。

（三）巧用修辞型

标题运用设问、比喻或象征的手法。这类标题针对性强,引人注目,能启发人思考。这类标题往往更符合读者的阅读取向,顺应网络平台的语言特点。如果文章内容新颖,就很容易在网络平台获得快速传播。如《莫让那份"爱",成为孩子择业的阴霾》。

（四）引经据典型

标题引经据典,这类标题的拟定一般引用名人名言或者历史典故,既能体现作者的知识功底,也容易与读者产生共鸣。

标题的拟定方法还有很多,但无论用什么方法拟定网文标题,都必须保证拟定好的标题准确、新颖、精练。标题准确是指标题切合文意,准确反映文章的思想内容,防止过宽或过窄;标题新颖是指网文标题的设定要有创新点,避免千篇一律而使读者产生阅读困倦感;标题精炼是指文章标题不宜过长,要言简意赅地阐述中心,吸引读者。

三、框架布局

文章写作由"意"到"文"转化的

关键在于语言文字符号的组建。传统的文章谋篇布局技巧有喻托寄意法、欲扬先抑法、引证据典法、从一到多法等。网文写作同样可以借鉴以上方法。

辅导员网文写作在谋篇布局上常用的技巧有以下几种。

（一）开头制胜

网文的字数要求不高,篇幅较小。因此在布局谋篇的时候要将最重要的信息放在开头先说,一开始就抓住学生的眼球,使他们有兴趣继续读完后续内容。

（二）举纲张目

"纲"就是总论点,一篇文章的基本观点;"目"就是分论点,具体阐述或证明总论点。网文写作要在规定篇幅内表达观点、阐明事实,尤其是在以社会热点为主题的议论文中,多适合采用举纲张目法,用类似于"1. 2. 3……"的标号分条列项,使得文章结构层次分明,目标论点条理清晰。

（三）巧设悬念

网文写作如果在开头的时候,用一些富有煽动性和吸引力的语言引起学生的注意,为下面要传达的内容设置悬念,往往会收到更好的效果。

（四）以小见大

学生群体经常处在老师谆谆教导的环境中,对很多大道理无动于衷。网文之所以流行,就是因为它的内容活泼而不失严肃。学生们更想从辅导员网文中了解到的,不是他们自己也能从网上搜索到的新闻、消息、知识博览,而是想知道辅导员笔下描写的生活、辅导员心中对事物的看法。所以,在辅导员网文写作中,首先可以多写自己亲身经历、亲眼看到的事件(可充分利用多媒体资源,上传照片、视频等使读者所见更有现场性),让学生从另一个侧面了解辅导员;其次可以对媒体已经报道的事实加以评述、进行分析,或者重新包装,向学生清楚地表明你的态度,这样也更容易被学生接受和认可。

四、语言表达

网文与普通文章最大的不同就是文字表述上所体现的亲和力,一篇好的网文一定是字字扣人心弦,句句耐人寻味的。

辅导员网文在主题、布局都已选定的基础上,注重简洁的同时,又要先声夺人,使学生愿意接受,乐于接受,灵活运用各种表达方式,可以增强文章的感染力。表达方式分为记叙、描写、抒情、议论、说明五种。记叙多用来叙述事件的发展过程;描写多用来写景状物,或再现人物的心理、语言、动作;抒情是抒发和表现感情;议论是写作者对某事件发表看法,表明态度;说明是用简明扼要的文字解说实物或抽象的道理。

网络语言的形式不拘一格,通常采用幽默调侃、反讽、仿词、仿句等表现手法,生动活泼,富于想象力和创造性。近些年,网络上产生了很多独特的语体,如王家卫体、甄嬛体、咆哮体、淘宝体、元芳体等,在词汇方面,也出现了新奇的词语,如白骨精(白领阶层的骨干精英)、贤惠(闲适得什么都不会)、普大喜奔(喜闻乐见、大快人心、普天同庆、奔走相告)、人艰不拆(人生已经如此的艰难,有些事情就不要拆穿)等,引起了网络热潮,也深受学生喜爱。辅导员如能借势将自己的网文内容与这些创新性的语体相结合,或者创造独具个人风格的语体,有助于增加亲切感,吸引更多学生的关注,产生意想不到的教育和传播效果。

下　篇

基础文件篇

第一部分
思想政治教育与思想引领类文件

中共中央国务院
关于进一步加强和改进大学生思想政治教育的意见

中发〔2004〕16 号

为深入贯彻党的十六大精神,适应新形势、新任务的要求,提高大学生的思想政治素质,促进大学生的全面发展,现就进一步加强和改进大学生思想政治教育提出以下意见。

一、加强和改进大学生思想政治教育是一项重大而紧迫的战略任务

1. 大学生是十分宝贵的人才资源,是民族的希望,是祖国的未来。目前,我国在校大学生包括本科生、专科生和研究生约有 2000 万。加强和改进大学生思想政治教育,提高他们的思想政治素质,把他们培养成中国特色社会主义事业的建设者和接班人,对于全面实施科教兴国和人才强国战略,确保我国在激烈的国际竞争中始终立于不败之地,确保实现全面建设小康社会、加快推进社会主义现代化的宏伟目标,确保中国特色社会主义事业兴旺发达、后继有人,具有重大而深远的战略意义。

2. 改革开放特别是党的十三届四中全会以来,党中央坚持"两手抓、两手都要硬"的方针,切实加强和改进对大学生思想政治教育工作的领导。各地区各部门和高等学校认真贯彻落实中央要求,加强和改进思想政治教育工作,在培养高素质人才,推动高等教育改革发展,维护学校和社会稳定等方面发挥了重要作用。当代大学生思想政治状况的主流积极、健康、向上。他们热爱党,热爱祖国,热爱社会主义,坚决拥护党的路线方针政策,高度认同邓小平理论和"三个代表"重要思想,充分信赖以胡锦涛同志为总书记的党中央,对坚持走中国特色社会主义道路、实现全面建设小康社会的宏伟目标充满信心。

3. 国际国内形势的深刻变化,使大学生思想政治教育既面临有利条件,也面临严峻挑战。国际敌对势力与我争夺下一代的斗争更加尖锐复杂,大学生面临着大量西方文化思潮和价值观念的冲击,某些腐朽没落的生活方式对大学生的影响不可低估。随着对外开放不断扩大、社会主义市场经济的深入发展,我国社会经济成分、组织形式、就业方式、利益关系和分配方式日益多样化,人们思想活动的独立性、选择性、多变性和差异性日益增强。这有利于大学生树立自强意识、创新意识、成才意识、创业意识,同时也带来一些不容忽视的负面影响。一些大学生不同程度地存在政治信仰迷茫、理想信念模糊、价值取向扭曲、诚信意识淡薄、社会责任感缺乏、艰苦奋斗精神淡化、团结协作观念较差、心理素质欠佳等问题。

4. 面对新形势、新情况,大学生思想政治教育工作还不够适应,存在不少薄弱环节。一些地方、部门和学校的领导对大学生思想政治教育工作重视不够,办法不多。全社会关心支持大学生思想政治教育的合力尚未形成。学校思想政治理论课实效性不强,哲学社会科学一些学科教材建设滞后,思想政治教育与大学生思想实际结合不紧,少数学校没有把大学生的思想政治教育摆在首位、贯穿于教育教学的全过程。学生管理工作与形势发展要求不相适应,思想政治教育工作队伍建设亟待加强,少数教师不能做到教书育人、为人师表。加强和改进大学生思想政治教育是一项极为紧迫的重要任务。

二、加强和改进大学生思想政治教育的指导思想和基本原则

5. 加强和改进大学生思想政治教育的指导思想是:坚持以马克思列宁主义、毛泽东思想、邓小平理论和"三个代表"重要思想为指导,深入贯彻党的十六大精神,全面落实党的教育方针,紧密结合全面建设小康社会的实际,以理想信念教育为核心,以爱国主义教育为重点,以思想道德建设为基础,以大学生全面发展为目标,解放思想、实事求是、与时俱进,坚持以人为本,贴近实际、贴近生活、贴近学生,努力提高思想政治教育的针对性、实效性和吸引力、感染力,培养德智体美全面发展的社会主义合格建设者和可靠接班人。

6. 加强和改进大学生思想政治教育的基本原则是:(1)坚持教书与育人相结合。学校教育要坚持育人为本、德育为先,把人才培养作为根本任务,把思想政治教育摆在首要位置。（2）坚持教育与自我教育相结合。既要充分发挥学校教师、党团组级的教育引导作用，又要充分调动大学生的积极性和主动性，引导他们自我教育、自我管理、自我服务。（3）坚持政治理论教育与社会实践相结合。既重视课堂教育，又注重引导大学生深入社会、了解社会、服务社会。（4）坚持解决思想问题与解决实际问题相结合。既讲道理又办实事，既以理服人又以情感人，增强思想政治教育的实际效果。（5）坚持教育与管理相结合。把思想政治教育融于学校管理之中，建立长效工作机制，使自律与他律，激励与约束有机地结合起来，有效地引导大学生的思想和行为。（6）坚持继承优良传统与改进创新相结合。在继承党的思想政治工作优良传统的基础上，积极探索新形势下大学生思想政治教育的新途径、新办法，努力体现时代性，把握规律性，富于创造性，增强实效性。

三、加强和改进大学生思想政治教育的主要任务

7. 以理想信念教育为核心，深入进行树立正确的世界观、人生观和价值观教育。要坚持不懈地用马克思列宁主义、毛泽东思想、邓小平理论和"三个代表"重要思想武装大学生，深入开展党的基本理论、基本路线、基本纲领和基本经验教育，开展中国革命、建设和改革开放的历史教育，开展基本国情和形势政策教育，开展科学发展观教育，使大学生正确认识社会发展规律，认识国家的前途命运，认识自己的社会责任，确立在中国共产党领导下走中国特色社会主义道路、实现中华民族伟大复兴的共同理想和坚定信念。同时，要积极引导大学生不断追求更高的目标，使他们中的先进分子树立共产主义的远大理想，确立马克思主义的坚定信念。

8. 以爱国主义教育为重点，深入进行弘扬和培育民族精神教育。深入开展中华民族优良传统和中国革命传统教育，开展各民族平等团结教育，培养团结统一、爱好和平、勤劳勇敢、自强不息的精神，树立民族自尊心、自信心和自豪感。要把民族精神教育与以改革创新为核心的时代精神教育结合起来，引导大学生在中国特色社会主义事业的伟大实践中，在时代和社会的发展进步中汲取营养，培养爱国情怀、改革精神和创新能力，始终保持艰苦奋斗的作风和昂扬向上的精神状态.

9. 以基本道德规范为基础，深入进行公民道德教育。要认真贯彻《公民道德建设实施纲要》，以为人民服务为核心、以集体主义为原则、以诚实守信为重点,广泛开展社会公德、职业道德和家庭美德教育,引导大学生自觉遵守爱国守法、明礼诚信、团结友善、勤俭自强、敬业奉献的基本道德规范。坚持知行统一,积极开展道德实践活动,把道德实践活动融入大学生学习生活之中。修订完善大学生行为准则,引导大学生从身边的事情做起,从具体的事情做起,着力培养良好的道德品质和文明行为。

10. 以大学生全面发展为目标,深入进行素质教育。加强民主法制教育,增强遵纪守法观念。加强人文素质和科学精神教育,加强集体主义和团结合作精神教育,促进大学生思想道德素质、科学文化素质和健康素质协调发展,引导大学生勤于学习、善于创造、甘于奉献,成为有理想、有道德、有文化、有纪律的社会主义新人。

四、充分发挥课堂教学在大学生思想政治教育中的主导作用

11. 高等学校思想政治理论课是大学生思想政治教育的主渠道。思想政治理论课是大学生的必修课,是帮助大学生树立正确世界观、人生观、价值观的重要途径,体现了社会主义大学的本质要求。要按照充分体现当代马克思主义最新成果的要求,全面加强思想政治理论课的学科建设、课程建设、教材建设和教师队伍建设,进一步推动邓小平理论和"三个代表"重要思想进教材、进课堂、进大学生头脑工作。要联系改革开放和社会主义现代化建设的实际,联系大学生的思想实际,把传授知识与思想教育结合起来,把系统教学与专题教育结合起来,把理论武装与实践育人结合起来,切实改革教学内容,改进教学方法,改善教学手段。要加强对思想政治理论课的宏观指导,采取有力措施,力争在几年内使思想政治理论课教育教学情况有明显改善。

12. 形势政策教育是思想政治教育的重要内容和途径。要建立大学生形势政策报告会制度,定期编写形势政策教育宣讲提纲,建立形势政策教育资源库;国家机关和地方党政负责人要经常为大学生做形势报告。学校要紧密结合国际国内形势变化和学生关注的热点、难点问题,制定形势政策教育教学计划,认真组织实施。

13. 高等学校哲学社会科学课程负有思想政治教育的重要职责。哲学社会科学中的绝大部分学科都具有鲜明的意识形态属性,对于帮助大学生坚定正确的政治方向,正确认识和分析复杂的社会现象,提高思想道德修养和精神境界具有十分重要的作用。要坚持和巩固马克思主义在意识形态领域的指导地位,在哲学社会科学教学中充分体现马克思主义中国化的最新理论成果,用科学理论武装大学生,用优秀文化培育大学生。要发扬理论联系实际的优良学风,发挥哲学社会科学的优势,紧密围绕大学生普遍关心的、改革开放和现代化建设中的在重大问题,做好释疑解惑和教育引导工作。

要结合实施马克思主义理论研究和建设工程,精心组织编写全面反映毛泽东思想、邓小平理论和"三个代表"重要思想的哲学、政治经济学、科学社会主义,中共党史以及政治学、社会学、法学、史学、新闻学和文学等哲学社会科学重点学科的教材,努力形成以当代中国马克思主义为指导的具有中国特色、中国风格、中国气派的哲学社会科学学科体系和教材体系。

14.高等学校各门课程都具有育人功能,所有教师都负有育人职责。广大教师要以高度负责的态度,率先垂范、言传身教,以良好的思想、道德、品质和人格给大学生以潜移默化的影响。要把思想政治教育融入大学生专业学习的各个环节,渗透到教学、科研和社会服务各个方面。要深入发掘各类课程的思想政治教育资源,在传授专业知识过程中加强思想政治教育,使学生在学习科学文化知识过程中,自觉加强思想道德修养,提高政治觉悟。要坚持学术研究无禁区、课堂讲授有纪律,严格教育教学纪律,切实加强教材管理,在讲台上和教材中不得散布违背宪法和党的路线方针政策的错误观点和言论。

五、努力拓展新形势下大学生思想政治教育的有效途径

15.深入开展社会实践。社会实践是大学生思想政治教育的重要环节,对于促进大学生了解社会、了解国情,增长才干、奉献社会,锻炼毅力、培养品格,增强社会责任感具有不可替代的作用。要建立大学生社会实践保障体系,探索实践育人的长效机制,引导大学生走出校门,到基层去,到工农群众中去。高等学校要把社会实践纳入学校教育教学总体规划和教学大纲,规定学时和学分,提供必要经费。积极探索和建立社会实践与专业学习相结合、与服务社会相结合、与勤工助学相结合、与择业就业相结合、与创新创业相结合的管理体制,增强社会实践活动的效果,培养大学生的劳动观念和职业道德。要认真组织大学生参加军政训练。利用好寒暑假,开展形式多样的社会实践活动。积极组织大学生参加社会调查、生产劳动、志愿服务、公益活动、科技发明和勤工助学等社会实践活动。重视社会实践基地建设,不断丰富社会实践的内容和形式,提高社会实践的质量和效果,使大学生在社会实践活动中受教育、长才干、作贡献,增强社会责任感。

16. 大力建设校园文化。校园文化具有重要的育人功能,要建设体现社会主义特点、时代特征和学校特色的校园文化,形成优良的校风、教风和学风。大力加强大学生文化素质教育,开展丰富多彩、积极向上的学术、科技、体育、艺术和娱乐活动,把德育与智育、体育、美育有机结合起来,寓教育于文化活动之中。要善于结合传统节庆日、重大事件和开学典礼、毕业典礼等,开展特色鲜明、吸引力强的主题教育活动。重视校园人文环境和自然环境建设,完善校园文化活动设施,建设好大学生活动中心,加强校报、校内广播电视和学校出版社的建设,加强哲学社会科学研讨会、报告会、讲座的管理,绝不给错误观点和言论提供传播渠道。坚决抵制各种有害文化和腐朽生活方式对大学生的侵蚀和影响。禁止在学校传播宗教。

17. 主动占领网络思想政治教育新阵地。要全面加强校园网的建设,使网络成为弘扬主旋律,开展思想政治教育的重要手段。要利用校园网为大学生学习、生活提供服务,对大学生进行教育和引导,不断拓展大学生思想政治教育的渠道和空间。要建设好融思想性、知识性、趣味性、服务性于一体的主题教育网站或网页,积极开展生动活泼的网络思想政治教育活动,形成网上网下思想政治教育的合力。要密切关注网上动态,了解大学生思想状况,加强同大学生的沟通与交流,及时回答和解决大学生提出的问题。要运用技术、行政和法律手段,加强校园网的管理,严防各种有害信息在网上传播。加强网络思想政治教育队伍建设,形成网络思想政治教育工作体系,牢牢把握网络思想政治教育主动权。

18. 开展深入细致的思想政治工作和心理健康教育。要结合大学生实际,广泛深入开展谈心活动,有针对性地帮助大学生处理好学习成才、择业交友、健康生活等方面的具体问题。提高思想认识和精神境界。要重视心理健康教育,根据大学生的身心发展特点和教育规律,注重培养大学生良好的心理品质和自尊、自爱、自律、自强的优良品格,增强大学生克服困难、经受考验、承受挫折的能力。要制定大学生心理健康教育计划,确定相应的教育内容、教育方法。要建立健全心理健康教育和咨询的专门机构,配备足够数量的专兼职心理健康教育教师,积极开展大学生心理健康教育和心理咨询辅导,引导大学生健康成长。

19. 努力解决大学生的实际问题。思想政治教育既要教育人、引导人,又要关心人、帮助人。高等学校要从严治教,加强管理,改善办学条件,提高教育教学质量,为大学生成长成才创造条件。要加强对经济困难大学生的资助工作,以政府投入为主,多方筹措资金,不断完善资助政策和措施,形成以国家助学贷款为主体,包括助学奖学金、勤工助学基金、特殊困难补助和学费减免在内的助学体系,帮助经济困难大学生完成学业。要帮助大学生树立正确的就业观念,引导毕业生到基层;到西部、到祖国最需要的地方建功立业。要进一步建立健全大学生就业指导机构和就业信息服务系统,提供高效优质的就业创业服务。通过服务育人、管理育人,把党和政府对大学生的关怀落到实处。

六、充分发挥党团组织在大学生思想政治教育中的重要作用

20. 发挥党的政治优势和组织优势,做好大学生思想政治教育工作。高等学校党组织要高度重视学生党员发展工作,坚持标准,保证质量,把优秀大学生吸纳到党的队伍中来。对入党积极分子要注重早期培养,加强制度建设,严格发展程序,进行系统的党的知识教育和实践锻炼。对大学生党员要加强党员先进性教育,使他们严格要求自己,提高党性修养,充分发挥在大学生思想政治教育中的骨干带头作用和先锋模范作用。要坚持把党支部建在班上,努力实现本科学生班级,低年级有党员、高年级有党支部的目标。创新学生党支部活动方式,丰富活动内容,增强凝聚力和战斗力,使其成为开展思想政治教育的坚强堡垒。高度重视研究生党组织建设,切实加强研究生思想政治教育。

21. 发挥共青团和学生组织作用,推进大学生思想政治教育。共青团是党领导下的先进青年的群众组织,是党的助手和后备军,在大学生思想政治教育中具有重要作用。高等学校团组织要把加强大学生思想政治教育工作摆在突出位置,充分发挥在教育、团结和联系大学生方面的优势,竭诚为大学生的成长成才服务。要全面实施大学生素质拓展计划,组织开展丰富多彩的思想政治教育活动。要加强对优秀团员的培养,认真做好推荐优秀共青团员入党工作。要坚持党建带团建,把加强团的建设作为高等学校党建的重要任务。要切实加强团的组织建设,选拔优秀青年党员教师做团的工作,保证高校共青团组织机构设置和人员配备。要把团干部作为思想政治教育工作队伍的重要组成部分,做好培养、锻炼和输送工作。高等学校学生会、研究生会是党领导下的大学生群众组织,是加强和改进大学生思想政治教育的重要依靠力量,也是大学生自我教育的组织者。学生会、研究生会要自觉接受党的领导,在共青团指导下,针对大学生特点,开展生动有效的思想政治教育活动,把广大学生紧密团结在党的周围,在大学生思想政治教育中更好地发挥桥梁和纽带作用。

22. 依托班级、社团等组织形式,开展大学生思想政治教育。班级是大学生的基本组织形式,是大学生自我教育、自我管理、自我服务的主要组织载体。要着力加强班级集体建设,组织开展丰富多彩的主题班会等活动,发挥团结学生、组织学生、教育学生的职能。要加强对大学生社团的领导和管理,帮助大学在社团选聘指导教师,支持和引导大学生自主开展活动。要高度重视大学生生活社区、学生公寓、网络虚拟群体等新型大学生组织的思想政治教育工作,选拔大学生骨干参与学生总寓、网络的教育管理,发挥大学生自身的积极性和主动性,增强教育效果。

七、大力加强大学生思想政治教育工作队伍建设

23. 思想政治教育工作队伍是加强和改进大学生思想政治教育的组织保证。大学生思想政治教育工作队伍主体是学校党政干部和共青团干部,思想政治理论课和哲学社会科学课教师,辅导员和班主任。学校党政干部和共青团干部负责学生思想政治教育的组织、协调、实施,思想政治理论和哲学社会科学课教师根据学科和课程的内容、特点,负责对学生进行思想理论教育、思想品德、教育和人文素质教育;辅导员、班主任是大学生思想政治教育的骨干力量,辅导员按照党委的部署有针对性地开展思想政治教育活动,班主任负有在思想、学习和生活等方面指导学生的职责。要采取切实措施,培养一批坚持以马克思主义为指导,理论功底扎实,勇于开拓创新,善于联系实际,老中青相结合的哲学社会科学学科带头人和教学骨干队伍,使他们在大学生思想政治教育中发挥更大的作用。所有从事大学生思想政治教育的人员,都要坚持正确的政治方向,加强思想道德修养,增强社会责任感,成为大学生健康成长的指导者和引路人。在事关政治原则、政治立场和政治方向问题上不能与党中央保持一致的,不得从事大学生思想政治教育工作。

广大教职员工都负有对大学生进行思想政治教育的重要责任。要制定完善有关规定和政策,明确职责任务和考核办法,形成教书育人、管理育人、服务育人的良好氛围和工作格局。教师要提高师德和业务水平,爱岗敬业,教书育人,为人师表,以良好的思想政治素质和道德风范影响和教育学生。学校管理工作要体现育人导向,把严格日常管理与引导大学生遵纪守法、养成良好行为习惯结合起来。后勤服务人员要努力搞好后勤保障,为大学生办实事办好事,使大学生在优质服务中受到感染和教育。

24.完善大学生思想政治教育工作队伍的选拔、培养和管理机制。按照政治强、业务精、纪律严、作风正的要求,坚持专兼结合的原则,研究和制定加强高校思想政治教育工作队伍建设的具体意见,吸引更多的优秀教师从事学生思想政治教育工作。要加强思想政治教育学科建设,培养思想政治教育工作专门人才。实施大学生思想政治教育队伍人才培养工程,建立思想政治教育人才培养基地。选拔推荐一批从事思想政治教育的骨干进一步深造,攻读思想政治教育相关专业的硕士、博士学位,学成后专职从事思想政治教育工作。采取有效措施,组织参加社会实践、挂职锻炼、学习考察等活动,不断提高他们的工作能力和水平。要建立完善大学生思想政治教育专职队伍的激励和保障机制。完善思想政治教育队伍的专业职务系列,从思想政治教育专职队伍的实际出发,解决好他们的教师职务聘任问题,鼓励支持他们安心本职工作,成为思想政治教育方面的专家。建立专项评优奖励制度,定期评比表彰思想政治教育工作先进集体和个人,树立、宣传、推广一批先进典型。要采取有力措施,着力建设一支高水平的辅导员、班主任队伍。院(系)的每个年级都要

按适当比例配备一定数量的专职辅导员,每个班级都要配备一名兼职班主任,鼓励优秀教师兼任班主任工作。辅导员、班主任工作在大学生思想政治教育第一线,任务繁重,责任重大,学校要从政治上、工作上、生活上关心他们,在政策和待遇方面给予适当倾斜。

八、努力营造大学生思想政治教育工作的良好社会环境

25.全社会都要关心大学生的健康成长,支持大学生思想政治教育工作。宣传、理论、新闻、文艺、出版等方面要坚持弘扬主旋律,为大学生思想政治教育营造良好的社会舆论氛围,为大学生提供丰富的精神食粮。要坚持团结稳

定鼓劲、正面宣传为主,反映高等学校思想政治教育工作的先进典型和优秀大学生的先进事迹。各类网站要牢牢把握正确导向,主动承担社会责任,积极开发教育资源,开展形式多样的网络思想政治教育活动。重点新闻网站要不断改进创新,切实增强吸引力和感染力,在大学生思想政治教育中发挥导向作用。要大力发展文化事业和文化产业,为学生提供更多更好的文化产品和文化服务。文化部门和艺术团体要进一步推进高雅文化进校园活动,丰富校园文化生活,提高学生艺术修养。充分发挥爱国主义教育基地对大学生的教育作用,各类博物馆、纪念馆、展览馆、烈士陵园等爱国主义教育基地,对大学生集体参观一律实行免票。各级政府和企事业单位要鼓励和支持面向大学生的公益性文化活动。坚持不懈地开展"扫黄""打非",依法加强对各类网站的管理,净化文化市场和网络环境。

26.各级党委和政府要为高等学校创建良好的育人环境。要把优化校园周边环境作为推进社会主义精神文明建设的重要任务,结合城市改造和社区建设搞好规划,加强综合治理。要依法加强对学校周边的文化、娱乐、商业经营活动的管理,坚决取缔干扰学校正常教学、生活秩序的经营性娱乐活动场所,严厉打击各种刑事犯罪活动,及时处理侵害学生合法权益、身心健康的事件和影响学校、社会稳定的事端。要为大学生专业实习和社会实践创造条件,提供便利。要把高校毕业生就业作为就业工作的重要组成部分,常抓不懈,完善毕业生就业市场机制,健全毕业生就业服务体系,落实毕业生自主创业、灵活就业的各项扶持政策。要动员社会各方力量,完善资助困难学生的机制,帮助大学生解决实际困难。党政机关、社会团体、企事业单位以及街道、社区、村镇等要主动配合做好大学生思想政治教育工作。学校要探索建立与大学生家庭联系沟通的机制,相互配合对学生进行思想政治教育。

九、切实加强对大学生思想政治教育工作的领导

27.各级党委和政府要从战略和全局的高度充分认识加强和改进大学生思想政治教育的重大意义,把"培养什么人""如何培养人"这一重大课题始终摆在重要位置,切实加强领导。要弘扬求真务实精神,及时研究解决涉及大学生健康成长和切身利益的实际问题。制定有关政策和法规,不仅要有利于经济和各项事业的发展,而也要有利于大学生的健康成长。要建立健全党委统一领导、党政群齐抓共管、有关部门各负其责、全社会大力支持的领导体制和工作机制,形成全党全社会共同关心支持大学生思想政治教育的强大合力。教育部要对全国高等学校大学生思想政治教育工作统一规划、组织协调、宏观指导和督促检查。各地负责高校思想政治工作的部门,要切实负起责任。各有关部门要主动配合,共同做好大学生思想政治教育工作。要重视和加强民办高等学校党的建设和大学生的思想政治教育。

28. 高等学校要充分发挥大学生思想政治教育主阵地、主课堂、主渠道作用。要把大学生思想政治教育摆在学校各项工作的首位。贯穿于教育教学的全过程。要建立和完善党委统一领导、党政齐抓共管、专兼职队伍相结合、全校紧密配合、学生自我教育的领导体制和工作机制。高等学校党委要统一领导大学生思想政治教育工作,经常分析大学生思想状况和思想政治教育工作状况,制订思想政治教育的总体规划。对大学生思想政治教育作出全面部署和安排。校长要对大学生德智体美全面发展负责,把思想政治教育与教学、科研、社会服务工作结合起来,同时部署,同时检查,同时评估。学校各部门要明确各自责任,密切协作,切实完成相应任务。学校基层党团组织要认真履行学生思想政治教育的职责,把加强和改进大学生思想政治教育的各项任务真正落到实处。

29. 不断完善大学生思想政治教育的保障机制。要建立健全与法律法规相协调、与高等教育全面发展相衔接、与大学生成长成材需要相适应的思想政治教育和管理的制度体系。要加大大学生思想政治教育工作的经费投入,教育行政部门和学校要合理确定思想政治教育工作方面的经费投入科目,列入预算,确保各项工作顺利开展。学校要为开展大学生思想政治教育工件提供必要的场所与设备,不断改善条件,优化手段。要把大学生思想政治教育工作作为对高等学校办学质量和水平评估考核的重要指标,纳入高等学校党的建设和教育教学评估体系。

30. 加强大学生思想政治教育科学研究工作。各级宣传和教育行政部门要组织专家学者积极开展科学研究,为加强和改进大学生思想政治教育提供理论支持和决策依据。各地哲学社会科学规划工作领导部门要把大学生思想政治教育重大问题研究列入规划。各级高等学校思想政治教育研究会等学术研究机构和团体要加强自身建设,发挥在大学生思想政治教育科学研究、决策咨询、工作指导等方面的重要作用。

☞ 重点提炼

1.加强和改进大学生思想政治教育的主要任务是什么?

一是以理想信念教育为核心,深入进行树立正确的世界观、人生观和价值观教育;二是以爱国主义教育为重点,深入进行弘扬和培育民族精神教育;三是以基本道德规范为基础,深入进行公民道德教育。四是以大学生全面发展为目标,深入进行素质教育,促进大学生思想道德素质、科学文化素质和健康素质协调发展,引导大学生勤于学习、善于创造、甘于奉献,成为有理想、有道德、有文化、有纪律的社会主义新人。

2.加强和改进大学生思想政治教育的基本原则是什么?

加强和改进大学生思想政治教育的基本原则是:坚持教书与育人相结合;坚持教育与自我教育相结合;坚持政治理论教育与社会实践相结合;坚持解决思想问题与解决实际问题相结合;坚持教育与管理相结合;坚持继承优良传统与改进创新相结合。

3.加强和改进大学生思想政治教育的途径有哪些?

一是深入开展社会实践,二是大力建设校园文化,三是主动占领网络思想政治教育新阵地,四是开展深入细致的思想政治工作和心理健康教育,五是努力解决大学生的实际问题。

中共中央国务院印发
《关于加强和改进新形势下高校思想政治工作的意见》

中发〔2016〕31号

近日,中共中央、国务院印发了《关于加强和改进新形势下高校思想政治工作的意见》(以下简称《意见》)。

《意见》强调指出,高校肩负着人才培养、科学研究、社会服务、文化传承创新、国际交流合作的重要使命。加强和改进高校思想政治工作,事关办什么样的大学、怎样办大学的根本问题,事关党对高校的领导,事关中国特色社会主义事业后继有人,是一项重大的政治任务和战略工程。

《意见》分为七个部分:一是重要意义和总体要求;二是强化思想理论教育和价值引领;三是发挥哲学社会科学育人功能;四是加强对课堂教学和各类思想文化阵地的建设管理;五是加强教师队伍和专门力量建设;六是推进高校思想政治工作改革创新;七是加强和改善党对高校的领导。

《意见》指出,我们党历来高度重视高校思想政治工作,探索形成了一系列基本方针原则和工作遵循。党的十八大以来,以习近平同志为核心的党中央把高校思想政治工作摆在突出位置,作出一系列重大决策部署,各地区各有关部门各高校采取有力有效措施,积极主动开展工作,创造了许多成功做法,积累了许多宝贵经验。大学生思想政治教育成效显著,教师思想政治素质明显提高,各类思想文化阵地建设和管理不断加强,中国特色社会主义理论体系进教材、进课堂、进头脑工作扎实有效,社会主义核心价值观建设持续推进,高校意识形态领域主流积极健康向上,广大师生对以习近平同志为核心的党中央拥护信任,对党中央治国理政新理念新思想新战略高度认同,对中国特色社会主义和中华民族伟大复兴中国梦充满信心。总体上看,高校思想政治工作持续加强和改进,呈现出良好发展态势,为保证高等教育改革发展、服务党和国家工作大局作出了重要贡献。

《意见》指出,加强和改进高校思想政治工作的指导思想是:高举中国特色社会主义伟大旗帜,全面贯彻党的十八大和十八届三中、四中、五中、六中全会精神,以马克思列宁主义、毛泽东思想、邓小平理论、"三个代表"重要思想、科学发展观为指导,深入学习贯彻习近平总书记系列重要讲话精神和治国理政新理念新思想新战略,全面贯彻党的教育方针,坚持社会主义办学方向,扎根中国大地办大学,以立德树人为根本,以理想信念教育为核心,以社会主义核心价值观为引领,切实抓好各方面基础性建设和基础性工作,切实加强和改善党的领导,全面提升思想政治工作水平,紧密团结在以习近平同志为核心的党中央周围,牢固树立政治意识、大局意识、核心意识、看齐意识,坚定不移维护党中央权威和党中央集中统一领导,为实现"两个一百年"奋斗目标、实现中华民族伟大复兴的中国梦,培养又红又专、德才兼备、全面发展的中国特色社会主义合格建设者和可靠接班人。

《意见》指出,加强和改进高校思想政治工作的基本原则是:(1)坚持党对高校的领导。落实全面从严治党要求,把党的建设贯穿始终,着力解决突出问题,维护党中央权威、保证党的团结统一,牢牢掌握党对高校的领导权。(2)坚持社会主义办学方向。坚持马克思主义指导地位,坚持以人民为中心的发展思想,更好为改革开放和社会主义现代化建设服务、为人民服务。(3)坚持全员全过程全方位育人。把思想价值引领贯穿教育教学全过程和各环节,形成教书育人、科研育人、实践育人、管理育人、服务育人、文化育人、组织育人长效机制。(4)坚持遵循教育规律、思想政治工作规律、学生成长规律。把握师生思想特点和发展需求,注重理论教育和实践活动相结合、普遍要求和分类指导相结合,提高工作科学化精细化水平。(5)坚持改革创新。推进理念思路、内容形式、方法手段创新,增强工作时代感和实效性。

《意见》指出,要强化思想理论教育和价值引领。把理想信念教育放在首位,切实抓好马克思列宁主义、毛泽东思想学习教育,广泛开展中国特色社会主义理论体系学习教育,深入学习习近平总书记系列重要讲话精神,引导师生深刻领会党中央治国理政新理念新思想新战略,坚定中国特色社会主义道路自信、理论自信、制度自信、文化自信。要培育和践行社会主义核心价值观,把社会主义核心价值观体现到教书育人全过程,引导师生树立正确的世界观、人生观、价值观,加强国家意识、法治意识、社会责任意识教育,加强民族团结进步教育、国家安全教育、科学精神教育,以诚信建设为重点,加强社会公德、职业道德、家庭美德、个人品德教育,提升师生道德素养。要弘扬中华优秀传统文化和革命文化、社会主义先进文化,实施中华文化传承工程,推动中华优秀传统文化融入教育教学,加强革命文化和社会主义先进文化教育,深化中国共产党史、中华人民共和国史、改革开放史和社会主义发展史学习教育,利用我国改革发展的伟大成就、重大历史事件纪念活动、爱国主义教育基地、国家公祭仪式等组织开展主题教育,弘扬以爱国主义为核心的民族精神和以改革创新为核心的时代精神。要进一步办好高校思想政治理论课,充分发挥思想政治理论课的主渠道作用,深入实施高校思想政治理论课建设体系创新计划,完善教材体系,提高教师素质,创新教学方法,增强教学的吸引力、说服力、感染力。要加强高校马克思主义学院建设,打造马克思主义理论教学、研究、宣传和人才培养的坚强阵地,支持有条件的高校设置马克思主义理论专业,深入实施马克思主义理论研究和建设工程。

《意见》指出,要发挥哲学社会科学育人功能。强调要加强哲学社会科学学科体系建设,积极构建中国特色、中国风格、中国气派的哲学社会科学学科体系,强化马克思主义理论学科的引领作用,支持有条件的高校在马克思主义理论一级学科下设置党的建设二级学科,实施高校马克思主义理论人才支持培养计划,积极推进学术话语体系创新,加快完善具有中国特色和国际视野的哲学、历史学、经济学、政治学、法学、社会学、民族学、新闻学、人口学、宗教学、心理学等学科,努力建设一批中国特色、世界一流的哲学社会科学学科。加快建设一批哲学社会科学专业核心课程教材。要规范哲学社会科学教材选用,建立国家优秀教材评选奖励制度,完善学术评价体系和评价标准,建立科学权威、公开透明的哲学社会科学成果评价体系,健全优秀成果评选推广机制,提高高校学术委员会建设水平。

《意见》指出,要加强对课堂教学和各类思想文化阵地的建设管理。充分发掘和运用各学科蕴含的思想政治教育资源,健全高校课堂教学管理办法。要加强对校园各类思想文化阵地的规范管理,加强校园网络安全管理,营造风清气正的网络环境。

《意见》指出,要加强教师队伍和专门力量建设。强调要提升教师思想政治素质,加强思想政治工作,建立中青年教师社会实践和校外挂职制度,加强师德师风建设,增强教师教书育人的责任担当。要完善教师评聘和考核机制,增加课堂教学权重,引导教师将更多精力投入到课堂教学上,完善教师职业道德规范,实施师德"一票否决"。高校思想政治工作队伍和党务工作队伍具有教师和管理人员双重身份,要纳入高校人才队伍建设总体规划,形成一支专职为主、专兼结合、数量充足、素质优良的工作力量。

《意见》指出,要推进高校思想政治工作改革创新。强调要贴近师生思想实际,以改革创新精神做好高校思想政治工作,建立健全校领导、院(系)领导联系师生、谈心谈话制度,在平等沟通、民主讨论、互动交流中进行思想引导,有的放矢、生动活泼地开展工作,发挥师德楷模、名师大家、学术带头人等的示范引领作用。要加强互联网思想政治工作载体建设,加强学生互动社区、主题教育网站、专业学术网站和"两微一端"建设,运用大学生喜欢的表达方式开展思想政治教育。要强化社会实践育人,提高实践教学比重,组织师生参加社会实践活动,完善科教融合、校企联合等协同育人模式,加强实践教学基地建设,建立健全国家机关、企事业单位、社会团体接收大学生实习实训制度,开设创新创业教育专门课程,增强军事训练实效,建立健全学雷锋志愿服务制度。要在服务引导中加强思想教育,把解决思想问题与解决实际问题结合起来,做到既讲道理又办实事,加强学生学业就业指导,帮助大学生顺利完成学业,加强人文关怀和心理疏导,促进大学生身心和人格健康发展,加强对家庭经济困难学生的资助工作,积极帮助解决教师的合理诉求。积极发挥共青团、学生会组织和学生社团作用。要健全高校思想政治工作评价体系,研究制定内容全面、指标合理、方法科学的评价体系,推动高校思想政治工作制度化。

《意见》最后强调,要加强和改善党对高校的领导。要完善高校党的领导体制,坚持和完善普通高校党委领导下的校长负责制,高校党委对本校工作实行全面领导,履行管党治党、办学治校的主体责任,切实发挥领导核心作用。按照社会主义政治家、教育家标准,选好配强高校领导班子特别是党委书记和校长。高校党委书记主持党委全面工作,履行高校思想政治工作和党的建设第一责任人的职责。校长是学校的法人代表,在党委领导下组织实施党委有关决议,行使高等教育法等规定的各项职权。其他党委班子成员履行"一岗双责",结合业务分工抓好思想政治工作和党的建设工作。要强化院(系)党的领导,发挥院(系)党委(党总支)的政治核心作用,履行政治责任,保证监督党的路线方针政策及上级党组织决定的贯彻执行。认真执行民主集中制原则,通过院(系)党政联席会议讨论和决定本单位重要事项,健全院(系)集体领导、党政分工合作、协调运行的工作机制,提升班子整体功能和议事决策水平。要加强高校基层党建工作,建立健全高校基层党组织,加强教师党支部、学生党支部特别是研究生党支部建设,充分发挥党支部战斗堡垒作用。坚持党的组织生活各项制度,组织党员深入开展"两学一做"学习教育,认真做好在高校优秀青年教师、高校学生中发展党员工作,加强党员日常管理监督。要健全地方党委抓高校思想政治工作制度,切实加强组织领导和工作指导,坚持和完善党委定期研究、领导干部联系高校等制度,建立部门协作常态机制,形成党委统一领导、党政齐抓共管、职能部门组织协调、社会各方积极参与的工作格局。高度重视民办高校、中外合作办学中党的建设和思想政治工作,探索党组织发挥政治核心作用的有效途径,完善政策保障和经费支持,为加强和改进高校思想政治工作创造良好条件。

☞ 重点提炼

1. 高校肩负什么使命？

人才培养、科学研究、社会服务、文化传承创新、国际交流合作的重要使命。

2. 加强和改进高校思想政治工作的基本原则有哪些？

一是坚持党对高校的领导；二是坚持社会主义办学方向；三是坚持全员全过程全方位育人；四是坚持遵循教育规律、思想政治工作规律、学生成长规律；五是坚持改革创新。

3.《意见》中对推进高校思想政治工作改革创新提出哪些要求？

建议从以下几个方面展开论述：一是要加强互联网思想政治工作载体建设；二是要强化社会实践育人；三是要在服务引导中加强思想教育；四是要健全高校思想政治工作评价体系。

4.《意见》中对强化思想理论教育和价值引领提出哪些要求？

建议从以下几个方面展开论述：把理想信念教育放在首位，切实抓好马克思列宁主义、毛泽东思想学习教育，广泛开展中国特色社会主义理论体系学习教育，深入学习习近平总书记系列重要讲话精神，引导师生深刻领会党中央治国理政新理念新思想新战略，坚定中国特色社会主义道路自信、理论自信、制度自信、文化自信。一是要培育和践行社会主义核心价值观；二是要弘扬中华优秀传统文化和革命文化、社会主义先进文化；三是要进一步办好高校思想政治理论课；四是要加强高校马克思主义学院建设。

中共中央办公厅、国务院办公厅印发
《关于进一步加强和改进新形势下高校宣传思想工作的意见》

　　中共中央办公厅、国务院办公厅最近印发《关于进一步加强和改进新形势下高校宣传思想工作的意见》。《意见》强调指出,意识形态工作是党和国家一项极端重要的工作,高校作为意识形态工作前沿阵地,肩负着学习研究宣传马克思主义,培育和弘扬社会主义核心价值观,为实现中华民族伟大复兴的中国梦提供人才保障和智力支持的重要任务。做好高校宣传思想工作,加强高校意识形态阵地建设,是一项战略工程、固本工程、铸魂工程,事关党对高校的领导,事关全面贯彻党的教育方针,事关中国特色社会主义事业后继有人,对于巩固马克思主义在意识形态领域的指导地位,巩固全党全国人民团结奋斗的共同思想基础,具有十分重要而深远的意义。

　　《意见》分七个部分:一是加强和改进高校宣传思想工作是一项重大而紧迫的战略任务;二是指导思想、基本原则和主要任务;三是切实推动中国特色社会主义理论体系进教材进课堂进头脑;四是大力提高高校教师队伍思想政治素质;五是不断壮大高校主流思想舆论;六是着力加强高校宣传思想阵地管理;七是切实加强党对高校宣传思想工作的领导。

　　《意见》指出,在党中央坚强领导下,高校宣传思想战线始终坚持正确政治方向和舆论导向,大学生思想政治教育成效显著,教师思想政治素质明显提高,高校思想理论建设取得新进展,宣传思想阵地管理不断加强,党委统一领导、党政工团齐抓共管的体制机制逐步完善,为办好人民满意教育、维护改革发展稳定大局作出了重要贡献。高校宣传思想领域主流积极健康向上,广大师生对党的领导衷心拥护,对以习近平同志为核心的党中央充分信赖,对中国特色社会主义事业和实现中华民族伟大复兴的中国梦充满信心。

《意见》指出,加强和改进新形势下高校宣传思想工作的指导思想是:高举中国特色社会主义伟大旗帜,以马克思列宁主义、毛泽东思想、邓小平理论、"三个代表"重要思想、科学发展观为指导,深入贯彻落实党的十八大和十八届二中、三中全会精神,深入贯彻落实习近平总书记系列重要讲话精神,全面贯彻党的教育方针,强化政治意识、责任意识、阵地意识和底线意识,以立德树人为根本任务,以深入推进中国特色社会主义理论体系进教材进课堂进头脑为主线,以提高教师队伍思想政治素质和育人能力为基础,以加强高校网络等阵地建设为重点,积极培育和践行社会主义核心价值观,不断坚定广大师生中国特色社会主义道路自信、理论自信、制度自信,培养德智体美全面发展的社会主义建设者和接班人。

《意见》指出,加强和改进新形势下高校宣传思想工作的基本原则是:(1)坚持党性原则、强化责任。切实担负起政治责任和领导责任,提高领导水平,增强驾驭能力,敢抓敢管、敢于亮剑,做到守土有责、守土负责、守土尽责。(2)坚持育人为本、德育为先。把坚定理想信念放在首位,始终坚持用中国特色社会主义理论体系武装师生头脑,确保社会主义办学方向。(3)坚持标本兼治、重在建设。强化依法管理,着力加强制度建设,把高校建设成为学习研究宣传马克思主义的坚强阵地。(4)坚持改革创新、注重实效。准确把握师生思想状况,创新工作理念和方式方法,把解决思想问题与解决实际问题结合起来,不断增强针对性实效性。(5)坚持齐抓共管、形成合力。推动校内外协同配合、全社会支持参与,构建高校宣传思想工作新格局。

《意见》指出,加强和改进新形势下高校宣传思想工作的主要任务是:(1)坚定理想信念,深入开展中国特色社会主义和中国梦宣传教育,加强高校思想理论建设,加强具有中国特色、时代特征的高校哲学社会科学学术理论体系和学术话语体系建设,进一步增强理论认同、政治认同、情感认同,不断激发广大师生投身改革开放事业的巨大热情,凝心聚力共筑中国梦。(2)巩固共同思想道德基础,大力加强社会主义核心价值观教育,把培育和弘扬社会主义核心价值观作为凝魂聚气、强基固本的基础工程,弘扬中国精神,弘扬中华传统美德,加强道德教育和实践,提升师生思想道德素质,使社会主义核心价值观内化于心、外化于行,成为全体师生的价值追求和自觉行动。(3)壮大主流思想舆论,切实加强高校意识形态引导管理,做大做强正面宣传,加强国家安全教育,加强国家观和民族团结教育,管好导向、管好阵地、管好队伍,坚决抵御敌对势力渗透,牢牢掌握高校意识形态工作领导权、话语权,不断巩固马克思主义指导地位。(4)推动文化传承创新,建设具有中国特色、体现时代要求的大学文化,培育和弘扬大学精神,把高校建设成为精神文明建设示范区和辐射源,继承和发扬中华优秀传统文化,促进社会主义先进文化建设,增强国家文化软实力。(5)立足学生全面发展,努力构建全员全过程全方位育人格局,形成教书育人、实践育人、科研育人、管理育人、服务育人长效机制,增强学生社会责任感、创新精神和实践能力,全面落实立德树人根本任务,努力办好人民满意教育。

《意见》指出,要切实推动中国特色社会主义理论体系进教材进课堂进头脑。强调要统一使用马克思主义理论研究和建设工程重点教材,把统一使用工程重点教材纳入相关专业人才培养方案和教学计划,把工程重点教材作为国家级重点规划教材,把工程重点教材使用情况作为教学评估的重要内容。要建设学生真心喜爱、终身受益的高校思想政治理论课,实施高校思想政治理论课建设体系创新计划,全面深化课程建设综合改革,编好教材,建好队伍,抓好教学,切实办好思想政治理论课。高校要制定思想政治理论课建设规划,在学校发展规划、经费投入、公共资源使用中优先保障思想政治理论课建设,在人才培养、科研立项、评优表彰、岗位聘用(职务评聘)等方面充分重视思想政治理论课教师,确保思想政治理论课在高校教学体系中的重点建设地位。要着力增强大学生思想政治教育针对性实效性,启动大学生思想政治教育质量提升工程,深入开展中国特色社会主义和中国梦教育,加强党史国史和形势任务政策教育,把社会主义核心价值观融入高等教育全过程,完善中华优秀传统文化教育,高度重视民族团结教育,积极开展马克思主义民族观宗教观、党的民族宗教政策和相关法律法规的宣传教育,广泛开展各类社会实践和公益活动,加强高校心理健康教育与咨询示范中心建设,做好就业指导和家庭经济困难学生资助工作。要充分发挥高校哲学社会科学育人功能,深化哲学社会科学教育教学改革,充分挖掘哲学社会科学课程的思想政治教育资源,建立健全符合国情的哲学社会科学人才培养质量标准体系,制定实施马克思主义理论、新闻传播学、法学、经济学、政治学、社会学、民族学、哲学、历史学等相关专业类教学质量国家标准,启动实施卓越马克思主义理论人才培养计划,深入实施卓越新闻传播人才、法律人才培养计划。要提升马克思主义理论学科的引领作用,实施马克思主义理论学科领航计划,改革马克思主义理论学科评价方式,重点建好一批马克思主义理论研究和建设创新基地,编写一批马克思主义理论学科研究生核心教材,培养一批马克思主义理论学科带头人,造就一批马克思主义理论教育家,重点建设一批有示范影响的马克思主义学院。

《意见》指出,要大力提高高校教师队伍思想政治素质。强调要着力加强教师思想政治工作,坚持不懈用中国特色社会主义理论体系武装教师头脑,进一步健全教师政治理论学习制度,实行学术安全培训制度,深入推进哲学社会科学教学科研骨干和思想政治理论课骨干教师研修工作,建立中青年教师社会实践和校外挂职制度,重视在优秀青年教师中发展党员。要扎实推进师德建设,落实高校教师职业道德规范,完善师德建设长效机制,实行师德一票否决制,完善加强高校学风建设办法,健全学术不端行为监督查处机制。要严把教师聘用考核政治关,探索教师定期注册制度。

《意见》指出,要不断壮大高校主流思想舆论。强调要扎实推进高校思想理论建设,推进高校哲学社会科学创新体系建设,积极参与马克思主义理论研究和建设工程,加强中国特色社会主义理论体系研究中心等重点基地建设,建设和创办一批权威的马克思主义理论研究学术期刊,深入实施"青年马克思主义者培养工程",在青年教师和学生中培养一大批政治骨干,造就一支政治坚定、学养深厚、有重要影响的思想理论建设队伍。要提升研究回答重大问题的能力,实施中国特色新型高校智库建设推进计划,定期开展师生思想政治状况调研,建立健全高校哲学社会科学研究分类评价体系,完善以质量和贡献为导向的评价机制。要加强哲学社会科学学术话语体系建设,组织开展高校名师大讲堂、理论名家社会行等活动,推动高校哲学社会科学"走出去",支持中外学者围绕中国发展和全球性重大问题开展合作研究。要切实做好高校新闻宣传工作,完善新闻信息发布和新闻发言人制度,进一步改进高校新闻宣传的文风作风,建立高校、宣传部门、新闻媒体三方联动宣传机制,为高校改革发展营造良好舆论氛围。要创新网络思想政治教育,开展高校校园网络文化建设专项试点工作,大力推进校报校刊数字化建设,探索建立优秀网络文章在科研成果统计、职务职称评聘方面的认定机制,着力培育一批导向正确、影响力广的网络名师,立足校园网站建设开办一批贴近师生学习生活的网络名站名栏,建设一支由学生和青年教师骨干组成的网络宣传员队伍,打造示范性思想理论教育资源网站、学生主题教育网站和网络互动社区,推进辅导员博客、思想政治理论课教师博客、校务微博、校园微信公众账号等网络新媒体建设。

《意见》指出,要着力加强高校宣传思想阵地管理。强调要加强校园网络安全管理,加强高校校园网站联盟建设,加强高校网络信息管理系统建设。要强化高校课堂教学纪律,制定加强高校课堂教学管理办法,健全课堂教学管理体系。要完善宣传思想阵地管理制度,加强高校哲学社会科学成果发布管理,建立高校出版质量监督检查体系,制定大学生社团的成立和年度检查制度,加强宗教学学科专业教学科研机构管理,加强校园反邪教宣传教育工作。

《意见》最后强调,要切实加强党对高校宣传思想工作的领导。要完善高校宣传思想工作机制,高校党委要强化政治责任和领导责任,党委书记、校长要旗帜鲜明地站在意识形态工作第一线,充分发挥高校党委的领导核心作用,坚持和完善党委领导下的校长负责制,建立健全高校党委统一领导、党政工团齐抓共管、党委宣传部门牵头协调、有关部门和院(系)共同参与的工作机制,充分发挥院(系)党组织保证监督作用,加强高校共青团建设,加快推进高校章程制定和核准工作。要配齐建强高校宣传思想工作队伍,统筹推进高校党政干部和共青团干部、思想政治理论课教师和哲学社会科学课教师、辅导员班主任和心理咨询教师等宣传思想工作骨干队伍建设,组织全国教育系统先进集体和先进个人评选表彰,坚持高标准选配高校宣传思想工作干部,高校党委宣传部长由学校党委常委兼任,加强高校宣传思想工作人才培养。要构建高校宣传思想工作大格局,各级党委和政府要从战略和全局的高度,充分认识加强和改进高校宣传思想工作的极端重要性和现实紧迫性,把这项工作始终摆在重要位置,切实加强领导。

☞ **重点提炼**

1.加强和改进新形势下高校宣传思想工作的基本原则有哪些？

加强和改进新形势下高校宣传思想工作的基本原则是：（1）坚持党性原则、强化责任；（2）坚持育人为本、德育为先；（3）坚持标本兼治、重在建设；（4）坚持改革创新、注重实效；（5）坚持齐抓共管、形成合力。

2.加强和改进新形势下高校宣传思想工作的基本原则有哪些？

一是坚定理想信念，深入开展中国特色社会主义和中国梦宣传教育，加强高校思想理论建设，加强具有中国特色、时代特征的高校哲学社会科学学术理论体系和学术话语体系建设，进一步增强理论认同、政治认同、情感认同，不断激发广大师生投身改革开放事业的巨大热情，凝心聚力共筑中国梦；二是巩固共同思想道德基础，大力加强社会主义核心价值观教育，把培育和弘扬社会主义核心价值观作为凝魂聚气、强基固本的基础工程，弘扬中国精神，弘扬中华传统美德，加强道德教育和实践，提升师生思想道德素质，使社会主义核心价值观内化于心、外化于行，成为全体师生的价值追求和自觉行动；三是壮大主流思想舆论，切实加强高校意识形态引导管理，做大做强正面宣传，加强国家安全教育，加强国家观和民族团结教育，管好导向、管好阵地、管好队伍，坚决抵御敌对势力渗透，牢牢掌握高校意识形态工作领导权、话语权，不断巩固马克思主义指导地位；四是推动文化传承创新，建设具有中国特色、体现时代要求的大学文化，培育和弘扬大学精神，把高校建设成为精神文明建设示范区和辐射源，继承和发扬中华优秀传统文化，促进社会主义先进文化建设，增强国家文化软实力；五是立足学生全面发展，努力构建全员全过程全方位育人格局，形成教书育人、实践育人、科研育人、管理育人、服务育人长效机制，增强学生社会责任感、创新精神和实践能力，全面落实立德树人根本任务，努力办好人民满意教育。

3.如何加强和改进新形势下高校宣传思想工作？

一是切实推动中国特色社会主义理论体系进教材进课堂进头脑；二是大力提高高校教师队伍思想政治素质；三是不断壮大高校主流思想舆论；四是着力加强高校宣传思想阵地管理；五是切实加强党对高校宣传思想工作的领导。

中共中央宣传部中共教育部党组
关于加强和改进高校宣传思想工作队伍建设的意见

教党〔2015〕31号

各省、自治区、直辖市党委宣传部、党委教育工作部门、教育厅（教委），新疆生产建设兵团党委宣传部、教育局，教育部直属各高等学校党委：

为深入贯彻落实中共中央办公厅、国务院办公厅《关于进一步加强和改进新形势下高校宣传思想工作的意见》精神，切实加强高校宣传思想工作队伍建设，为推动高校宣传思想工作质量提升和创新发展提供坚强有力的组织保证，现提出如下意见。

一、加强和改进高校宣传思想工作队伍建设是一项战略性基础工程

1. 高校宣传思想工作队伍是党的宣传思想工作的一支重要力量。统筹推进高校党政干部和共青团干部、思想政治理论课教师和哲学社会科学课教师、辅导员和班主任、心理健康教育教师和学生骨干等宣传思想工作队伍建设，培育建设网络评论队伍，是全面落实新形势下高校宣传思想工作战略任务的基础工程。近年来，各地各高校采取有力措施，切实加强高校宣传思想工作队伍建设，为推动形成积极健康向上良好局面、促进高校改革发展稳定提供了有力的组织保证。同时，高校宣传思想工作队伍建设还存在亟待解决的突出问题，围绕新形势下高校在舆情研判、网络宣传、抵御渗透等重点难点工作，开展研究的针对性不够、队伍培训的有效性不强；缺乏有效调动队伍积极性主动性的鲜明激励导向和政策机制；学校宣传部门牵头抓总、各支队伍协力推进的工作机制尚不完善；一些高校在严格落实人员配备有关规定中还存在打折扣、搞变通等情况。加强队伍建设,坚持问题导向,创新方法举措,是新形势下加强和改进高校宣传思想工作一项重大而深远的战略任务。

二、加强和改进高校宣传思想工作队伍建设的总体要求

2. 指导思想。高举中国特色社会主义伟大旗帜,以邓小平理论、"三个代表"重要思想、科学发展观为指导,深入贯彻落实党的十八大和十八届三中、四中全会精神,深入贯彻落实习近平总书记系列重要讲话精神,按照"四个全面"战略布局,以加强思想理论建设为根本,以配齐建强队伍为重点,以提高工作能力为核心,以改革完善激励机制为保障,努力建设一支信念坚定、数量充足、结构合理、能力突出、勇于担当的高素质宣传思想工作队伍,为全面加强高校宣传思想工作,办好中国特色社会主义大学提供坚强有力的思想和组织保障。

3. 工作原则。(1)坚持党管宣传、强化责任。加强党对高校宣传思想工作的领导,认真履行管宣传、管意识形态重要责任,把讲政治、守纪律、有担当的要求落实到队伍建设全过程。(2)坚持德才兼备、全面发展。按照信念坚定、为民服务、勤政务实、敢于担当、清正廉洁好干部标准和"四有"好教师标准选人用人,努力使高校宣传思想工作队伍在思想政治素质上强起来,在业务能力上强起来。(3)坚持统筹规划、分类指导。遵循教育规律和人才成长规律,坚持问题导向,统筹队伍发展规划,统筹队伍思想政治素养和业务知识培训,统筹队伍发展保障体系建设,分层分类推进队伍科学发展。(4)坚持从严从实、改革创新。把"三严三实"要求贯彻到队伍建设中,坚持制度管权管事管人,大力推进选人用人和考核评价制度改革,努力形成能者上、庸者下、劣者汰的用人导向和干事创业环境,不断激发队伍创新创造活力。

三、加强和改进高校宣传思想工作队伍建设的重点任务

4. 配齐建强工作队伍。高校党委要把明晰宣传部门职能、加强宣传力量配备作为一项重点工作,进一步明确党委宣传部门在统筹意识形态工作、统筹推进培育和践行社会主义核心价值观、统筹校园文化建设、统筹新闻宣传舆论引导、统筹网络文化建设和管理、统筹教师思想政治工作等方面的职责任务,科学核定并合理配置人员,真正将宣传部门牵头抓总的职能要求落到实处。要把政治标准作为高校宣传思想工作人员聘用、考核的首要标准,把政治坚定和在理论上、笔头上、口才上有专长的优秀干部充实到宣传思想工作重要岗位。要切实落实党和国家关于配备思想政治理论课专任教师、专职辅导员和班主任、心理健康教育教师等方面的要求和规定,把配齐建强宣传思想工作队伍作为高校党委党建工作责任制督查、大学生思想政治教育工作质量测评等的重要内容。

5.提升队伍整体素质。高校党委要把宣传思想工作队伍建设纳入学校人才队伍建设计划和培训规划。按照政治上强起来的要求,健全政治理论经常性学习制度和定期轮训制度,确保每年集中政治理论教育时间不少于24学时;建立思想政治状况定期调查分析制度,准确把握队伍思想动态和学习需求,合理制定政治理论学习计划。要按照业务上强起来的要求,突出领军人才培养。在实施高等学校创新能力提升计划、遴选"四个一批"人才、推进高校新型智库建设等重点项目中,加大对马克思主义理论领军人才、思想政治教育中青年杰出人才的支持和扶持力度,培养一大批具有扎实理论功底和实践能力的高素质专业人才。强化骨干队伍建设。启动实施马克思主义理论学科领航计划、高校思想政治理论课教师国内访学计划,深入实施卓越新闻传播人才和高校网络文化建设骨干队伍培养计划等,组织开展宣传部门干部、共青团干部、网络评论队伍以及安全保卫工作队伍研修工作,努力培养一支忠诚于党的宣传思想工作事业的人才队伍。加强培训能力建设。健全完善国家示范培训、省级分批轮训、学校全员培训三级培训体系;继续抓好全国高校思想政治理论课教师社会实践研修基地、教育部辅导员培训和研修基地建设,重点建设10个左右国家级高校宣传思想工作队伍培训基地;积极运用网络新媒体开展培训,探索实用技能培训方法和教学模式改革,共建共享优质培训专家库。

6.改进加强网宣能力。要着力提升网络运用能力,遵循信息网络规律,把掌握运用微信、微博等新媒体操作技术作为宣传思想工作队伍的必备能力,练就运用"网言网语"参与网络文化建设管理的过硬本领。要着力增强网络舆论引导能力,培养训练主动设置议题、汇集研判网上思想动态、回应网上关切的方法手段,熟练掌握网上信息发布、报送和舆论引导工作规程,不断增强应对网络舆情突发事件的能力。要着力提高网络评论能力,以培育网络名编名师、开办网络名站名栏、发表网络名篇名作为载体,引导支持学术大师、教学名师、优秀导师积极参与网络评论,着力培育一大批网络宣传骨干人才。要切实增强网络信息安全管理能力,强化对网上有害信息的甄别、抵制、批判能力,学习掌握抵御防范网络攻击的技术规范和技巧。

7. 不断强化实践锻炼。要积极推动学校与学校之间、学校与地方之间、部门与院(系)之间的宣传思想工作干部交流任职,支持思想政治理论课教师和哲学社会科学教师与相关实务部门人员互相兼职。要制定完善社会实践和校外挂职办法,通过组织实施高校思想政治理论课教师社会实践研修活动、辅导员暑期"三下乡"社会实践活动、青年教师参加教育驻外工作和到孔子学院任教等,不断拓宽社会实践的途径。要加快推进志愿服务长效机制建设,规范师生志愿服务活动认证和登记,鼓励支持宣传思想工作队伍积极投身志愿服务活动。

8. 完善激励评价机制。要坚持重品德、重能力、重业绩、重服务的用人导向。坚持解决思想问题和实际问题相结合,加强人文关怀,完善激励政策,在校内分配制度改革中,认真研究宣传思想工作专兼职一线人员的工作量计算办法和津贴补贴标准,加大表彰激励力度,建立健全学校宣传思想工作队伍的表彰奖励办法。严格落实辅导员"双重身份、双线晋升"和辅导员专业技术职务单列指标、单设标准、单独评审政策。鼓励和支持专职宣传思想工作干部在职攻读学位、赴国内外研修、交流任职等,拓展职业发展空间和晋升通道。要积极探索建立优秀网络文章在科研成果统计、职务职称评聘方面的认定机制,不断形成吸引优秀人才参与网络文化建设的政策导向。

四、加强和改进高校宣传思想工作队伍建设的保障措施

9. 加强组织领导。各级党委和宣传、教育工作部门要高度重视高校宣传思想工作队伍建设,切实加强组织领导、统筹规划和督查落实。高校要按照加强力量配备、明确专岗专责、着眼优化结构的原则,结合学校实际,认真落实中央关于加强高校宣传思想工作领导的有关要求,协调推动党委宣传部门履行好宣传思想工作牵头抓总职能,把宣传思想工作经费纳入学校年度经费预算安排,不断完善经费支持政策和保障制度。院(系)党委(党总支)统筹负责院(系)宣传思想工作,并明确一名分管院(系)领导和一名宣传员,确保任务到岗、责任到人。

10. 强化责任落实。各级党委宣传、教育工作部门要定期督导高校推进宣传思想工作队伍建设的情况,并把这项工作纳入高校巡视和年度考核。各高校党委要强化政治责任和领导责任,把宣传思想工作列入党委工作重要内容,每学期都要专题研究意识形态工作和宣传思想工作队伍建设工作。要建立健全宣传思想工作目标管理责任制和检查评估制度,构建党委书记负总责,校长和分管副书记、其他班子成员"一岗双责",各有关部门和院(系)协调推进的工作机制,把宣传思想工作纳入学院和有关部门领导班子的考核当中,明确各级宣传思想工作队伍的目标任务和责任清单,做到有责必问、有责必查、有责必究。

中共中央宣传部　中共教育部党组
2015 年 9 月 9 日

☞ 重点提炼

1.加强和改进新形势下高校宣传思想工作队伍建设的基本原则有哪些?

(1)坚持党管宣传、强化责任。(2)坚持德才兼备、全面发展。(3)坚持统筹规划、分类指导。(4)坚持从严从实、改革创新。

2.加强和改进高校宣传思想工作队伍建设的重点任务是什么?

一是配齐建强工作队伍,二是提升队伍整体素质,三是改进加强网宣能力,四是不断强化实践锻炼,五是完善激励评价机制。

中共教育部党组关于印发
《高校思想政治工作质量提升工程实施纲要》的通知

教党〔2017〕62 号

各省、自治区、直辖市党委教育工作部门、教育厅(教委),新疆生产建设兵团教育局,部属各高等学校党委,部内各司局:

《高校思想政治工作质量提升工程实施纲要》已经部党组会议审议通过,现印发给你们,请结合实际认真贯彻执行。有关落实情况,请及时报告我部思想政治工作司。

中共教育部党组
2017 年 12 月 4 日

高校思想政治工作质量提升工程实施纲要

为认真学习贯彻党的十九大精神,进一步把贯彻落实全国高校思想政治工作会议和《中共中央国务院关于加强和改进新形势下高校思想政治工作的意见》精神引向深入,大力提升高校思想政治工作质量,特制定《高校思想政治工作质量提升工程实施纲要》(以下简称《实施纲要》)。

一、目标原则

1.总体目标。坚持以习近平新时代中国特色社会主义思想为指导,紧紧围绕统筹推进"五位一体"总体布局和协调推进"四个全面"战略布局,坚持和加强党的全面领导,充分发挥中国特色社会主义教育的育人优势,以立德树人为根本,以理想信念教育为核心,以社会主义核心价值观为引领,以全面提高人才培养能力为关键,强化基础、突出重点、建立规范、落实责任,一体化构建内容完善、标准健全、运行科学、保障有力、成效显著的高校思想政治工作质量体系,形成全员全过程全方位育人格局,切实提高工作亲和力和针对性,着力培养德智体美全面发展的社会主义建设者和接班人,着力培养担当民族复兴大任的时代新人,不断开创新时代高校思想政治工作新局面。

2.基本原则。(1)坚持育人导向,突出价值引领。全面统筹办学治校各领域、教育教学各环节、人才培养各方面的育人资源和育人力量,推动知识传授、能力培养与理想信念、价值理念、道德观念的教育有机结合,建立健全系统化育人长效机制。(2)坚持遵循规律,勇于改革创新。遵循思想政治工作规律、教书育人规律和学生成长规律,坚持以师生为中心,把握师生思想特点和发展需求,优化内容供给、改进工作方法、创新工作载体,激活高校思想政治工作内生动力。(3)坚持问题导向,注重精准施策。聚焦重点任务、重点群体、重点领域、重点区域、薄弱环节,强化优势、补齐短板,加强分类指导、着力因材施教,着力破解高校思想政治工作领域存在的不平衡不充分问题,不断提高师生的获得感。(4)坚持协同联动,强化责任落实。加强党对高校思想政治工作的领导,落实主体责任,建立党委统一领导、部门分工负责、全员协同参与的责任体系。加强督导考核,严肃追责问责,把"软指标"变成"硬约束"。

二、基本任务

充分发挥课程、科研、实践、文化、网络、心理、管理、服务、资助、组织等方面工作的育人功能,挖掘育人要素,完善育人机制,优化评价激励,强化实施保障,切实构建"十大"育人体系。

1.课程育人质量提升体系。大力推动以"课程思政"为目标的课堂教学改革,优化课程设置,修订专业教材,完善教学设计,加强教学管理,梳理各门专业课程所蕴含的思想政治教育元素和所承载的思想政治教育功能,融入课堂教学各环节,实现思想政治教育与知识体系教育的有机统一。

2.科研育人质量提升体系。发挥科研育人功能,优化科研环节和程序,完善科研评价标准,改进学术评价方法,促进成果转化应用,引导师生树立正确的政治方向、价值取向、学术导向,培养师生至诚报国的理想追求、敢为人先的科学精神、开拓创新的进取意识和严谨求实的科研作风。

3.实践育人质量提升体系。坚持理论教育与实践养成相结合,整合各类实践资源,强化项目管理,丰富实践内容,创新实践形式,拓展实践平台,完善支持机制,教育引导师生在亲身参与中增强实践能力、树立家国情怀。

4.文化育人质量提升体系。注重以文化人以文育人,深入开展中华优秀传统文化、革命文化、社会主义先进文化教育,推动中国特色社会主义文化繁荣兴盛,牢牢掌握高校意识形态工作领导权,践行和弘扬社会主义核心价值观,优化校风学风,繁荣校园文化,培育大学精神,建设优美环境,滋养师生心灵、涵育师生品行、引领社会风尚。

5.网络育人质量提升体系。大力推进网络教育,加强校园网络文化建设与管理,拓展网络平台,丰富网络内容,建强网络队伍,净化网络空间,优化成果评价,推动思想政治工作传统优势同信息技术高度融合,引导师生强化网络意识,树立网络思维,提升网络文明素养,创作网络文化产品,传播主旋律、弘扬正能量,守护好网络精神家园。

6.心理育人质量提升体系。坚持育心与育德相结合,加强人文关怀和心理疏导,深入构建教育教学、实践活动、咨询服务、预防干预、平台保障"五位一体"的心理健康教育工作格局,着力培育师生理性平和、积极向上的健康心态,促进师生心理健康素质与思想道德素质、科学文化素质协调发展。

7.管理育人质量提升体系。把规范管理的严格要求和春风化雨、润物无声的教育方式结合起来,加强教育立法,遵守大学章程,完善校规校纪,健全自律公约,加强法治教育,全面推进依法治教,促进教育治理能力和治理体系现代化,强化科学管理对道德涵育的保障功能,大力营造治理有方、管理到位、风清气正的育人环境。

8.服务育人质量提升体系。把解决实际问题与解决思想问题结合起来,围绕师生、关照师生、服务师生,把握师生成长发展需要,提供靶向服务,增强供给能力,积极帮助解决师生工作学习中的合理诉求,在关心人、帮助人、服务人中教育人、引导人。

9.资助育人质量提升体系。把"扶困"与"扶智","扶困"与"扶志"结合起来,建立国家资助、学校奖助、社会捐助、学生自助"四位一体"的发展型资助体系,构建物质帮助、道德浸润、能力拓展、精神激励有效融合的资助育人长效机制,实现无偿资助与有偿资助、显性资助与隐性资助的有机融合,形成"解困—育人—成才—回馈"的良性循环,着力培养受助学生自立自强、诚实守信、知恩感恩、勇于担当的良好品质。

10.组织育人质量提升体系。把组织建设与教育引领结合起来,强化高校各类组织的育人职责,增强工作活力、促进工作创新、扩大工作覆盖、提高辐射能力,发挥高校党委领导核心作用、院(系)党组织政治核心作用和基层党支部战斗堡垒作用,发挥工会、共青团、学生会、学生社团等组织的联系服务、团结凝聚师生的桥梁纽带作用,把思想政治教育贯穿各项工作和活动,促进师生全面发展。

三、主要内容

1.统筹推进课程育人。深入推动习近平新时代中国特色社会主义思想进教材、进课堂、进头脑。完善课程设置管理、课程标准和教案评价制度,实施高校课程体系和教育教学创新计划,推动面向全体学生开设提高思想品德、人文素养、认知能力的哲学社会科学课程,创新高校思想政治理论课建设体系。修订各类专业教材,加强课堂教学设计,推进马克思主义理论研究和建设工程教材、思想政治理论课统编教材编写修订,研制课程育人指导意见,充分挖掘和运用各门课程蕴含的思想政治教育元素,作为教材讲义必要章节、课堂讲授重要内容和学生考核关键知识。发挥专业教师课程育人的主体作用,健全课程育人管理、运行体制,将课程育人作为教师思想政治工作的重要环节,作为教学督导和教师绩效考核的重要方面。加强教材使用和课堂教学管理,建立哲学社会科学专业核心课程教材目录,研制引进教材选用管理办法,建立国家优秀教材评选奖励制度,制定高校课堂教学管理指导意见,明确课堂教学的纪律要求。培育选树一批"学科育人示范课程",建立一批"课程思政研究中心"。

2.着力加强科研育人。改进科研环节和程序,把思想价值引领贯穿选题设计、科研立项、项目研究、成果运用全过程,把思想政治表现作为组建科研团队的底线要求。完善科研评价标准,改进学术评价方法,健全具有中国特色的学术评价标准和科研成果评价办法,构建集教育、预防、监督、惩治于一体的学术诚信体系,治理遏制学术研究、科研成果不良倾向,组织编写师生学术规范与学术道德读本,在本科生中开设相关专题讲座,在研究生中开设相应公选课程。健全优秀成果评选推广机制,服务国家和区域经济发展,促进全社会思想文化建设。培养师生科学精神和创新意识,实施科研创新团队培育支持计划、科教协同育人计划、产学研合作协同育人计划等项目,引导师生积极参与科技创新团队和科研创新训练,及时掌握科技前沿动态,培养集体攻关、联合攻坚的团队精神和协作意识。加大学术名家、优秀学术团队先进事迹的宣传教育力度。大力培育全国高校黄大年式教师团队,培养选树一批科研育人示范项目、示范团队。

3. 扎实推动实践育人。整合实践资源,拓展实践平台,依托高新技术开发区、大学科技园、城市社区、农村乡镇、工矿企业、爱国主义教育场所等,建立多种形式的社会实践、创业实习基地。丰富实践内容,创新实践形式,广泛开展社会调查、生产劳动、社会公益、志愿服务、科技发明、勤工助学等社会实践活动,深入开展好大学生暑期"三下乡""志愿服务西部计划"等传统经典项目,组织实施好"牢记时代使命,书写人生华章""百万师生追寻习近平总书记成长足迹""百万师生重走复兴之路""百万师生'一带一路'社会实践专项行动"等新时代社会实践精品项目,探索开展师生志愿服务评价认证。深入推进实践教学改革,分类制订实践教学标准,适度增加实践教学比重,原则上哲学社会科学类专业实践教学不少于总学分(学时)的15%,理工农医类专业不少于25%。加强创新创业教育,开发专门课程,健全课程体系,实施"大学生创新创业训练计划",支持学生成立创新创业类社团。完善支持机制,推动专业课实践教学、社会实践活动、创新创业教育、志愿服务、军事训练等载体有机融合,形成实践育人统筹推进工作格局,构建"党委统筹部署、政府扎实推动、社会广泛参与、高校着力实施"的实践育人协同体系。培育建设一批实践育人与创新创业示范基地。

4. 深入推进文化育人。推进中华优秀传统文化教育,实施"中华经典诵读工程""中国传统节日振兴工程",开展"礼敬中华优秀传统文化""戏曲进校园"等文化建设活动,展示一批体育艺术文化成果,建设一批文化传承基地,引导高雅艺术、非物质文化、民族民间优秀文化走近师生。挖掘革命文化的育人内涵,实施"革命文化教育资源库建设工程",开展"传承红色基因、担当复兴重任"主题教育活动,组织编排展演一批以革命先驱为原型的舞台剧、以革命精神为主题的歌舞音乐、以革命文化为内涵的网络作品;有效利用重大纪念日契机和重点文化基础设施开展革命文化教育。开展社会主义先进文化教育,开展高校师生社会主义核心价值观主题教育活动,推广展示一批社会主义核心价值观教育典型案例,选树宣传一批践行社会主义核心价值观先进典型。大力繁荣校园文化,创新校园文化品牌,挖掘校史校风校训校歌的教育作用,推进"一校一品"校园文化建设,引导高校建设特色校园文化;实施"高校原创文化经典推广行动计划",支持师生原创歌剧、舞蹈、音乐、影视等文艺精品扩大影响力和辐射力;广泛开展"我的中国梦"等主题教育活动,推选展示一批高校校园文化建设优秀成果。建设美丽校园,制作发布高校优秀人文景观、自然景观名录,推动实现校园山、水、园、林、路、馆建设达到使用、审美、教育功能的和谐统一。广泛开展文明校园创建,评选"全国文明校园",把高校建设成为社会主义精神文明高地。

5. 创新推动网络育人。加强工作统筹,建设高校思想政治工作网,打造信息发布、工作交流和数据分析平台,加强高校思想政治工作信息管理系统共建与资源互享。强化网络意识,提高建网用网管网能力,加强师生网络素养教育,编制《高校师生网络素养指南》,引导师生增强网络安全意识,遵守网络行为规范,养成文明网络生活方式。拓展网络平台,发挥全国高校校园网站联盟作用,推动"易班"和中国大学生在线全国共建,推选展示一批校园网络名站名栏,引领建设校园网络新媒体矩阵。丰富网络内容,开展"大学生网络文化节""高校网络育人优秀作品推选展示""网络文明进校园"等网络文化建设活动,推广展示一批"网络名篇名作"。优化成果评价,建设"高校网络文化研究评价中心",建立网络文化成果评价认证体系,推动将优秀网络文化成果纳入高校科研成果统计、列为教师职务职称评聘条件、作为师生评奖评优依据。培养网络力量,实施"网络教育名师培育支持计划""校园好网民培养选树计划",建设一支政治强、业务精、作风硬的网络工作队伍。

6. 大力促进心理育人。加强知识教育,把心理健康教育课程纳入学校整体教学计划,组织编写大学生心理健康教育示范教材,开发建设《大学生心理健康》等在线课程,实现心理健康知识教育全覆盖。开展宣传活动,举办"5·25"大学生心理健康节等品牌活动,充分利用网络、广播、微信公众号、App等媒体,营造心理健康教育良好氛围,提高师生心理保健能力。强化咨询服务,提高心理健康教育咨询与服务中心建设水平,按照师生比不低于1：4000配备心理健康教育专业教师,每校至少配备2名专业教师。加强预防干预,推广应用《中国大学生心理健康筛查量表》"中国大学生心理健康网络测评系统",提高心理健康素质测评覆盖面和科学性;建立学校、院系、班级、宿舍"四级"预警防控体系,完善心理危机干预工作预案,建立转介诊疗机制,提升工作前瞻性、针对性。完善工作保障,研制高校师生心理健康教育指导意见,保证生均经费投入和心理咨询辅导专用场地面积,建设校内外心理健康教育素质拓展培养基地,培育建设一批"高校心理健康教育示范中心"。

7.切实强化管理育人。完善教育法律法规体系,加快制(修)订教育规章,保障师生员工合法权益。健全依法治校、管理育人制度体系,结合大学章程、校规校纪、自律公约修订完善,研究梳理高校各管理岗位的育人元素,编制岗位说明书,明确管理育人的内容和路径,丰富完善不同岗位、不同群体公约体系,引导师生培育自觉、强化自律。加强干部队伍管理,按照社会主义政治家、教育家要求和好干部标准,选好配强各级领导干部和领导班子,制定管理干部培训五年规划,提高各类管理干部育人能力。加强教师队伍管理,严把教师聘用、人才引进政治考核关,依法依规加大对各类违反师德和学术不端行为查处力度,及时纠正不良倾向和问题。加强经费使用管理,科学编制经费预算,确保教育经费投入的育人导向。强化保障功能,健全依法治校评价指标体系,深入开展依法治校创建活动。把育人功能发挥纳入管理岗位考核评价范围,作为评奖评优条件。培育一批"管理育人示范岗",引导管理干部用良好的管理模式和管理行为影响和培养学生。

8.不断深化服务育人。强化育人要求,研究梳理各类服务岗位所承载的育人功能,并作为工作的职责要求,体现在聘用、培训、考核等各环节。明确育人职能,在后勤保障服务中,持续开展"节粮节水节电""节能宣传周"等主题教育活动,推动高校节约型校园建设建档,大力建设绿色校园,实施后勤员工素质提升计划,切实提高后勤保障水平和服务育人能力。在图书资料服务中,建设文献信息资源体系和服务体系,优化服务空间,注重用户体验,提高馆藏利用率和服务效率,开展信息素质教育,引导师生尊重和保护知识产权,维护信息安全。在医疗卫生服务中,制订健康教育教学计划,开展传染病预防、安全应急与急救等专题健康教育活动,培养师生公共卫生意识和卫生行为习惯。在安全保卫服务中,加强人防物防技防建设,全面开展安全教育,提高安保效能,培养师生安全意识和法制观念。增强供给能力,建设校园综合信息服务系统,充分满足师生学习、生活、工作中的合理需求。加强监督考核,落实服务目标责任制,把服务质量和育人效果作为评价服务岗位效能的依据和标准。选树一批服务育人先进典型模范,培育一批高校"服务育人示范岗"。

9. 全面推进资助育人。加强资助工作顶层设计,建立资助管理规范,完善勤工助学管理办法,构建资助对象、资助标准、资金分配、资金发放协调联动的精准资助工作体系。精准认定家庭经济困难学生,健全四级资助认定工作机制,采用家访、大数据分析和谈心谈话等方式,合理确定认定标准,建立家庭经济困难学生档案,实施动态管理。坚持资助育人导向,在奖学金评选发放环节,全面考察学生的学习成绩、创新发展、社会实践及道德品质等方面的综合表现,培养学生奋斗精神和感恩意识。在国家助学金申请发放环节,深入开展励志教育和感恩教育,培养学生爱党爱国爱社会主义意识。在国家助学贷款办理过程中,深入开展诚信教育和金融常识教育,培养学生法律意识、风险防范意识和契约精神。在勤工助学活动开展环节,着力培养学生自强不息、创新创业的进取精神。在基层就业、应征入伍学费补偿贷款代偿等工作环节中,培育学生树立正确的成才观和就业观。创新资助育人形式,实施"发展型资助的育人行动计划""家庭经济困难学生能力素养培育计划",开展"助学·筑梦·铸人""诚信校园行"等主题教育活动,组织国家奖学金获奖学生担任"学生资助宣传大使"。培育建设一批"发展型资助的育人示范项目",推选展示资助育人优秀案例和先进人物。

10. 积极优化组织育人。发挥各级党组织的育人保障功能,进一步理顺高校党委的领导体制机制,明确高校党委职责和决策机制,健全和完善高校党委领导下的校长负责制,推动学校各级党组织自觉担负起管党治党、办学治校、育人育才的主体责任。启动实施高校党建工作评估,全面推开校、院(系)党组织书记抓基层党建述职评议。实施教师党支部书记"双带头人"培育工程,分中央和地方两级开展示范培训。实施"高校基层党建对标争先计划",开展"不忘初心、牢记使命"主题教育,遴选培育全国百个院(系)党建工作标杆,培育建设一批先进基层党组织,培养选树一批优秀共产党员、优秀党务工作者,创建示范性网上党建园地,推选展示一批党的建设优秀工作案例。发挥各类群团组织的育人纽带功能,推动工会、共青团、学生会等群团组织创新组织动员、引领教育的载体与形式,更好地代表师生、团结师生、服务师生,支持各类师生社团开展主题鲜明、健康有益、丰富多彩的活动,充分发挥教研室、学术梯队、班级、宿舍在师生成长中的凝聚、引导、服务作用。培育建设一批文明社团、文明班级、文明宿舍。

四、实施保障

1.强化改革驱动。推动"三全育人"综合改革,遴选部分工作基础较好的省(区、市)和高校作为"三全育人"综合改革试点。在省级层面,整合育人资源,统筹发挥校内外自然资源、红色资源、文化资源、体育资源、科技资源、国防资源和企事业单位资源的育人功能,带动支持在本地区打造"三全育人共同体",形成学校、家庭和社会教育有机结合的协同育人机制。在学校层面,以《实施纲要》所涵盖的"十大育人体系"为基础,系统梳理归纳各个群体、各个岗位的育人元素,并作为职责要求和考核内容融入整体制度设计和具体操作环节,推动全体教职员工把工作的重音和目标落在育人成效上,切实打通"三全育人"的最后一公里,形成可转化、可推广的一体化育人制度和模式。

2.搭建工作平台。建设高校思想政治工作创新发展中心,依托部分省(区、市)和高校建设一批理论和实践研究中心,推动开展党的建设、思想政治教育、意识形态工作、维护安全稳定等方面的理论创新和实践探索。建设省级高校网络思想政治工作中心,支持各省(区、市)建设本地区网络思想政治工作中心,推动各地整合网络建设管理资源,深入开展网络意识形态研判分析、网络舆情研究引导、师生思想政治状况调查、网络文化产品创作生产等工作,统筹推动"易班"和中国大学生在线全国共建共享。建设高校思想政治工作队伍培训研修中心,依托部分省(区、市)教育工作部门和高校建设队伍培训研修中心,以强化理论武装、提升政治引领为重点,组织开展线上线下培训、高级访问研修、学历学位教育、课程体系研发、思政文库建设等工作,不断提高培训研修的覆盖面和受益率,推动理论研究和实践探索成果转化应用。

3.建强工作队伍。完善教师评聘和考核机制,把政治标准放在首位,严格教师资格和准入制度。在教师教学评价、职务(职称)评聘、评优奖励中,把思想政治表现和育人功能发挥作为首要指标,引导广大教师不忘立德树人初心,牢记人才培养使命,将更多精力投入到教书育人工作上。加强专门力量建设,推动中央关于高校思想政治工作队伍和党务工作队伍建设的政策要求和量化指标落地。大力培育领军人才,在"长江学者奖励计划"中,加大对思想政治教育相关领域高层次人才倾斜支持力度。加大培养培训力度,开展高校思想政治工作队伍国家示范培训,遴选骨干队伍参加海内外访学研修、在职攻读博士学位。强化项目支持引领,实施"高校思想政治工作中青年杰出人才支持计划",支持出版理论和实践研究专著,培育一批高校思想政治工作精品项目,建设一批高校思想政治工作名师工作室。

4.强化组织保障。成立高校思想政治工作委员会,加强工作统筹、决策咨询和评估督导。设立高校思想政治工作经费专项,保证《实施纲要》各项目顺利实施。健全高校思想政治工作质量评价机制,研究制定高校思想政治工作评价指标体系,创新评价方式,探索引进第三方评价机构。强化高校思想政治工作督导考核,把加强和改进高校思想政治工作纳入高校巡视、"双一流"建设、教学科研评估范围,作为各级党组织和党员干部工作考核的重要内容。各地各高校结合实际,将《实施纲要》实施纳入整体发展规划和年度工作计划,明确路线图、时间表、责任人。

☞ 重点提炼

1.高校思想政治工作质量提升工程实施纲要的基本原则有哪些?

(1)坚持育人导向,突出价值引领。(2)坚持遵循规律,勇于改革创新。(3)坚持问题导向,注重精准施策。(4)坚持协同联动,强化责任落实。

2.《纲要》指出,高校思想政治工作质量提升工程的基本任务有哪些?

充分发挥课程、科研、实践、文化、网络、心理、管理、服务、资助、组织等方面工作的育人功能,挖掘育人要素,完善育人机制,优化评价激励,强化实施保障,切实构建课程育人、科研育人、实践育人、文化育人、网络育人、心理育人、管理育人、服务育人、资助育人、组织育人十大育人质量提升体系。

3.《纲要》指出,高校思想政治工作质量提升工程的主要内容有哪些?

(1)统筹推进课程育人;(2)着力加强科研育人;(3)扎实推动实践育人;(4)深入推进文化育人;(5)创新推动网络育人;(6)大力促进心理育;(7)切实强化管理育人;(8)不断深化服务育人;(9)全面推进资助育人;(10)积极优化组织育人。

普通高等学校辅导员队伍建设规定

中华人民共和国教育部令第 43 号

《普通高等学校辅导员队伍建设规定》已于 2017 年 8 月 31 日经教育部 2017 年第 32 次部长办公会议修订通过。现将修订后的《普通高等学校辅导员队伍建设规定》公布,自 2017 年 10 月 1 日起施行。

教育部部长　陈宝生
2017 年 9 月 21 日

普通高等学校辅导员队伍建设规定

第一章　总则

第一条　为深入贯彻落实全国高校思想政治工作会议精神和《中共中央国务院关于加强和改进新形势下高校思想政治工作的意见》,切实加强高等学校辅导员队伍专业化职业化建设,依据《高等教育法》等有关法律法规,制定本规定。

第二条　辅导员是开展大学生思想政治教育的骨干力量,是高等学校学生日常思想政治教育和管理工作的组织者、实施者、指导者。辅导员应当努力成为学生成长成才的人生导师和健康生活的知心朋友。

第三条　高等学校要坚持把立德树人作为中心环节,把辅导员队伍建设作为教师队伍和管理队伍建设的重要内容,整体规划、统筹安排,不断提高队伍的专业水平和职业能力,保证辅导员工作有条件、干事有平台、待遇有保障、发展有空间。

第二章　要求与职责

第四条　辅导员工作的要求是:恪守爱国守法、敬业爱生、育人为本、终身学习、为人师表的职业守则;围绕学生、关照学生、服务学生,把握学生成长规律,不断提高学生思想水平、政治觉悟、道德品质、文化素养;引导学生正确认识世界和中国发展大势、正确认识中国特色和国际比较、正确认识时代责任和历史使命、正确认识远大抱负和脚踏实地,成为又红又专、德才兼备、全面发展的中国特色社会主义合格建设者和可靠接班人。

第五条　辅导员的主要工作职责是:

(一)思想理论教育和价值引领。引导学生深入学习习近平总书记系列重要讲话精神和治国理政新理念新思想新战略,深入开展中国特色社会主义、中国梦宣传教育和社会主义核心价值观教育,帮助学生不断坚定中国特色社会主义道路自信、理论自信、制度自信、文化自信,牢固树立正确的世界观、人生观、价值观。掌握学生思想行为特点及思想政治状况,有针对性地帮助学生处理好思想认识、价值取向、学习生活、择业交友等方面的具体问题。

(二)党团和班级建设。开展学生骨干的遴选、培养、激励工作,开展学生入党积极分子培养教育工作,开展学生党员发展和教育管理服务工作,指导学生党支部和班团组织建设。

(三)学风建设。熟悉了解学生所学专业的基本情况,激发学生学习兴趣,引导学生养成良好的学习习惯,掌握正确的学习方法。指导学生开展课外科技学术实践活动,营造浓厚学习氛围。

(四)学生日常事务管理。开展入学教育、毕业生教育及相关管理和服务工作。组织开展学生军事训练。组织评选各类奖学金、助学金。指导学生办理助学贷款。组织学生开展勤工俭学活动,做好学生困难帮扶。为学生提供生活指导,促进学生和谐相处、互帮互助。

(五)心理健康教育与咨询工作。协助学校心理健康教育机构开展心理健康教育,对学生心理问题进行初步排查和疏导,组织开展心理健康知识普及宣传活动,培育学生理性平和、乐观向上的健康心态。

(六)网络思想政治教育。运用新媒体新技术,推动思想政治工作传统优势与信息技术高度融合。构建网络思想政治教育重要阵地,积极传播先进文化。加强学生网络素养教育,积极培养校园好网民,引导学生创作网络文化作品,弘扬主旋律,传播正能量。创新工作路径,加强与学生的网上互动交流,运用网络新媒体对学生开展思想引领、学习指导、生活辅导、心理咨询等。

(七)校园危机事件应对。组织开展基本安全教育。参与学校、院(系)危机事件工作预案制定和执行。对校园危机事件进行初步处理,稳定局面控制事态发展,及时掌握危机事件信息并按程序上报。参与危机事件后期应对及总结研究分析。

(八)职业规划与就业创业指导。为学生提供科学的职业生涯规划和就业指导以及相关服务,帮助学生树立正确的就业观念,引导学生到基层、到西部、到祖国最需要的地方建功立业。

(九)理论和实践研究。努力学习思想政治教育的基本理论和相关学科知识,参加相关学科领域学术交流活动,参与校内外思想政治教育课题或项目研究。

第三章　配备与选聘

第六条　高等学校应当按总体上师生比不低于1∶200的比例设置专职辅导员岗位,按照专兼结合、以专为主的原则,足额配备到位。

专职辅导员是指在院(系)专职从事大学生日常思想政治教育工作的人员,包括院(系)党委(党总支)副书记、学工组长、团委(团总支)书记等专职工作人员,具有教师和管理人员双重身份。高等学校应参照专任教师聘任的待遇和保障,与专职辅导员建立人事聘用关系。

高等学校可以从优秀专任教师、管理人员、研究生中选聘一定数量兼职辅导员。兼职辅导员工作量按专职辅导员工作量的三分之一核定。

第七条　辅导员应当符合以下基本条件:

(一)具有较高的政治素质和坚定的理想信念,坚决贯彻执行党的基本路线和各项方针政策,有较强的政治敏感性和政治辨别力;

（二）具备本科以上学历，热爱大学生思想政治教育事业，甘于奉献，潜心育人，具有强烈的事业心和责任感；

（三）具有从事思想政治教育工作相关学科的宽口径知识储备，掌握思想政治教育工作相关学科的基本原理和基础知识，掌握思想政治教育专业基本理论、知识和方法，掌握马克思主义中国化相关理论和知识，掌握大学生思想政治教育工作实务相关知识，掌握有关法律法规知识；

（四）具备较强的组织管理能力和语言、文字表达能力，及教育引导能力、调查研究能力，具备开展思想理论教育和价值引领工作的能力；

（五）具有较强的纪律观念和规矩意识，遵纪守法，为人正直，作风正派，廉洁自律。

第八条 辅导员选聘工作要在高等学校党委统一领导下进行，由学生工作部门、组织、人事、纪检等相关部门共同组织开展。根据辅导员基本条件要求和实际岗位需要，确定具体选拔条件，通过组织推荐和公开招聘相结合的方式，经过笔试、面试、公示等相关程序进行选拔。

第九条 青年教师晋升高一级专业技术职务（职称），须有至少一年担任辅导员或班主任工作经历并考核合格。高等学校要鼓励新入职教师以多种形式参与辅导员或班主任工作。

第四章　发展与培训

第十条 高等学校应当制定专门办法和激励保障机制，落实专职辅导员职务职级"双线"晋升要求，推动辅导员队伍专业化职业化建设。

第十一条 高等学校应当结合实际，按专任教师职务岗位结构比例合理设置专职辅导员的相应教师职务岗位，专职辅导员可按教师职务（职称）要求评聘思想政治教育学科或其他相关学科的专业技术职务（职称）。

专职辅导员专业技术职务（职称）评聘应更加注重考察工作业绩和育人实效，单列计划、单设标准、单独评审。将优秀网络文化成果纳入专职辅导员的科研成果统计、职务（职称）评聘范围。

第十二条 高等学校可以成立专职辅导员专业技术职务（职称）聘任委员会，具体负责本校专职辅导员专业技术职务（职称）聘任工作。聘任委员会一般应由学校党委有关负责人、学生工作、组织人事、教学科研部门负责人、相关学科专家等人员组成。

第十三条 高等学校应当制定辅导员管理岗位聘任办法,根据辅导员的任职年限及实际工作表现,确定相应级别的管理岗位等级。

第十四条 辅导员培训应当纳入高等学校师资队伍和干部队伍培训整体规划。

建立国家、省级和高等学校三级辅导员培训体系。教育部设立高等学校辅导员培训和研修基地,开展国家级示范培训。省级教育部门应当根据区域内现有高等学校辅导员规模数量设立辅导员培训专项经费,建立辅导员培训和研修基地,承担所在区域内高等学校辅导员的岗前培训、日常培训和骨干培训。高等学校负责对本校辅导员的系统培训,确保每名专职辅导员每年参加不少于 16 个学时的校级培训,每 5 年参加 1 次国家级或省级培训。

第十五条 省级教育部门、高等学校要积极选拔优秀辅导员参加国内国际交流学习和研修深造,创造条件支持辅导员到地方党政机关、企业、基层等挂职锻炼,支持辅导员结合大学生思想政治教育的工作实践和思想政治教育学科的发展开展研究。高等学校要鼓励辅导员在做好工作的基础上攻读相关专业学位,承担思想政治理论课等相关课程的教学工作,为辅导员提升专业水平和科研能力提供条件保障。

第十六条 高等学校要积极为辅导员的工作和生活创造便利条件,应根据辅导员的工作特点,在岗位津贴、办公条件、通讯经费等方面制定相关政策,为辅导员的工作和生活提供必要保障。

第五章 管理与考核

第十七条 高等学校辅导员实行学校和院(系)双重管理。

学生工作部门牵头负责辅导员的培养、培训和考核等工作,同时要与院(系)党委(党总支)共同做好辅导员日常管理工作。院(系)党委(党总支)负责对辅导员进行直接领导和管理。

第十八条 高等学校要根据辅导员职业能力标准,制定辅导员工作考核的具体办法,健全辅导员队伍的考核评价体系。对辅导员的考核评价应由学生工作部门牵头,组织人事部门、院(系)党委(党总支)和学生共同参与。考核结果与辅导员的职务聘任、奖惩、晋级等挂钩。

第十九条 教育部在全国教育系统先进集体和先进个人表彰中对高校优秀辅导员进行表彰。各地教育部门和高等学校要结合实际情况建立辅导员单独表彰体系并将优秀辅导员表彰奖励纳入各级教师、教育工作者表彰奖励体系中。

第六章 附则

第二十条 本规定适用于普通高等学校辅导员队伍建设。其他类型高等学校的辅导员队伍建设或思想政治工作其他队伍建设可以参照本规定执行。

第二十一条 高等学校要根据本规定,结合实际制定相关实施细则,并报主管教育部门备案。

第二十二条 本规定自 2017 年 10 月 1 日起施行。原《普通高等学校辅导员队伍建设规定》同时废止。

☞ 重点提炼

1.高校辅导员的定义?

辅导员是开展大学生思想政治教育的骨干力量,是高等学校学生日常思想政治教育和管理工作的组织者、实施者、指导者。辅导员应当努力成为学生成长成才的人生导师和健康生活的知心朋友。

2.教育部 43 号令中,对辅导员工作提出哪些要求?

恪守爱国守法、敬业爱生、育人为本、终身学习、为人师表的职业守则;围绕学生、关照学生、服务学生,把握学生成长规律,不断提高学生思想水平、政治觉悟、道德品质、文化素养;引导学生正确认识世界和中国发展大势、正确认识中国特色和国际比较、正确认识时代责任和历史使命、正确认识远大抱负和脚踏实地,成为又红又专、德才兼备、全面发展的中国特色社会主义合格建设者和可靠接班人。

3.教育部43号令规定,辅导员的主要工作职责是什么?

一是思想理论教育和价值引领。二是党团和班级建设。三是学风建设。四是学生日常事务管理。五是心理健康教育与咨询工作。六是网络思想政治教育。七是校园危机事件应对。八是职业规划与就业创业指导。九是理论和实践研究。

4.教育部43号令规定,辅导员应当符合哪些基本条件?

(1)具有较高的政治素质和坚定的理想信念,坚决贯彻执行党的基本路线和各项方针政策,有较强的政治敏感性和政治辨别力;

(2)具备本科以上学历,热爱大学生思想政治教育事业,甘于奉献,潜心育人,具有强烈的事业心和责任感;

(3)具有从事思想政治教育工作相关学科的宽口径知识储备,掌握思想政治教育工作相关学科的基本原理和基础知识,掌握思想政治教育专业基本理论、知识和方法,掌握马克思主义中国化相关理论和知识,掌握大学生思想政治教育工作实务相关知识,掌握有关法律法规知识;

(4)具备较强的组织管理能力和语言、文字表达能力,及教育引导能力、调查研究能力,具备开展思想理论教育和价值引领工作的能力;

(5)具有较强的纪律观念和规矩意识,遵纪守法,为人正直,作风正派,廉洁自律。

教育部关于印发
《高等学校辅导员职业能力标准（暂行）》的通知

教思政〔2014〕2号

　　各省、自治区、直辖市教育厅（教委），新疆生产建设兵团教育局，部属各高等学校：

　　为贯彻落实教育规划纲要和《普通高等学校辅导员培训规划（2013—2017年）》（教党〔2013〕9号）精神，构建高校辅导员队伍能力标准体系，推动高校辅导员队伍专业化职业化建设，现将我部制定的《高等学校辅导员职业能力标准（暂行）》（以下简称《能力标准》）印发给你们，请结合实际认真贯彻执行。

　　各地教育部门、高等学校要把贯彻落实《能力标准》作为加强高校辅导员队伍建设的重要任务和举措，精心组织实施。要采取多种形式组织开展《能力标准》学习宣传活动，帮助广大高校辅导员深刻理解《能力标准》的基本理念，准确把握《能力标准》的主要内容，全面落实《能力标准》的各项要求，把《能力标准》作为提高自身专业发展水平的行为准则。要紧密结合实际，抓紧制订贯彻落实《能力标准》的具体措施，及时调整和完善高校辅导员培养培训方案、工作职能设置、考评考核指标等，努力将高校辅导员队伍建设提升到新水平。

教育部

2014年3月25日

高等学校辅导员职业能力标准(暂行)

为进一步加强高校辅导员队伍建设,推动高校辅导员队伍专业化、职业化发展,提升大学生思想政治教育工作质量,特制定本标准。

高校辅导员是履行高等学校学生工作职责的专业人员,要经过系统的培养与培训,具有良好的职业道德,掌握系统的专业知识和专业技能。本标准是国家对合格高校辅导员专业素质的基本要求,是高校辅导员开展学生工作的基本规范,是引领高校辅导员专业化职业化发展的基本准则,是高校辅导员培养、准入、培训、考核等工作的基本依据。

制定和实施本标准,一是为了进一步增强辅导员职业的社会认同,建立辅导员职业相对独立的知识和理论体系,确立辅导员职业概念,提升辅导员职业地位和职业公信力,逐步增强广大师生和全社会对辅导员工作的职业认同;二是为了进一步强化辅导员队伍建设的政策导向,为各级部门推进辅导员队伍建设提供基本依据,推动各级部门进一步制定完善辅导员队伍准入、考核、培养、发展、退出机制;三是为了进一步充实丰富辅导员工作的专业内涵,引导辅导员系统学习职业相关理论知识、法律法规、政策制度等,为辅导员主动提升专业素养和职业能力指出路径和方向;四是为了进一步规范辅导员的工作范畴,逐步明晰辅导员的岗位职责和工作边界,增强辅导员的职业自信心和职业归属感。

1. 职业概况

1.1　职业名称

高等学校辅导员。

1.2　职业定义

辅导员是高等学校教师队伍和管理队伍的重要组成部分,具有教师和干部的双重身份。辅导员是开展大学生思想政治教育的骨干力量,是高校学生日常思想政治教育和管理工作的组织者、实施者和指导者。辅导员应当努力成为学生的人生导师和健康成长的知心朋友。

1.3　职业等级

本职业共分为三个等级,分别为:初级、中级、高级。

1.4　职业能力特征

政治强、业务精、纪律严、作风正。具备思想政治教育工作相关学科的宽口径知识储备。具备较强的组织管理能力和语言、文字表达能力,及教育引导能力、调查研究能力等。

1.5 基本文化程度

大学本科以上学历。

1.6 政治面貌要求

中国共产党党员。

1.7 培训要求

1.7.1 培训期限

根据学校的专业培养目标和教学培训计划,定期参加思想政治教育培训。基本培训期限:入职培训不少于 40 标准学时(10 天);中级不少于 48 标准学时(16 学时/年,3 年 12 天);高级不少于 128 标准学时(16 学时/年,8 年 32 天)。

1.7.2 培训师资

培训高校辅导员的教师应具有相关专业副高级以上专业技术职务或副处级以上职级,并具有较高的思想政治教育及相关专业学术水平、理论修养和丰富的实践经验。

1.7.3 培训场地设备

满足教学需要的标准多媒体教室、报告厅和实践场所。

2.基本要求

2.1 职业守则

(1)爱国守法。热爱祖国,热爱人民,拥护中国共产党的领导,拥护中国特色社会主义制度。遵守宪法和法律法规,贯彻党的教育方针,依法履行教育职责,维护校园和谐稳定。不得有损害党和国家利益以及不利于学生健康成长的言行。

(2)敬业爱生。热爱党的教育事业,树立崇高职业理想,以献身教育事业、引领学生思想和服务学生成长为己任。真心关爱学生,严格要求学生,公正对待学生。不得损害学生和学校的合法权益。在职责范围内,不得拒绝学生的合理要求。

(3)育人为本。把握思想政治教育规律和大学生成长规律,引导学生树立正确的世界观、人生观和价值观。增强学生社会责任感、创新精神和实践能力。尊重学生独立人格和个人隐私,保护学生自尊心、自信心和进取心,促进学生全面发展,努力培养社会主义合格建设者和可靠接班人。

（4）终身学习。坚持终身学习，勇于开拓创新，主动学习思想政治教育理论、方法及相关学科知识，积极开展理论研究和实践探索，参与社会实践和挂职锻炼，不断拓展工作视野，努力提高职业素养和职业能力。

（5）为人师表。学为人师，行为世范。模范遵守社会公德，引领社会风尚，以高尚品行和人格魅力教育感染学生。不得有损害职业声誉的行为。

2.2　职业知识

2.2.1　基础知识

具备宽广的知识储备，了解马克思主义理论、哲学、政治学、教育学、社会学、心理学、管理学、伦理学、法学等学科的基本原理和基础知识。

2.2.2　专业知识

思想政治教育专业基本理论、基本知识、基本方法：

（1）思想政治道德观教育；

（2）思想政治教育学原理；

（3）思想政治教育史；

（4）思想政治教育方法论；

（5）思想政治教育心理学和心理健康教育相关知识与技能；

（6）比较思想政治教育。

马克思主义中国化相关理论及知识：

（7）毛泽东思想相关理论；

（8）中国特色社会主义理论体系；

（9）社会主义核心价值体系；

（10）中华人民共和国史；

（11）中国共产党党史。

大学生思想政治教育工作实务相关知识：

（12）党的创新理论教育相关知识；

（13）大学生党团、班级建设的相关知识；

（14）职业生涯规划与就业指导相关知识；

（15）困难资助、奖罚管理等学生日常事务管理内容、知识；

（16）校园文化建设、社会实践等学生日常思想政治教育的知识；

（17）网络思想政治教育相关知识；

（18）危机事件、突发事件应对与管控的相关知识。

2.2.3　法律法规知识

《中华人民共和国教育法》《中华人民共和国高等教育法》《中华人民共和国教师法》《中华人民共和国学位条例》《中华人民共和国学位条例暂行实施办法》《中华人民共和国精神卫生法》《中共中央国务院关于进一步加强和改进大学生思想政治教育的意见》《普通高等学校辅导员队伍建设规定》《普通高等学校学生管理规定》《国家教育考试违规处理办法》《学生伤害事故处理办法》等与大学生思想政治教育相关的法律法规条文规定。

3.职业能力标准

本标准对初级、中级、高级辅导员要求依次递进,高级别包括低级别的要求。

3.1　初级

初级辅导员一般工作年限为 1 至 3 年,经过规定入职培训并取得相应证书。

职业功能	工作内容	能力要求	相关理论和知识要求
思想政治教育	（一）熟悉学生家庭情况、个人特长等基本信息,掌握学生思想特点、动态及思想政治状况	能通过日常观察、谈心谈话、问卷调查等方式,收集学生基本信息,了解学生思想动态;能针对学生关心的热点、焦点问题,及时进行教育和引导	思想政治教育的基本理论和方法
	（二）深入开展中国特色社会主义、中国梦宣传教育和社会主义核心价值观教育,帮助学生树立正确的世界观、人生观、价值观,确立在中国共产党领导下走中国特色社会主义道路、实现中华民族伟大复兴的共同理想和坚定信念	能掌握主题教育、个别谈心、党团活动、社会实践活动等思想政治教育的基本方法 能针对学生关注的思想理论热点问题做基本解释	思想政治教育的基本理论和方法 中国特色社会主义理论体系和社会主义核心价值体系基础知识
	（三）有针对性地帮助大学生处理好学习成才、择业交友、健康生活等方面的具体问题	能结合大学生实际,广泛深入开展谈心活动,引导学生养成良好的心理品质和自尊、自爱、自律、自强的优良品格	心理学基础知识 伦理学基础知识 社会学基础知识

职业功能	工作内容	能力要求	相关理论和知识要求
党团和班级建设	（一）做好学生骨干的遴选、培养、激励工作	能考查学生思想政治素质、道德品质、工作能力、发展潜力等基本素质，能激励学生积极主动参与班团事务。	人力资源管理相关理论和方法
	（二）做好学生入党积极分子培养教育工作	能教育引导学生坚定理想信念，增强党性修养，端正入党动机；能组织学生学习党的理论知识	党建基本理论和知识《中国共产党章程》
	（三）做好学生党员发展和教育管理服务工作	能从思想政治、能力素质、道德品行、现实表现等方面综合考查学生的先进性和纯洁性；熟悉党员发展的环节和程序；能利用各种教育载体激发党员的学习积极性和主动性	《中国共产党发展党员工作细则》《关于进一步加强高校学生党员发展和教育管理服务的若干意见》
	（四）指导学生党支部和班团组织建设	能选好配强党支部和班团组织负责人；能积极推动组织生活等工作创新能发挥学生党员的先锋模范作用和党支部的战斗堡垒作用	
学业指导	（一）了解学生所学专业的基本情况，组织开展专业教育	能初步掌握学生所学专业的培养计划、专业前景等；能增强学生的专业认同和学习热情	教育学的基本理论和基础知识
	（二）培养学生学习兴趣，指导学生养成良好学习习惯，规范学生学习方式行为	能及时发现并纠正学生学习中的不良倾向	关于学生学位授予的相关规定关于学生考试的相关规定
	（三）组织开展学风建设，营造浓厚学习氛围		

职业功能	工作内容	能力要求	相关理论和知识要求
日常事务管理	（一）开展新生入学教育	能通过主题班会、参观实践、讲座报告、交流讨论等形式开展入学教育，帮助新生熟悉、接纳并适应大学生活	《普通高等学校学生管理规定》
	（二）做好毕业生离校教育、管理和服务工作	能通过主题演讲、主题征文、座谈会、毕业纪念册、毕业衫等形式做好毕业生的爱校荣校教育；能为毕业生办理好毕业派遣、户档转出、党组织关系转接等工作	
	（三）组织好学生军训工作	能通过宣讲和谈心等形式做好学生军训动员工作，指导学生积极参与军训	军事训练与国防教育的基础知识
	（四）有效开展助、贷、勤、减、补工作，落实好家庭经济困难学生的资助工作	能组织评审各类助学金，指导学生办理助学贷款，组织学生开展勤工俭学活动，为学生办理学费减免和临时困难补助工作	国家和学校对家庭经济困难学生的资助政策
	（五）做好学生奖励评优和奖学金评审工作	能组织学生开展素质综合测评，公开公平地做好奖励评优和奖学金评审工作	《普通本科高校、高等职业学校国家奖学金管理暂行办法》《研究生国家奖学金管理暂行办法》
	（六）为学生的日常事务提供基本咨询，进行生活指导	能根据学校相关政策规定及社会、生活常识为学生解答一些日常问题；能指导学生依法维护自身权益 能通过召开宿舍长会议、组织宿舍文化符号比赛等形式活跃宿舍文化	学校相关政策规定 社会学基础知识 经济学基础知识 法学基础知识
	（七）指导学生开展宿舍文化建设，促进学生和谐相处，互帮互助	能通过团体辅导、个别谈心等形式化解宿舍学生之间的矛盾	美学基础知识 教育学基础知识 心理咨询知识

职业功能	工作内容	能力要求	相关理论和知识要求
心理健康教育与咨询	(一)协助学校心理健康教育机构开展心理筛查	能协助心理健康教育机构完成心理筛查的组织实施、能了解大学生的心理特点,熟悉大学生常见的发展性心理问题,掌握倾听、共情、尊重等沟通技能,能够与大学生建立积极有效的师生关系,帮助学生调适一般的心理困扰	心理咨询的方法、技巧 心理异常的判断标准、原则
	(二)对学生进行初步心理问题排查和疏导		
	(三)组织开展心理健康教育宣传活动	能组织开展形式多样的心理健康教育宣传活动,如举办讲座、设计宣传展板等;能组织学生参加陶冶情操、磨炼意志的课外文体活动,提高学生心理健康水平	
网络思想政治教育	(一)构建网络思想政治教育重要阵地,有效传播先进文化、弘扬主旋律	能及时把握学生对信息技术的应用趋势;能熟悉网络语言特点和规律;能熟练使用博客、微博及微信等新媒体技术	《关于进一步加强高等学校校园网络管理工作的意见》
	(二)拓展工作途径,加强与学生的网上互动交流,运用网络平台为学生提供学习、生活、就业心理咨询等服务		《关于进一步加强高等学校网络建设和管理工作的意见》 网络技术基础知识 传播学基础知识
	(三)及时了解网络舆情信息,密切关注学生的网络动态,敏锐把握一些苗头性、倾向性、群体性问题	能及时研判网络舆情	

职业功能	工作内容	能力要求	相关理论和知识要求
危机事件应对	（一）对危机事件作初步处理,努力稳定并控制局面	能第一时间赶赴现场;能尽快确认相关人员基本情况;能执行危机事件处理预案,及时稳定相关人员情绪	《学生伤害事故处理办法》相关规定 危机事件、突发事件应对与管控的相关知识
	（二）了解事件相关信息并及时逐级上报	能通过学生骨干、密切接触人员等渠道快速了解事件相关信息;能对事件性质做出初步判断;能将相关情况及时向上级领导汇报	危机事件应对预案相关内容 公共危机管理基础知识 社会学基础知识
	（三）组织基本安全教育并建立基层应急队伍	掌握基本安全教育方法,能组织开展学生安全教育活动;能培训指导各级学生骨干具备初步应急常识	
职业规划与就业指导	（一）为学生提供高效优质的就业指导和信息服务	能及时全面发布就业信息;能开展通用求职技巧指导、就业政策及流程解读等基本就业指导服务工作	国家毕业生就业相关政策 现代化技术发布信息的方法
	（二）帮助学生树立正确的就业观念,引导毕业生到基层、到西部、到祖国最需要的地方建功立业	具备基本的职业生涯规划能力,能开展就业观、择业观教育	职业类型基础知识 职业咨询基础知识
理论和实践研究	（一）攻读并获得思想政治教育、教育学、管理学等相关专业学位;参加校内相关学科领域学术交流活动	能掌握思想政治教育的基本理论观点;能融入学术团队,运用理论分析、调查研究等方法,归纳分析相关问题	科学研究基本方法
	（二）参与校内外思想政治教育课题或项目研究		

3.2 中级

中级辅导员一般工作年限为4至8年,具备一定工作经验,培养了较强研究能力,积累了一定理论和实践成果。中级辅导员职业标准除涵盖初级辅导员的职业标准内容要求外,在各项职业功能上有更高要求。

职业功能	工作内容	能力要求	相关理论和知识要求
思想政治教育	(一)组织、协调班主任、思想政治理论课教师和组织员等共同做好经常性的思想政治教育工作	能与班主任、思想政治理论课教师和组织员等工作骨干做好沟通交流,充分发挥所有从事大学生思想政治教育人员的育人作用	心理学
	(二)参与思想道德修养、形势与政策教育等课程教学	能深入了解国情、民情、社情;能根据教学的需要和学生的特点,采取灵活多样的教学方式开展形势与政策教育	政治学基础知识课堂教学基本方法与理论
	(三)为学生在理想、信念等方面遇到的深层次思想问题提供有针对性的教育咨询	能就学生深层次的思想问题进行沟通、挖掘、分析与辅导	伦理学相关知识社会学相关知识
党团和班级建设	(一)开展党员教育管理服务工作	具备丰富的党建团建工作经验与扎实的理论功底;能指导党支部书记开展党员教育培训,拓展教育途径;能指导党支部书记开展组织生活和组织关系管理;能指导党支部书记关爱帮助学生党员,保障党员民主权利	中华人民共和国史中国共产党史党的建设理论大型活动组织管理和大型活动组织的方法与原则课堂教学方法
	(二)指导学生党支部和班团组织开展主题党、团日等活动	能抓住重大节庆日、重要活动、重要节点,指导党团组织开展主题活动能指导学生组织开展丰富多彩的校园文化、艺术、体育等活动	
	(三)参与学生业余党校、团校建设,讲授党课、团课	能组织开展学院级党校、团校的相关工作;能讲授具有一定理论水平、深受学生欢迎的党课、团课	

171

职业功能	工作内容	能力要求	相关理论和知识要求
学业指导	（一）帮助学习困难学生适应大学学习生活，激发学习兴趣，掌握科学的学习方法	能通过侧面了解、谈心谈话、组织相关人员集体讨论等方式分析学生遇到的困难和应对措施，指导学生有效调整学习习惯和学习方法	教育学相关知识 心理学相关知识
	（二）研究分析学生学习状态和学习成绩变化，并针对性的开展分类指导	能通过召开宣讲会、谈心谈话等方式鼓励学生主动参与课外学术实践活动	
	（三）指导学生开展课外科技学术实践活动		
	（四）指导学生考研、出国留学等学习事务		
日常事务管理	（一）违法违纪学生的教育处理	能准确把握国家有关法律法规和学校规章制度，对学生违法违纪行为进行严肃处理；能采用案例分析、宣传警示等形式对学生进行日常法律意识教育	《中华人民共和国刑法》 《中华人民共和国治安管理处罚法》 《国家教育考试违规处理办法》 学校相关规章制度
	（二）能熟练把握学生情感、人际交往、财经、法律等方面事务科学咨询指导的政策、方法和技巧	能运用法律知识、社会学知识和心理学知识指导学生对日常遇到的各种复杂问题进行全面深入的分析，探究解决问题的办法	经济学相关知识 法学相关知识 社会学相关知识

职业功能	工作内容	能力要求	相关理论和知识要求
心理健康教育与咨询	（一）心理问题严重程度的识别与严重个案的转介	具备三级心理咨询师资质或具有心理健康教育相关专业硕士学位 能对一般心理问题、心理障碍和精神疾病进行初步识别，了解转介到心理咨询中心或精神卫生医院的适用条件和相关程序	心理问题、神经症、精神病识别知识
	（二）心理测验的实施	能根据工作需要，正确实施各种心理测验量表、问卷，并能在专业人士指导下对结果进行正确解读和反馈	各类测验的功能与使用范围，施测手段
	（三）有效开展学生心理疏导工作	能与求助学生建立良好的信任关系，有效开展心理疏导工作，帮助学生调节情绪	教育心理学基础知识
	（四）初步开展心理危机的识别与干预	能识别大学生心理危机的症状并进行初步评估，能协助专家开展相关的危机干预工作	
	（五）相对系统地组织开展心理健康教育活动	能通过培养心理委员、宿舍长、班干部等方法，培养学生自我管理、自我救助和朋辈互助的能力；能有效设计相对系统的院系心理健康教育整体方案，并能指导学生社团开展形式多样的心理健康教育活动	

职业功能	工作内容	能力要求	相关理论和知识要求
网络思想政治教育	（一）综合利用传统、网络媒体，统筹协调网上、网下工作	能准备把握网络传播规律，有效配置整合网络资源	社会学的基础知识 文化学的基础知识 教育学的基础知识
	（二）引导学生在网上自我教育、自我管理和自我服务，教育学生在网上自我约束、自我保护	能对学生的网络行为进行教育引导	
	（三）围绕学生关注的重点、热点和难点问题，进行有效舆论引导；丰富网上宣传内容，把握网络舆论的话语权和主导权	能通过博客、微博、校园交互社区、网络群组等网络平台主动发布相关内容，吸引学生浏览、点击和评论，引导网络舆情	网络舆情引导方法
危机事件应对	（一）指导初级辅导员对危机事件作初步处理，稳定并控制局面	能做好第一时间现场统筹指挥工作；能把握重点人员和关键节点，有效控制事态的发展	《学生伤害事故处理办法》相关规定 危机事件、突发事件应对与管控的相关知识
	（二）对事件相关信息做好全面汇总和准确分析并及时与有关部门沟通	能协调事件涉及相关部门迅速反应，筛选有效信息；能通过沟通和分析把握事件脉络并提出初步处理方案	公共危机管理相关知识 心理学相关知识 教育教学方法相关知识
	（三）对事件发展及其影响进行持续关注与跟踪	能密切联系相关人员，跟踪事件的处理效果；通过网络、个别谈话等渠道掌握事件产生的影响；能进行事后集体和个体的心理疏导	
	（四）组织安全教育课程学习	能讲授校园安全教育公共选修课	

174

职业功能	工作内容	能力要求	相关理论和知识要求
职业规划与就业指导	（一）帮助学生正确分析自己的职业倾向	能开展职业能力倾向测试并对结果进行分析、评估	职业生涯规划基本理论
	（二）开展职业生涯规划活动，帮助学生树立正确的职业观、择业观、创业观、成才观，尽快适应社会、融入社会	能帮助学生认识自身的性格特点和能力，明确职业发展目标，澄清职业取向；能为毕业生提供个性化咨询指导	人力资源管理基本理论
理论和实践研究	（一）攻读获得思想政治教育、教育学、管理学等相关专业博士学位；参加国内学术交流活动	能开展深入的科学研究；能领导管理科研项目团队；以第一作者身份在相关领域期刊发表 3 篇学术论文	教育研究方法 社会学研究方法 管理学相关知识
	（二）主持或参与校级及以上思想政治教育课题或项目研究，形成具有针对性和实效性的研究成果		

3.3 高级

高级辅导员一般工作 8 年以上，具有丰富的实践经验，较高的理论水平和学术修养，高级辅导员职业标准除涵盖中级辅导员的职业标准内容要求外，在思想政治教育工作某一领域有深入的研究并具备有影响力的成果，成为该领域的专家。

职业功能	工作内容	能力要求	相关理论和知识要求
思想政治教育	(一)主动思考研究,掌握思想政治教育的重点和一般规律,提高学生思想政治教育针对性和实效性	能根据党的教育方针和高等教育发展要求,结合学生的阶段特征,按照学校育人工作的总体要求,有计划、有目的地系统实施学生思想政治教育	思想政治教育学理论 思想政治教育方法论
	(二)开展工作调查研究,调整工作思路和方法	能开展思想政治教育工作理论与方法的调查和研究,分析工作对象和条件的变化,及时调整工作思路和方法	开展科学调查研究的方法
	(三)研究把握思想政治教育规律性、前沿性问题,成为思想政治教育专家*①	对马克思主义理论和思想政治教育有深入的研究,具有相关专业的学位或具有长期的丰富工作经验 能运用现代科学技术,并借鉴其他交叉学科的优势,实施思想政治教育工作 在具有影响力的学术期刊以第一作者身份发表5篇以上思想政治教育学术论文 能够熟练利用理论指导辅导员工作的开展 能讲授思想政治教育公共选修课	马克思主义理论 中国特色社会主义理论体系内涵及宣传教育的方法 社会主义核心价值体系内涵及宣传教育方法 思想政治道德观相关理论 思想政治教育学史 比较思想政治教育 现代科学技术在思想政治教育中的应用方法

---

① 标*项为专家职能,高级辅导员需至少符合一项标*项

职业功能	工作内容	能力要求	相关理论和知识要求
党团建设	深入研究高校党建的规律性前沿性问题,成为党建专家*	对马克思主义理论、中华人民共和国史、中国共产党史、中国特色社会主义理论、党建创新理论有深入的研究 在具有影响力的学术期刊以第一作者身份发表5篇以上党建工作学术论文 能够熟练利用理论指导初级、中级辅导员开展党建工作	马克思主义理论 中华人民共和国史 中国共产党史 中国特色社会主义理论体系内涵及宣传教育的方法 社会主义核心价值体系内涵及宣传教育方法 党建学相关理论 政治学相关理论
学业指导	(一)组织学生参与专业课教师的实验或研究项目,培养学生学术爱好和研究能力 (二)深入研究学生学习能力、创新能力形成规律,培养学生创新思维和创造性人格 (三)研究完善学生综合评价体系,研究健全创新人才培养机制	能深入了解学生所在专业知识,为学生提供有针对性的专业学习建议 能应用心理学、教育学相关原理和知识指导学生学习研究 能因材施教,培养研究型、创新型人才 能够指导和组织初级、中级辅导员开展学业指导工作	心理学相关知识 教育学相关知识 学生所在专业相关知识
日常事务管理	积极创新学生事务管理的理念和方法,总结凝练工作经验,深入研究把握学生事务管理的规律,成为学生事务管理专家*	具有长期丰富的事务管理工作经验 能合理运用教育学、管理学、法学相关知识,对学生事务管理工作进行服务育人体系化设计 能够熟练利用理论指导辅导员开展学生事务管理工作 在具有影响力的学术期刊以第一作者身份发表5篇以上学生事务管理学术论文	教育学相关知识 管理学相关知识 法学相关知识 学生事务管理相关规定和程序

177

职业功能	工作内容	能力要求	相关理论和知识要求
心理健康教育与咨询	总结凝练实践工作经验，深入研究把握心理健康教育的规律，成为心理健康教育专家*	具备二级心理咨询师资质 能进行危机评估、实施干预、妥善预后及跟踪回访 能够为学生提供心理咨询服务 在具有影响力的学术期刊以第一作者身份发表5篇以上心理健康教育相关领域学术论文 能够熟练利用理论和实际经验指导辅导员开展心理健康教育工作 能够为高校辅导员提供有效的心理健康教育培训 能讲授心理健康教育公共选修课	心理学相关理论 应用心理学相关理论 思想政治教育心理学相关理论
网络思想政治教育	熟练应用现代信息技术，结合丰富的网络思想政治教育工作经验，深入研究把握网络传播的规律、研判网上学生思想动态，成为网络思想政治教育专家*	能结合工作经验、运用科学的研究方法对网络思想政治教育开展深入的研究 能在具有影响力的学术期刊以第一作者身份发表5篇以上网络思想政治教育学术论文 能够熟练运用理论指导辅导员开展网络思想政治教育工作	马克思主义理论 中国特色社会主义理论体系内涵及宣传教育的方法 社会主义核心价值体系内涵及宣传教育方法 网络思想政治教育原理与方法 现代科学技术在思想政治教育中的应用方法

职业功能	工作内容	能力要求	相关理论和知识要求
危机事件应对	（一）对危机事件进行分类分级,并做出预判	能根据掌握的信息对危机事件进行分类分级;能准确分析事态起因,牢牢把握发展趋势	危机事件应对与管控的相关知识 公共危机管理相关理论
	（二）协调相关部门妥善处理危机事件,稳定工作局面	能摸清事态的症结,协调校内外相关部门制定对策并迅速妥善处理,恢复正常	管理学相关理论 社会学相关理论 心理学相关理论 伦理学相关理论
	（三）总结经验,对工作进行改进,完善预警和应对机制	能掌握整个事件的过程,深层次研究事件原因,改进工作,提出对策	
	（四）总结凝练实践工作经验,深入研究把握危机事件应对的规律,成为校园公共危机管理专家*	在具有影响力的学术期刊以第一作者身份发表5篇以上公共危机处理相关领域学术论文;能熟练利用相关理论指导辅导员进行公共危机处理	

职业功能	工作内容	能力要求	相关理论和知识要求
职业规划与就业指导	总结凝练实际工作经验，深入研究把握职业生涯规划与就业指导工作的规律，能为学生开展基本的创业指导，成为职业规划与就业指导专家*	具备职业指导师资质 能为大学生开展团体职业咨询 能撰写职业指导典型案例，开展职业指导应用性研究，并将研究结果应用到实际工作中 能进行较为客观全面的创业环境、政策、行业前景分析 能建立健全大学生就业指导机构和就业信息服务系统，提供更高效优质的就业创业服务 在具有影响力的学术期刊以第一作者身份发表5篇以上职业规划与就业指导相关领域学术论文 能够熟练利用理论指导辅导员开展职业规划与就业指导工作 能讲授职业规划与就业指导公共选修课	职业生涯规划相关理论 人力资源管理相关理论 职业咨询相关理论 职业素质测评相关理论 国家鼓励创业基本政策
理论与实践研究	（一）参加国际交流、考察和进修深造 （二）主持省部级以上思想政治教育课题或项目研究;形成具有影响力和推广价值的研究成果	能深入把握国内外学生事务工作前沿进展 以第一作者身份在相关领域核心期刊发表10篇以上学术论文;能推动研究成果的转化应用;对中级辅导员的研究进行指导	教育研究方法 社会学研究方法 管理学相关知识

☞ 重点提炼

1.高校辅导员的定义?

辅导员是高等学校教师队伍和管理队伍的重要组成部分,具有教师和干部的双重身份。辅导员是开展大学生思想政治教育的骨干力量,是高校学生日常思想政治教育和管理工作的组织者、实施者和指导者。辅导员应当努力成为学生的人生导师和健康成长的知心朋友。

2.高校辅导员的职业守则有哪些?

(1)爱国守法;(2)敬业爱生;(3)育人为本;(4)终身学习;(5)为人师表。

3.辅导员工作中应该掌握的专业知识有哪些?

一是思想政治教育专业基本理论、基本知识、基本方法;二是马克思主义中国化相关理论及知识;三是大学生思想政治教育工作实务相关知识。

4.辅导员应该掌握的大学生思想政治教育工作实务知识有哪些?

一是党的创新理论教育相关知识;二是大学生党团、班级建设的相关知识;三是职业生涯规划与就业指导相关知识;四是困难资助、奖罚管理等学生日常事务管理内容、知识;五是校园文化建设、社会实践等学生日常思想政治教育的知识;六是网络思想政治教育相关知识;七是危机事件、突发事件应对与管控的相关知识。

普通高等学校辅导员培训规划(2013 – 2017 年)

教党〔2013〕9 号

高校辅导员是高校教师队伍和管理干部队伍的重要组成部分,是开展大学生思想政治教育、促进校园和谐稳定的骨干力量。党中央、国务院历来高度重视高校辅导员队伍建设。党的十六大以来,按照《中共中央国务院关于进一步加强和改进大学生思想政治教育的意见》和《普通高等学校辅导员队伍建设规定》要求,全面加强辅导员队伍建设,取得积极成效。通过实施《2006 – 2010 年普通高等学校辅导员培训计划》,辅导员思想政治素质、职业素养、业务水平大幅提升,为大学生思想政治教育的科学发展提供了有力支撑。

为深入贯彻落实党的十八大精神,全面落实教育规划纲要,进一步提高辅导员培训质量,推进辅导员队伍建设,制定本规划。

一、指导思想

高举中国特色社会主义伟大旗帜,以邓小平理论、"三个代表"重要思想、科学发展观为指导,全面贯彻党的教育方针,落实立德树人根本任务,以促进辅导员专业化、职业化和可持续发展为导向,以构建完善的培训体系为基础,以提高培训能力为重点,以创新培训方式为手段,以提高培训质量为目标,努力造就一支政治强、业务精、纪律严、作风正的高水平辅导员队伍,为不断提升大学生思想政治教育科学化水平,全面提高高等教育质量提供坚强的思想政治保障和人才支持。

二、主要目标

到 2017 年,基本形成适应高等教育发展需要、符合辅导员成长成才规律、规范科学的培训机制,基本构建起内容完善、形式多样、科学合理的培训体系,为全面提高辅导员队伍服务高等教育质量提升和高校学生全面发展的能力奠定坚实基础。

——培训规模稳步提升。国家、省级、高校三级辅导员培训有序开展,国家级骨干示范培训 5 年达到 1 万人次,省级培训 5 年内实现轮训一遍,校级培训实现全员化、全覆盖要求。

——培训质量显著提高。符合辅导员职业特点、成长规律、发展需求的辅导员能力标准基本建立,培训课程体系更加规范完备,学历提升、社会实践、国内交流、海外研修等培训项目更加丰富,培训方式创新不断深入,培训评估制度更加成熟完善。

——培训基础能力建设不断加强。优质培训资源得到高效利用,网络培训平台和资源建设不断加强,培训基地功能进一步发挥,师资队伍水平显著提高,持续有效的经费投入机制建立健全,保障更加有力。

——高校辅导员整体素质全面提升。辅导员理想信念更加坚定,育人能力显著提高,作风修养持续提升,共同职业目标和价值追求进一步深化,培养社会主义建设者和接班人的自觉性坚定性不断增强。

三、培训内容

1. 思想政治理论教育

马克思主义基本理论和党的创新理论教育。以学习贯彻党的十八大精神,掌握中国特色社会主义理论体系为重点,加强邓小平理论、"三个代表"重要思想、科学发展观学习教育,加深对当代中国马克思主义实践特色、理论特色、民族特色、时代特色的理解,准确把握建设中国特色社会主义的总依据、总布局、总任务,进一步坚定道路自信、理论自信、制度自信,为实现中国特色社会主义共同理想而奋斗。

形势与政策教育。以正确认识中国特色社会主义建设面临的形势任务和当代大学生的使命责任为重点,加强对改革开放和社会主义现代化建设的形势、任务和成就教育,对党和国家重大方针政策、重大改革措施教育,对当前国际形势、国际关系状况和我国对外政策的教育,对教育改革发展稳定形势和任务教育。

2.专业素养提升

职业道德素质提升。以树立爱生敬业的职业理想为重点,抓住辅导员职业道德培养重要环节,教育引导辅导员牢固树立正确的世界观、人生观、价值观,忠诚于党的教育事业,形成坚定的政治信念、高尚的精神追求、良好的职业操守。

科学文化素质提升。分层分类进行政治学、教育学、社会学、心理学、民族学、传播学、哲学、历史学、法学、经济学、管理学、艺术学等多学科知识教育,提高辅导员综合素质和能力。

思想政治教育专业素质提升。进行思想政治教育基本原理方法、思想政治教育历史发展、比较思想政治教育、思想政治教育研究方法等专业素质教育,指导辅导员把握高等教育规律和思想政治教育规律,围绕辅导员工作专业化建设以及大学生思想政治教育发展中的理论和实际问题开展研究,推进理论探索和工作方式创新。

3.职业能力培养

思想政治教育基本能力培训。开展思想政治教育基本工作方法和能力培训,帮助辅导员掌握主题教育、个别谈心、党团活动、社会实践活动等思想政治教育的基本方法,提高辅导员开展思想政治教育的基本能力。

大学生党建工作培训。加强大学生党员教育、管理和发展工作培训,提高辅导员把握党员发展质量和开展基层党支部活动的能力。引导辅导员开展高校基层党建工作重要问题和热点难点问题以及前沿问题研究,提高党建工作针对性实效性。

学生事务管理培训。学习国内外高校学生事务管理成果经验,通过知识教育和职业能力教育相结合,提升辅导员团学与班级工作的管理能力、学业辅导与就业创业指导能力,提高辅导员学生事务工作能力。

心理健康教育培训。开展大学生心理健康教育基本理论、基本方法和基本技能培训,加强讨论式、案例式、模拟式、体验式实践教学,提高辅导员疏导心理困惑开展心理咨询的能力、辅导学生发展的能力、参与应对和处理心理危机的能力。

运用网络能力培训。围绕网络社区运用、网络舆情管理、网上思想教育引导等内容,提高辅导员开展网上教育、管理、服务及网络引导能力。

职业生涯规划培训。开展职业生涯规划基础知识、基本理论和常用方法的培训,提高辅导员指导学生进行职业生涯规划的能力,以更好地帮助学生树立正确的职业观、择业观、创业观、成才观,尽快适应社会、融入社会。

四、主要任务

1.建立健全多级培训网络

健全完善以教育部举办的全国高校辅导员示范培训为龙头,以教育部、省(区、市)高校辅导员培训和研修基地举办的专题培训、高级研修为重点,以高校举办的岗前培训、日常培训等各类培训为基础,分层次、全覆盖的三级辅导员培训体系。

2.不断扩大培训覆盖面

继续依托国家教育行政学院、教育部高校辅导员培训和研修基地等单位举办全国高校辅导员示范培训,每年培训 2000 人次,重点向中西部地区、民族地区高校和民族院校倾斜。

各省(区、市)教育工作部门要加大省级辅导员培训力度,确保每一名专职辅导员每 5 年参加 1 次国家级或省级培训。教育部高校辅导员培训和研修基地在办好国家级示范培训和本省(区、市)培训外,要积极承担外省(区、市)委托的培训项目,发挥基地辐射作用。

高校要加强辅导员系统培训,每年开展不少于 4 次的校级培训,积极选送辅导员参加校外培训。

新任辅导员上岗前,要参加不少于 40 个学时的岗前培训。辅导员在岗期间每年要参加不少于 16 个学时的在岗培训。

3.加强基地建设和师资队伍建设

在稳步发展、保证质量的基础上,扩大教育部高校辅导员培训和研修基地布局。健全科学规范的基地工作评估机制,定期对基地建设情况进行检查考核。各省(区、市)要从政策、资源、项目等方面,支持教育部高校辅导员培训和研修基地建设,各省(区、市)要设立省级高校辅导员培训和研修基地,满足辅导员接受高层次培训的需要。

建立全国辅导员培训专家库。把思想政治教育等学科专家和中青年理论骨干吸收到师资库中,注重从学校党政领导、相关部门负责同志、离退休教授和优秀辅导员中选聘培训师资,构建理论与实践指导相结合的培训专家库,不断优化师资配置。有条件的省(区、市)要建立省级师资库,构建开放型师资格局,加强资源共享。

4.加强课程和教材建设

积极吸收国内外研究最新成果和大学生思想政治教育有益经验,组织编写贴近工作实际的系列教材,制作课件和教案,逐步建立理论学习、能力训练和案例教学相结合的培训教材和课程体系。重点打造5本精品教材,形成10门精品课程。

5.推动辅导员开展工作和学术研究

继续在教育部人文社会科学研究专项任务项目中设立辅导员专项,逐步加大项目经费支持力度。鼓励辅导员积极参与"思想政治教育研究文库"建设,结合实践工作和理论研究,形成一批具有决策咨询价值和推广示范意义的研究成果。

6.积极推进辅导员学历提升

继续选拔辅导员在职攻读思想政治教育专业博士学位,到2017年在职攻读思想政治教育专业博士学位的辅导员总数达到1000名。鼓励和支持辅导员攻读思想政治教育和马克思主义一级学科其他相关学位、开展业务进修。到2017年,专职辅导员队伍中具有硕士以上学位比例由目前的40%增长到60%,具有博士学位比例有明显提高。各地各高校要将辅导员在职攻读学位纳入教师培训计划,享受有关鼓励政策。

7.强化实践教

育组织辅导员到爱国主义教育基地和国防教育基地、城市社区、农村乡镇、工矿企业、驻军部队、社会服务机构等开展社会考察和假期实践,深入了解国情、民情、社情。广泛组织辅导员假期家访,切实解决学生实际需求。推进辅导员国内高校交流研修活动,省级教育工作部门统筹规划,相关高校协调沟通,落实辅导员在相关岗位参与3—6个月工作,鼓励东部地区高校接收中西部辅导员开展交流研修活动。鼓励有条件的高校选派辅导员在县、乡、村等基层单位进行挂职锻炼。

8.推进网络培训平台建设

不断提高辅导员培训的现代化和信息化水平。充分利用网络平台开展远程培训,发挥国家教育行政学院、国家开放大学和高校的优势,开发网络培训平台,建设一批网络培训精品课程,促进优质培训资源共享,面向不同类别辅导员学习需求,建设便捷灵活和个性化的学习环境。

9.组织海外考察培训

组织辅导员赴境外短期考察。继续设立国家公派出国留学高校学生工作者培训项目,将辅导员海外培训纳入国家公派留学计划。

五、保障措施

1.完善评价机制

完善辅导员培训证书制度。建立全国统一的辅导员在岗培训证书制度,规范培训记录。加强培训与任(聘)用的有机衔接。把培训情况和学习成效作为辅导员任职、晋升的重要依据。新任辅导员要进行入职培训,做到持证上岗。

2.加强质量监控

形成辅导员培训质量评估机制,开展评估工作试点。省级教育工作部门要分步骤、分类别、分层次对省级辅导员培训和研修基地及本行政区域内高校的培训情况进行全面质量检查。

3.保证经费投入

加强辅导员培训工作必须有相应的经费予以保障。全国高校辅导员国家级示范培训所需经费列入全国教师培训专项经费计划。各地各高校要把辅导员培训纳入教师培训计划,并落实培训经费。在安排全国教育干部培训专项经费时,要对辅导员培训工作给予一定支持。建立健全示范培训项目招(邀)标机制,通过公开、竞争、择优的方式,遴选确定培训任务、承担机构,确保经费投入。

4.加强组织领导

各地各高校要高度重视辅导员培训工作,完善领导体制,把辅导员培训纳入干部培训和教师培训规划。加强分类指导,根据不同类型高校实际情况和学生特点,确立培训具体要求。加强整体设计,制定年度辅导员培训规划,组织、协调、科学合理地安排辅导员分期分批参加培训。加强检查监督,定期开展督查,确保辅导员培训各项任务落到实处。

☞ 重点提炼

1.高校辅导员培训的主要内容?

(1)思想政治理论教育:马克思主义基本理论和党的创新理论教育。形势与政策教育。(2)专业素养提升:职业道德素质提升。科学文化素质提升。思想政治教育专业素质提升。(3)职业能力培养:思想政治教育基本能力培训。大学生党建工作培训。学生事务管理培训。心理健康教育培训。运用网络能力培训。职业生涯规划培训。

教育部关于建立健全高校师德建设长效机制的意见

教师〔2014〕10 号

各省、自治区、直辖市教育厅（教委），有关部门（单位）教育司（局），新疆生产建设兵团教育局，部属各高等学校：

为深入贯彻习近平总书记 9 月 9 日在北京师范大学师生代表座谈会上的重要讲话精神，积极引导广大高校教师做有理想信念、有道德情操、有扎实学识、有仁爱之心的党和人民满意的好老师，大力加强和改进师德建设，努力培养造就一支师德高尚、业务精湛、结构合理、充满活力的高素质专业化高校教师队伍，现就建立健全高校师德建设长效机制提出如下意见：

一、深刻认识新时期建立健全高校师德建设长效机制的重要性和紧迫性

高校教师的思想政治素质和道德情操直接影响着青年学生世界观、人生观、价值观的养成，决定着人才培养的质量，关系着国家和民族的未来。加强和改进高校师德建设工作，对于全面提高高等教育质量、推进高等教育事业科学发展，培养中国特色社会主义事业的建设者和接班人、实现中华民族伟大复兴的中国梦，具有重大而深远的意义。

长期以来，广大高校教师忠诚党的教育事业，呕心沥血、默默奉献，潜心治学、教书育人，敢于担当、锐意创新，为高等教育改革发展做出了巨大贡献，赢得了全社会广泛赞誉和普遍尊重。但是，当前社会变革转型时期所带来的负面现象也对教师产生影响。少数高校教师理想信念模糊，育人意识淡薄，教学敷衍，学风浮躁，甚至学术不端、言行失范、道德败坏等，严重损害了高校教师的社会形象和职业声誉。一些地方和高校对新时期师德建设重视不够，工作方法陈旧、实效性不强。各地各高校要充分认识新时期加强和改进高校师德建设工作的重要性和紧迫性，建立健全高校师德建设长效机制，从根本上遏制和杜绝高校师德失范现象的发生，切实提高高校师德建设水平，全面提升高校教师师德素养。

二、建立健全高校师德建设长效机制的原则和要求

建立健全高校师德建设长效机制的基本原则：坚持价值引领，以社会主义核心价值观为高校教师崇德修身的基本遵循，促进高校教师带头培育和践行社会主义核心价值观。坚持师德为上，以立德树人为出发点和立足点，找准与高校教师思想的共鸣点，增强高校师德建设的针对性和贴近性，培育高校教师高尚道德情操。坚持以人为本，关注高校教师发展诉求和价值愿望，落实高校教师主体地位，激发高校教师的责任感使命感。坚持改进创新，不断探索新时期高校师德建设的规律特点，善于运用高校教师喜闻乐见的方式方法，增强高校师德建设的实际效果。

建立健全高校师德建设长效机制的工作要求：充分尊重高校教师主体地位，注重宣传教育、示范引领、实践养成相统一，政策保障、制度规范、法律约束相衔接，建立教育、宣传、考核、监督与奖惩相结合的高校师德建设工作机制，引导广大高校教师自尊自律自强，做学生敬仰爱戴的品行之师、学问之师，做社会主义道德的示范者、诚信风尚的引领者、公平正义的维护者。

三、建立健全高校师德建设长效机制的主要举措

创新师德教育，引导教师树立崇高理想。将师德教育摆在高校教师培养首位，贯穿高校教师职业生涯全过程。青年教师入职培训必须开设师德教育专题。要将师德教育作为优秀教师团队培养，骨干教师、学科带头人和学科领军人物培育的重要内容。重点加强社会主义核心价值观教育，重视理想信念教育、法制教育和心理健康教育。创新教育理念、模式和手段。建立师德建设专家库，把高校师德重大典型、全国教书育人楷模、一线优秀教师等请进课堂，用他们的感人事迹诠释师德内涵。举行新教师入职宣誓仪式和老教师荣休仪式。结合教学科研、社会服务活动开展师德教育，鼓励广大高校教师参与调查研究、学习考察、挂职锻炼、志愿服务等实践活动，切实增强师德教育效果。

加强师德宣传,培育重德养德良好风尚。把握正确舆论导向,坚持师德宣传制度化、常态化,将师德宣传作为高校宣传思想工作的重要组成部分。系统宣讲《教育法》《高等教育法》《教师法》和教育规划纲要等法规文件中有关师德的要求,宣传普及《高校教师职业道德规范》。把培育良好师德师风作为大学校园文化建设的核心内容,挖掘和提炼名家名师为人为学为师的大爱师魂,生动展现当代高校教师的精神风貌。充分利用教师节等重大节庆日、纪念日契机,通过电视、广播、报纸、网站及微博、微信、微电影等新媒体形式,集中宣传高校优秀教师的典型事迹,努力营造崇尚师德、争创师德典型的良好舆论环境和社会氛围。对于高校师德建设中出现的热点难点问题,要及时应对并有效引导。

健全师德考核,促进教师提高自身修养。将师德考核作为高校教师考核的重要内容。师德考核要充分尊重教师主体地位,坚持客观公正、公平公开原则,采取个人自评、学生测评、同事互评、单位考评等多种形式进行。考核结果应通知教师本人,考核优秀的应当予以公示表彰,确定考核不合格者应当向教师说明理由,听取教师本人意见。考核结果存入教师档案。师德考核不合格者年度考核应评定为不合格,并在教师职务(职称)评审、岗位聘用、评优奖励等环节实行一票否决。高校结合实际制定师德考核的具体实施办法。

强化师德监督,有效防止师德失范行为。将师德建设作为高校教育质量督导评估重要内容。高校要建立健全师德建设年度评议、师德状况调研、师德重大问题报告和师德舆情快速反应制度,及时研究加强和改进师德建设的政策措施。构建高校、教师、学生、家长和社会多方参与的师德监督体系。健全完善学生评教机制。充分发挥教职工代表大会、工会、学术委员会、教授委员会等在师德建设中的作用。高校及主管部门建立师德投诉举报平台,及时掌握师德信息动态,及时纠正不良倾向和问题。对师德问题做到有诉必查,有查必果,有果必复。

注重师德激励,引导教师提升精神境界。完善师德表彰奖励制度,将师德表现作为评奖评优的首要条件。在同等条件下,师德表现突出的,在教师职务(职称)晋升和岗位聘用,研究生导师遴选,骨干教师、学科带头人和学科领军人物选培,各类高层次人才及资深教授、荣誉教授等评选中优先考虑。

严格师德惩处,发挥制度规范约束作用。建立健全高校教师违反师德行为的惩处机制。高校教师不得有下列情形:损害国家利益,损害学生和学校合法权益的行为;在教育教学活动中有违背党的路线方针政策的言行;在科研工作中弄虚作假、抄袭剽窃、篡改侵吞他人学术成果、违规使用科研经费以及滥用学术资源和学术影响;影响正常教育教学工作的兼职兼薪行为;在招生、考试、学生推优、保研等工作中徇私舞弊;索要或收受学生及家长的礼品、礼金、有价证券、支付凭证等财物;对学生实施性骚扰或与学生发生不正当关系;其他违反高校教师职业道德的行为。有上述情形的,依法依规分别给予警告、记过、降低专业技术职务等级、撤销专业技术职务或者行政职务、解除聘用合同或者开除。对严重违法违纪的要及时移交相关部门。建立问责机制,对教师严重违反师德行为监管不力、拒不处分、拖延处分或推诿隐瞒,造成不良影响或严重后果的,要追究高校主要负责人的责任。

四、充分激发高校教师加强师德建设的自觉性

广大高校教师要充分认识自己所承担的庄严而神圣的使命,发扬主人翁精神,自觉捍卫职业尊严,珍惜教师声誉,提升师德境界。要将师德修养自觉纳入职业生涯规划,明确师德发展目标。要通过自主学习,自我改进,将师德规范转化为稳定的内在信念和行为品质。要将师德规范积极主动融入教育教学、科学研究和服务社会的实践中,提高师德践行能力。要弘扬重内省、重慎独的优良传统,在细微处见师德,在日常生活中守师德,养成师德自律习惯。

高校要健全教师主体权益保障机制,根据《教育法》《高等教育法》《教师法》等法律法规和高等学校章程,明确并落实教师在高校办学中的主体地位。完善教师参与治校治学机制,在干部选拔任用、专业技术职务评聘、学术评价和各种评优选拔活动中,充分保障教师的知情权、参与权、表达权和监督权。创设公平正义、风清气正的环境条件。充分尊重教师的专业自主权,保障教师依法行使学术权利和学业评定权利。保护教师正当的申辩、申诉权利,依法建立教师权益保护机制,维护教师合法权益。健全教师发展制度,构建完整的职业发展体系,鼓励支持教师参加培训、开展学术交流合作。

五、切实明确高校师德建设工作的责任主体

高校是师德建设的责任主体,主要负责人是师德建设的第一责任人。高校要明确师德建设的牵头部门,成立组织、宣传、纪检监察、人事、教务、科研、工会、学术委员会等相关责任部门和组织协同配合的师德建设委员会;建立和完善党委统一领导、党政齐抓共管、院系具体落实、教师自我约束的领导体制和工作机制,形成师德建设合力。要建立一岗双责的责任追究机制。要加大师德建设经费投入力度,为师德建设提供坚实保障。

高校主管部门要把师德建设摆在教师队伍建设的首位,主要领导亲自负责,并落实具体职能机构和人员。建立和完善师德建设督导评估制度,不断加大督导检查力度。支持高校设立师德建设研修基地,搭建教育交流平台,积极探索师德建设的特点和规律,不断提升师德建设科学化水平。

各地各校要根据实际制订具体的实施办法。

☞ 重点提炼

1.建立健全高校师德建设长效机制的原则有哪些?

坚持价值引领,以社会主义核心价值观为高校教师崇德修身的基本遵循,促进高校教师带头培育和践行社会主义核心价值观。坚持师德为上,以立德树人为出发点和立足点,找准与高校教师思想的共鸣点,增强高校师德建设的针对性和贴近性,培育高校教师高尚道德情操。坚持以人为本,关注高校教师发展诉求和价值愿望,落实高校教师主体地位,激发高校教师的责任感使命感。坚持改进创新,不断探索新时期高校师德建设的规律特点,善于运用高校教师喜闻乐见的方式方法,增强高校师德建设的实际效果。

2.建立健全高校师德建设长效机制的要求有哪些?

充分尊重高校教师主体地位,注重宣传教育、示范引领、实践养成相统一,政策保障、制度规范、法律约束相衔接,建立教育、宣传、考核、监督与奖惩相结合的高校师德建设工作机制,引导广大高校教师自尊自律自强,做学生敬仰爱戴的品行之师、学问之师,做社会主义道德的示范者、诚信风尚的引领者、公平正义的维护者。

3.建立师德长效机制的主要举措有哪些?

一是创新师德教育,引导教师树立崇高理想。二是加强师德宣传,培育重德养德良好风尚。三是健全师德考核,促进教师提高自身修养。四是强化师德监督,有效防止师德失范行为。五是注重师德激励,引导教师提升精神境界。六是严格师德惩处,发挥制度规范约束作用。

中共中央国务院
关于全面深化新时代教师队伍建设改革的意见

（2018 年 1 月 20 日）

百年大计，教育为本；教育大计，教师为本。为深入贯彻落实党的十九大精神，造就党和人民满意的高素质专业化创新型教师队伍，落实立德树人根本任务，培养德智体美全面发展的社会主义建设者和接班人，全面提升国民素质和人力资源质量，加快教育现代化，建设教育强国，办好人民满意的教育，为决胜全面建成小康社会、夺取新时代中国特色社会主义伟大胜利、实现中华民族伟大复兴的中国梦奠定坚实基础，现就全面深化新时代教师队伍建设改革提出如下意见。

一、坚持兴国必先强师，深刻认识教师队伍建设的重要意义和总体要求

1. 战略意义。教师承担着传播知识、传播思想、传播真理的历史使命，肩负着塑造灵魂、塑造生命、塑造人的时代重任，是教育发展的第一资源，是国家富强、民族振兴、人民幸福的重要基石。党和国家历来高度重视教师工作。党的十八大以来，以习近平同志为核心的党中央将教师队伍建设摆在突出位置，作出一系列重大决策部署，各地区各部门和各级各类学校采取有力措施认真贯彻落实，教师队伍建设取得显著成就。广大教师牢记使命、不忘初衷，爱岗敬业、教书育人，改革创新、服务社会，作出了重要贡献。

当今世界正处在大发展大变革大调整之中，新一轮科技和工业革命正在孕育，新的增长动能不断积聚。中国特色社会主义进入了新时代，开启了全面建设社会主义现代化国家的新征程。我国社会主要矛盾已经转化为人民日益增长的美好生活需要和不平衡不充分的发展之间的矛盾,人民对公平而有质量的教育的向往更加迫切。面对新方位、新征程、新使命,教师队伍建设还不能完全适应。有的地方对教育和教师工作重视不够,在教育事业发展中重硬件轻软件、重外延轻内涵的现象还比较突出,对教师队伍建设的支持力度亟须加大;师范教育体系有所削弱,对师范院校支持不够;有的教师素质能力难以适应新时代人才培养需要,思想政治素质和师德水平需要提升,专业化水平需要提高;教师特别是中小学教师职业吸引力不足,地位待遇有待提高;教师城乡结构、学科结构分布不尽合理,准入、招聘、交流、退出等机制还不够完善,管理体制机制亟须理顺。时代越是向前,知识和人才的重要性就愈发突出,教育和教师的地位和作用就愈发凸显。各级党委和政府要从战略和全局高度充分认识教师工作的极端重要性,把全面加强教师队伍建设作为一项重大政治任务和根本性民生工程切实抓紧抓好。

2. 指导思想。全面贯彻落实党的十九大精神,以习近平新时代中国特色社会主义思想为指导,紧紧围绕统筹推进"五位一体"总体布局和协调推进"四个全面"战略布局,坚持和加强党的全面领导,坚持以人民为中心的发展思想,坚持全面深化改革,牢固树立新发展理念,全面贯彻党的教育方针,坚持社会主义办学方向,落实立德树人根本任务,遵循教育规律和教师成长发展规律,加强师德师风建设,培养高素质教师队伍,倡导全社会尊师重教,形成优秀人才争相从教、教师人人尽展其才、好教师不断涌现的良好局面。

3. 基本原则。——确保方向。坚持党管干部、党管人才,坚持依法治教、依法执教,坚持严格管理监督与激励关怀相结合,充分发挥党委(党组)的领导和把关作用,确保党牢牢掌握教师队伍建设的领导权,保证教师队伍建设正确的政治方向。——强化保障。坚持教育优先发展战略,把教师工作置于教育事业发展的重点支持战略领域,优先谋划教师工作,优先保障教师工作投入,优先满足教师队伍建设需要。——突出师德。把提高教师思想政治素质和职业道德水平摆在首要位置,把社会主义核心价值观贯穿教书育人全过程,突出全员全方位全过程师德养成,推动教师成为先进思想文化的传播者、党执政的坚定支持者、学生健康成长的指导者。——深化改革。抓住关键环节,优化顶层设计,推动实践探索,破解发展瓶颈,把管理体制改革与机制创新作为突破口,把提高教师地位待遇作为真招实招,增强教师职业吸引力。——分类施策。立足我国国情,借鉴国际经验,根据各级各类教师的不同特点和发展实际,考虑区域、城乡、校际差异,采取有针对性的政策举措,定向发力,重视专业发展,培养一批教师;加大资源供给,补充一批教师;创新体制机制,激活一批教师;优化队伍结构,调配一批教师。

4.目标任务。经过5年左右努力,教师培养培训体系基本健全,职业发展通道比较畅通,事权人权财权相统一的教师管理体制普遍建立,待遇提升保障机制更加完善,教师职业吸引力明显增强。教师队伍规模、结构、素质能力基本满足各级各类教育发展需要。

到2035年,教师综合素质、专业化水平和创新能力大幅提升,培养造就数以百万计的骨干教师、数以十万计的卓越教师、数以万计的教育家型教师。教师管理体制机制科学高效,实现教师队伍治理体系和治理能力现代化。教师主动适应信息化、人工智能等新技术变革,积极有效开展教育教学。尊师重教蔚然成风,广大教师在岗位上有幸福感、事业上有成就感、社会上有荣誉感,教师成为让人羡慕的职业。

二、着力提升思想政治素质,全面加强师德师风建设

5.加强教师党支部和党员队伍建设。将全面从严治党要求落实到每个教师党支部和教师党员,把党的政治建设摆在首位,用习近平新时代中国特色社会主义思想武装头脑,充分发挥教师党支部教育管理监督党员和宣传引导凝聚师生的战斗堡垒作用,充分发挥党员教师的先锋模范作用。选优配强教师党支部书记,注重选拔党性强、业务精、有威信、肯奉献的优秀党员教师担任教师党支部书记,实施教师党支部书记"双带头人"培育工程,定期开展教师党支部书记轮训。坚持党的组织生活各项制度,创新方式方法,增强党的组织生活活力。健全主题党日活动制度,加强党员教师日常管理监督。推进"两学一做"学习教育常态化制度化,开展"不忘初心、牢记使命"主题教育,引导党员教师增强政治意识、大局意识、核心意识、看齐意识,自觉爱党护党为党,敬业修德,奉献社会,争做"四有"好教师的示范标杆。重视做好在优秀青年教师、海外留学归国教师中发展党员工作。健全把骨干教师培养成党员,把党员教师培养成教学、科研、管理骨干的"双培养"机制。

配齐建强高等学校思想政治工作队伍和党务工作队伍,完善选拔、培养、激励机制,形成一支专职为主、专兼结合、数量充足、素质优良的工作力量。

把从事学生思想政治教育计入高等学校思想政治工作兼职教师的工作量,作为职称评审的重要依据,进一步增强开展思想政治工作的积极性和主动性。

6.提高思想政治素质。加强理想信念教育,深入学习领会习近平新时代中国特色社会主义思想,引导教师树立正确的历史观、民族观、国家观、文化观,坚定中国特色社会主义道路自信、理论自信、制度自信、文化自信。引导教师准确理解和把握社会主义核心价值观的深刻内涵,增强价值判断、选择、塑造能力,带头践行社会主义核心价值观。引导广大教师充分认识中国教育辉煌成就,扎根中国大地,办好中国教育。

加强中华优秀传统文化和革命文化、社会主义先进文化教育,弘扬爱国主义精神,引导广大教师热爱祖国、奉献祖国。创新教师思想政治工作方式方法,开辟思想政治教育新阵地,利用思想政治教育新载体,强化教师社会实践参与,推动教师充分了解党情、国情、社情、民情,增强思想政治工作的针对性和实效性。要着眼青年教师群体特点,有针对性地加强思想政治教育。落实党的知识分子政策,政治上充分信任,思想上主动引导,工作上创造条件,生活上关心照顾,使思想政治工作接地气、入人心。

7.弘扬高尚师德。健全师德建设长效机制,推动师德建设常态化长效化,创新师德教育,完善师德规范,引导广大教师以德立身、以德立学、以德施教、以德育德,坚持教书与育人相统一、言传与身教相统一、潜心问道与关注社会相统一、学术自由与学术规范相统一,争做"四有"好教师,全心全意做学生锤炼品格、学习知识、创新思维、奉献祖国的引路人。

实施师德师风建设工程。开展教师宣传国家重大题材作品立项,推出一批让人喜闻乐见、能够产生广泛影响、展现教师时代风貌的影视作品和文学作品,发掘师德典型、讲好师德故事,加强引领,注重感召,弘扬楷模,形成强大正能量。注重加强对教师思想政治素质、师德师风等的监察监督,强化师德考评,体现奖优罚劣,推行师德考核负面清单制度,建立教师个人信用记录,完善诚信承诺和失信惩戒机制,着力解决师德失范、学术不端等问题。

三、大力振兴教师教育,不断提升教师专业素质能力

8.加大对师范院校支持力度。实施教师教育振兴行动计划,建立以师范院校为主体、高水平非师范院校参与的中国特色师范教育体系,推进地方政府、高等学校、中小学"三位一体"协同育人。研究制定师范院校建设标准和师范类专业办学标准,重点建设一批师范教育基地,整体提升师范院校和师范专业办学水平。鼓励各地结合实际,适时提高师范专业生均拨款标准,提升师范教育保障水平。切实提高生源质量,对符合相关政策规定的,采取到岗退费或公费培养、定向培养等方式,吸引优秀青年踊跃报考师范院校和师范专业。完善教育部直属师范大学师范生公费教育政策,履约任教服务期调整为6年。改革招生制度,鼓励部分办学条件好、教学质量高院校的师范专业实行提前批次录取或采取入校后二次选拔方式,选拔有志于从教的优秀学生进入师范专业。加强教师教育学科建设。教育硕士、教育博士授予单位及授权点向师范院校倾斜。强化教师教育师资队伍建设,在专业发展、职称晋升和岗位聘用等方面予以倾斜支持。师范院校评估要体现师范教育特色,确保师范院校坚持以师范教育为主业,严控师范院校更名为非师范院校。开展师范类专业认证,确保教师培养质量。

9.支持高水平综合大学开展教师教育。创造条件,推动一批有基础的高水平综合大学成立教师教育学院,设立师范专业,积极参与基础教育、职业教育教师培养培训工作。整合优势学科的学术力量,凝聚高水平的教学团队。发挥专业优势,开设厚基础、宽口径、多样化的教师教育课程。创新教师培养形态,突出教师教育特色,重点培养教育硕士,适度培养教育博士,造就学科知识扎实、专业能力突出、教育情怀深厚的高素质复合型教师。

10.全面提高中小学教师质量,建设一支高素质专业化的教师队伍。提高教师培养层次,提升教师培养质量。推进教师培养供给侧结构性改革,为义务教育学校侧重培养素质全面、业务见长的本科层次教师,为高中阶段教育学校侧重培养专业突出、底蕴深厚的研究生层次教师。大力推动研究生层次教师培养,增加教育硕士招生计划,向中西部地区和农村地区倾斜。根据基础教育改革发展需要,以实践为导向优化教师教育课程体系,强化"钢笔字、毛笔字、粉笔字和普通话"等教学基本功和教学技能训练,师范生教育实践不少于半年。加强紧缺薄弱学科教师、特殊教育教师和民族地区双语教师培养。开展中小学教师全员培训,促进教师终身学习和专业发展。转变培训方式,推动信息技术与教师培训的有机融合,实行线上线下相结合的混合式研修。改进培训内容,紧密结合教育教学一线实际,组织高质量培训,使教师静心钻研教学,切实提升教学水平。推行培训自主选学,实行培训学分管理,建立培训学分银行,搭建教师培训与学历教育衔接的"立交桥"。建立健全地方教师发展机构和专业培训者队伍,依托现有资源,结合各地实际,逐步推进县级教师发展机构建设与改革,实现培训、教研、电教、科研部门有机整合。继续实施教师国培计划。鼓励教师海外研修访学。加强中小学校长队伍建设,努力造就一支政治过硬、品德高尚、业务精湛、治校有方的校长队伍。面向全体中小学校长,加大培训力度,提升校长办学治校能力,打造高品质学校。实施校长国培计划,重点开展乡村中小学骨干校长培训和名校长研修。支持教师和校长大胆探索,创新教育思想、教育模式、教育方法,形成教学特色和办学风格,营造教育家脱颖而出的制度环境。

11. 全面提高幼儿园教师质量,建设一支高素质善保教的教师队伍。办好一批幼儿师范专科学校和若干所幼儿师范学院,支持师范院校设立学前教育专业,培养热爱学前教育事业,幼儿为本、才艺兼备、擅长保教的高水平幼儿园教师。创新幼儿园教师培养模式,前移培养起点,大力培养初中毕业起点的五年制专科层次幼儿园教师。优化幼儿园教师培养课程体系,突出保教融合,科学开设儿童发展、保育活动、教育活动类课程,强化实践性课程,培养学前教育师范生综合能力。

建立幼儿园教师全员培训制度,切实提升幼儿园教师科学保教能力。加大幼儿园园长、乡村幼儿园教师、普惠性民办幼儿园教师的培训力度。创新幼儿园教师培训模式,依托高等学校和优质幼儿园,重点采取集中培训与跟岗实践相结合的方式培训幼儿园教师。鼓励师范院校与幼儿园协同建立幼儿园教师培养培训基地。

12. 全面提高职业院校教师质量,建设一支高素质双师型的教师队伍。继续实施职业院校教师素质提高计划,引领带动各地建立一支技艺精湛、专兼结合的双师型教师队伍。加强职业技术师范院校建设,支持高水平学校和大中型企业共建双师型教师培养培训基地,建立高等学校、行业企业联合培养双师型教师的机制。切实推进职业院校教师定期到企业实践,不断提升实践教学能力。建立企业经营管理者、技术能手与职业院校管理者、骨干教师相互兼职制度。

13. 全面提高高等学校教师质量,建设一支高素质创新型的教师队伍。着力提高教师专业能力,推进高等教育内涵式发展。搭建校级教师发展平台,组织研修活动,开展教学研究与指导,推进教学改革与创新。加强院系教研室等学习共同体建设,建立完善传帮带机制。全面开展高等学校教师教学能力提升培训,重点面向新入职教师和青年教师,为高等学校培养人才培育生力军。重视各级各类学校辅导员专业发展。结合"一带一路"建设和人文交流机制,有序推动国内外教师双向交流。支持孔子学院教师、援外教师成长发展。服务创新型国家和人才强国建设、世界一流大学和一流学科建设,实施好千人计划、万人计划、长江学者奖励计划等重大人才项目,着力打造创新团队,培养引进一批具有国际影响力的学科领军人才和青年学术英才。加强高端智库建设,依托人文社会科学重点研究基地等,汇聚培养一大批哲学社会科学名家名师。高等学校高层次人才遴选和培育中要突出教书育人,让科学家同时成为教育家。

四、深化教师管理综合改革,切实理顺体制机制

14.创新和规范中小学教师编制配备。适应加快推进教育现代化的紧迫需求和城乡教育一体化发展改革的新形势,充分考虑新型城镇化、全面二孩政策及高考改革等带来的新情况,根据教育发展需要,在现有编制总量内,统筹考虑、合理核定教职工编制,盘活事业编制存量,优化编制结构,向教师队伍倾斜,采取多种形式增加教师总量,优先保障教育发展需要。落实城乡统一的中小学教职工编制标准,有条件的地方出台公办幼儿园人员配备规范、特殊教育学校教职工编制标准。创新编制管理,加大教职工编制统筹配置和跨区域调整力度,省级统筹、市域调剂、以县为主,动态调配。编制向乡村小规模学校倾斜,按照班师比与生师比相结合的方式核定。加强和规范中小学教职工编制管理,严禁挤占、挪用、截留编制和有编不补。实行教师编制配备和购买工勤服务相结合,满足教育快速发展需求。

15.优化义务教育教师资源配置。实行义务教育教师"县管校聘"。深入推进县域内义务教育学校教师、校长交流轮岗,实行教师聘期制、校长任期制管理,推动城镇优秀教师、校长向乡村学校、薄弱学校流动。实行学区(乡镇)内走教制度,地方政府可根据实际给予相应补贴。逐步扩大农村教师特岗计划实施规模,适时提高特岗教师工资性补助标准。鼓励优秀特岗教师攻读教育硕士。鼓励地方政府和相关院校因地制宜采取定向招生、定向培养、定期服务等方式,为乡村学校及教学点培养"一专多能"教师,优先满足老少边穷地区教师补充需要。实施银龄讲学计划,鼓励支持乐于奉献、身体健康的退休优秀教师到乡村和基层学校支教讲学。

16. 完善中小学教师准入和招聘制度。完善教师资格考试政策,逐步将修习教师教育课程、参加教育教学实践作为认定教育教学能力、取得教师资格的必备条件。新入职教师必须取得教师资格。严格教师准入,提高入职标准,重视思想政治素质和业务能力,根据教育行业特点,分区域规划,分类别指导,结合实际,逐步将幼儿园教师学历提升至专科,小学教师学历提升至师范专业专科和非师范专业本科,初中教师学历提升至本科,有条件的地方将普通高中教师学历提升至研究生。建立符合教育行业特点的中小学、幼儿园教师招聘办法,遴选乐教适教善教的优秀人才进入教师队伍。按照中小学校领导人员管理暂行办法,明确任职条件和资格,规范选拔任用工作,激发办学治校活力。

17. 深化中小学教师职称和考核评价制度改革。适当提高中小学中级、高级教师岗位比例,畅通教师职业发展通道。完善符合中小学特点的岗位管理制度,实现职称与教师聘用衔接。将中小学教师到乡村学校、薄弱学校任教 1 年以上的经历作为申报高级教师职称和特级教师的必要条件。推行中小学校长职级制改革,拓展职业发展空间,促进校长队伍专业化建设。进一步完善职称评价标准,建立符合中小学教师岗位特点的考核评价指标体系,坚持德才兼备、全面考核,突出教育教学实绩,引导教师潜心教书育人。加强聘后管理,激发教师的工作活力。完善相关政策,防止形式主义的考核检查干扰正常教学。不简单用升学率、学生考试成绩等评价教师。实行定期注册制度,建立完善教师退出机制,提升教师队伍整体活力。加强中小学校长考核评价,督促提高素质能力,完善优胜劣汰机制。

18. 健全职业院校教师管理制度。根据职业教育特点,有条件的地方研究制定中等职业学校人员配备规范。完善职业院校教师资格标准,探索将行业企业从业经历作为认定教育教学能力、取得专业课教师资格的必要条件。落实职业院校用人自主权,完善教师招聘办法。推动固定岗和流动岗相结合的职业院校教师人事管理制度改革。支持职业院校专设流动岗位,适应产业发展和参与全球产业竞争需求,大力引进行业企业一流人才,吸引具有创新实践经验的企业家、高科技人才、高技能人才等兼职任教。完善职业院校教师考核评价制度,双师型教师考核评价要充分体现技能水平和专业教学能力。

19. 深化高等学校教师人事制度改革。积极探索实行高等学校人员总量管理。严把高等学校教师选聘入口关,实行思想政治素质和业务能力双重考察。严格教师职业准入,将新入职教师岗前培训和教育实习作为认定教育教学能力、取得高等学校教师资格的必备条件。适应人才培养结构调整需要,优化高等学校教师结构,鼓励高等学校加大聘用具有其他学校学习工作和行业企业工作经历教师的力度。配合外国人永久居留制度改革,健全外籍教师资格认证、服务管理等制度。帮助高等学校青年教师解决住房等困难。推动高等学校教师职称制度改革,将评审权直接下放至高等学校,由高等学校自主组织职称评审、自主评价、按岗聘任。条件不具备、尚不能独立组织评审的高等学校,可采取联合评审的方式。推行高等学校教师职务聘任制改革,加强聘期考核,准聘与长聘相结合,做到能上能下、能进能出。教育、人力资源社会保障等部门要加强职称评聘事中事后监管。深入推进高等学校教师考核评价制度改革,突出教育教学业绩和师德考核,将教授为本科生上课作为基本制度。坚持正确导向,规范高层次人才合理有序流动。

五、不断提高地位待遇,真正让教师成为令人羡慕的职业

20. 明确教师的特别重要地位。突显教师职业的公共属性,强化教师承担的国家使命和公共教育服务的职责,确立公办中小学教师作为国家公职人员特殊的法律地位,明确中小学教师的权利和义务,强化保障和管理。各级党委和政府要切实负起中小学教师保障责任,提升教师的政治地位、社会地位、职业地位,吸引和稳定优秀人才从教。公办中小学教师要切实履行作为国家公职人员的义务,强化国家责任、政治责任、社会责任和教育责任。

21. 完善中小学教师待遇保障机制。健全中小学教师工资长效联动机制,核定绩效工资总量时统筹考虑当地公务员实际收入水平,确保中小学教师平均工资收入水平不低于或高于当地公务员平均工资收入水平。完善教师收入分配激励机制,有效体现教师工作量和工作绩效,绩效工资分配向班主任和特殊教育教师倾斜。实行中小学校长职级制的地区,根据实际实施相应的校长收入分配办法。

22. 大力提升乡村教师待遇。深入实施乡村教师支持计划,关心乡村教师生活。认真落实艰苦边远地区津贴等政策,全面落实集中连片特困地区乡村教师生活补助政策,依据学校艰苦边远程度实行差别化补助,鼓励有条件的地方提高补助标准,努力惠及更多乡村教师。加强乡村教师周转宿舍建设,按规定将符合条件的教师纳入当地住房保障范围,让乡村教师住有所居。拿出务实举措,帮助乡村青年教师解决困难,关心乡村青年教师工作生活,巩固乡村青年教师队伍。在培训、职称评聘、表彰奖励等方面向乡村青年教师倾斜,优化乡村青年教师发展环境,加快乡村青年教师成长步伐。为乡村教师配备相应设施,丰富精神文化生活。

23. 维护民办学校教师权益。完善学校、个人、政府合理分担的民办学校教师社会保障机制,民办学校应与教师依法签订合同,按时足额支付工资,保障其福利待遇和其他合法权益,并为教师足额缴纳社会保险费和住房公积金。依法保障和落实民办学校教师在业务培训、职务聘任、教龄和工龄计算、表彰奖励、科研立项等方面享有与公办学校教师同等权利。

24. 推进高等学校教师薪酬制度改革。建立体现以增加知识价值为导向的收入分配机制,扩大高等学校收入分配自主权,高等学校在核定的绩效工资总量内自主确定收入分配办法。高等学校教师依法取得的科技成果转化奖励收入,不纳入本单位工资总额基数。完善适应高等学校教学岗位特点的内部激励机制,对专职从事教学的人员,适当提高基础性绩效工资在绩效工资中的比重,加大对教学型名师的岗位激励力度。

25. 提升教师社会地位。加大教师表彰力度。大力宣传教师中的"时代楷模"和"最美教师"。开展国家级教学名师、国家级教学成果奖评选表彰,重点奖励贡献突出的教学一线教师。做好特级教师评选,发挥引领作用。做好乡村学校从教30年教师荣誉证书颁发工作。各地要按照国家有关规定,因地制宜开展多种形式的教师表彰奖励活动,并落实相关优待政策。鼓励社会团体、企事业单位、民间组织对教师出资奖励,开展尊师活动,营造尊师重教良好社会风尚。

建设现代学校制度,体现以人为本,突出教师主体地位,落实教师知情权、参与权、表达权、监督权。建立健全教职工代表大会制度,保障教师参与学校决策的民主权利。推行中国特色大学章程,坚持和完善党委领导下的校长负责制,充分发挥教师在高等学校办学治校中的作用。维护教师职业尊严和合法权益,关心教师身心健康,克服职业倦怠,激发工作热情。

六、切实加强党的领导,全力确保政策举措落地见效

26.强化组织保障。各级党委和政府要满腔热情关心教师,充分信任、紧紧依靠广大教师。要切实加强领导,实行一把手负责制,紧扣广大教师最关心、最直接、最现实的重大问题,找准教师队伍建设的突破口和着力点,坚持发展抓公平、改革抓机制、整体抓质量、安全抓责任、保证抓党建,把教师工作记在心里、扛在肩上、抓在手中,摆上重要议事日程,细化分工,确定路线图、任务书、时间表和责任人。主要负责同志和相关责任人要切实做到实事求是、求真务实,善始善终、善作善成,把准方向、敢于担当,亲力亲为、抓实工作。各省、自治区、直辖市党委常委会每年至少研究一次教师队伍建设工作。建立教师工作联席会议制度,解决教师队伍建设重大问题。相关部门要制定切实提高教师待遇的具体措施。研究修订教师法。统筹现有资源,壮大全国教师工作力量,培育一批专业机构,专门研究教师队伍建设重大问题,为重大决策提供支撑。

27.强化经费保障。各级政府要将教师队伍建设作为教育投入重点予以优先保障,完善支出保障机制,确保党和国家关于教师队伍建设重大决策部署落实到位。优化经费投入结构,优先支持教师队伍建设最薄弱、最紧迫的领域,重点用于按规定提高教师待遇保障、提升教师专业素质能力。加大师范教育投入力度。健全以政府投入为主、多渠道筹集教育经费的体制,充分调动社会力量投入教师队伍建设的积极性。制定严格的经费监管制度,规范经费使用,确保资金使用效益。各级党委和政府要将教师队伍建设列入督查督导工作重点内容,并将结果作为党政领导班子和有关领导干部综合考核评价、奖惩任免的重要参考,确保各项政策措施全面落实到位,真正取得实效。

第二部分
社会主义核心价值观类文件

培育和践行社会主义核心价值观行动方案

中办发〔2013〕24 号

为深入推进社会主义核心价值观建设,落实《关于培育和践行社会主义核心价值观的意见》(中办发〔2013〕24 号),现提出如下行动方案。

一、总体要求

深入学习贯彻党的十八大和十八届三中、四中全会精神,深入学习贯彻习近平总书记系列重要讲话精神,围绕协调推进全面建成小康社会、全面深化改革、全面依法治国、全面从严治党的战略布局,坚持不懈地用社会主义核心价值观凝聚人心,广泛进行宣传教育,广泛进行探索实践,在贯穿结合融入上下功夫,在落细落小落实上下功夫,在坚持不懈、久久为功上下功夫,推进社会主义核心价值观学习实践具体化系统化,努力在全社会形成共同的价值追求,为实现"两个一百年"奋斗目标、实现中华民族伟大复兴的中国梦,提供强大价值引导力、文化凝聚力和精神推动力。

在工作中,要坚持以理想信念教育为核心,深入学习宣传贯彻习近平总书记系列重要讲话精神,学习宣传贯彻"四个全面"的战略布局,深化中国特色社会主义和中国梦学习宣传教育,深化中国道路学习宣传教育,引导人们坚定理想信念,增强道路自信、理论自信、制度自信。要立足中华优秀传统文化,坚守中华文化立场,本着客观科学礼敬的态度,深入挖掘中华文化的精神和价值,结合当今时代要求,进行创造性转化和创新性发展,深耕厚植社会主义核心价值观。要紧密联系群众生产生活实际,结合各行各业特点,精心设计开展人们喜闻乐见的实践活动,推动社会主义核心价值观内化于心、外化于行,使之成为全社会的群体意识和共同行动。

二、强化实践养成

推进社会主义核心价值观建设,重在行动、贵在坚持。要在深化拓展爱国、敬业、诚信、友善公民层面活动的基础上,向国家层面和社会层面延伸,进一步围绕富强、民主、文明、和谐的价值目标,围绕自由、平等、公正、法治的价值取向,设计工作抓手,组织开展活动,引导人们自觉践行社会主义核心价值观。

深入开展爱国主义教育活动。大力弘扬以爱国主义为核心的民族精神和以改革创新为核心的时代精神,精心组织"我们的价值观我们的中国梦"主题活动,激励干部群众积极投身全面建成小康社会的伟大实践。围绕抗日战争重要纪念日,以铭记历史、缅怀先烈、珍爱和平、开创未来为主题,广泛开展"勿忘国耻·圆梦中华"教育活动,组织开展专题讲座、参观走访、党团队日、祭扫烈士墓、开学第一课等活动,开展楹联、诗词征集展示等网上系列活动,弘扬伟大的抗战精神。加强爱国主义教育基地的保护利用,精心组织有庄严感的典礼仪式和有教育意义的活动,规范、普及奏唱国歌和升国旗活动,增强人们的国家意识和爱国情感。

深化群众性精神文明创建活动。以创建文明城市、文明村镇、文明单位、文明家庭为抓手,以社会主义核心价值观为引领,坚持创建为民、创建惠民、深化内涵、拓展领域、提升成效,推动群众性精神文明创建向纵深发展。强化思想、道德、文化等方面的建设,强化移风易俗、敦风化俗的工作,强化法治精神、人文素养的培育,着力提升公民文明素质和社会文明程度,使文明城市、文明村镇、文明单位、文明家庭成为践行社会主义核心价值观的排头兵。

广泛开展学雷锋志愿服务活动。把学雷锋与志愿服务结合起来,深入开展"关爱他人、关爱社会、关爱自然"主题活动,大力弘扬奉献、友爱、互助、进步的志愿精神,营造"我为人人人人为我"的社会氛围。以社区为依托,以空巢老人、留守妇女儿童、困难职工、残疾人为重点服务对象,广泛开展家政服务、文体活动、医疗保健、法律援助等服务,把志愿服务做到基层,进社区、进家庭。大力推进志愿服务制度化,建立健全注册培训、活动运行、服务记录、回馈激励、法律政策保障等机制,推动志愿服务常态化发展,营造有时间做志愿者、有困难找志愿者的生动局面。

推进诚信建设制度化。坚持诚信与征信相结合,推动建立健全覆盖全社会的征信系统,不断完善政务诚信、商务诚信、社会诚信、司法公信管理制度。组织开展"百城万店讲诚信"活动,建设诚信商户、信誉商场市场。加强诚信教育,完善守信激励和失信惩戒机制,建立诚信"红黑榜"制度,促进由征信到诚信。开展信用领域突出问题专项整治,组织"诚信建设万里行"新闻采访活动,引导人们诚实做人、守信做事。

深化节俭养德全民节约行动。倡导绿色化生产生活方式,深入推进工业节能、建筑节能、交通节能、住宅节能、绿色流通、循环经济等工作,积极推广生产生活领域节约窍门,引导人们节约一粒粮、一滴水、一张纸、一度电,推动美丽中国建设。以南水北调沿线城市为重点,广泛开展人人节水活动,大力倡导节水优先理念,在全社会养成节约用水的好习惯。发布"节约之星",命名节俭养德先进单位和先进个人,曝光铺张浪费典型案例,强化节约光荣、浪费可耻的社会导向。

开展公正文明执法司法活动。加强社会主义法治理念教育,引导执法司法工作者恪守职业道德、规范职业行为,做到忠于党、忠于国家、忠于人民、忠于法律。深入推进执法司法规范化建设,完善执法程序,明确操作流程,细化量化行政裁量标准,建立执法全过程记录制度,推动信息化建设和信息共享,提高执法司法公信力。全面落实行政执法责任制,实行办案质量终身负责制和错案责任倒查问责制,加强执法司法监督,确保法律公正、有效实施。

开展平安中国建设活动。深入开展法制宣传教育,精心组织"宪法日"等主题活动,建立法官、检察官、行政执法人员、律师等以案释法制度,弘扬社会主义法治精神,建设社会主义法治文化。总结推广基层民主恳谈会、基层民主议事会等做法,完善人民调解、司法调解、行政调解联动工作体系,有效化解矛盾纠纷。推进网格化管理和基层综合管理服务平台建设,及时反映和协调人民群众的利益诉求,维护社会和谐稳定。

开展民族团结进步创建活动。加强民族团结进步宣传教育,建设中华民族共有精神家园,积极培养中华民族共同体意识,引导各族群众牢固树立正确的祖国观、历史观、民族观,树立汉族离不开少数民族、少数民族离不开汉族、各少数民族之间也相互离不开的观念,增进对伟大祖国的认同、对中华民族的认同、对中华文化的认同、对中国特色社会主义道路的认同,维护民族团结,反对民族分裂。以各民族共同团结奋斗、共同繁荣发展为主题,抓住民族自治地方周年庆典、民族传统节庆等时间节点,推动民族团结进步创建进机关、企业、社区、乡镇、学校、寺庙。宣传民族团结进步模范,命名民族团结进步创建活动示范单位。

深入开展文明旅游活动。深入实施中国公民旅游文明素质行动计划,广泛宣传《旅游法》,宣传《中国公民出境旅游文明行动指南》和《中国公民国内旅游文明行为公约》,宣传"中国好游客",加强对游客特别是出境游客的教育引导,提升旅游文明素质。深化文明景区创建,抓住春节、暑期、国庆节等旅游热点时段,广泛开展文明与旅游同行活动。健全规章制度,加强导游领队培训,增强文明旅游意识,把好护照关、组团关、出境关、交通关、落地关、行程关。加大对旅游公民和相关人员的规范约束,建立游客旅游不文明档案,曝光旅游不文明行为,切实解决公民旅游存在的不文明现象。

开展全民科学素质行动。深入实施《全民科学素质行动计划纲要》,深化拓展科普活动,用好全民科普日、科技活动周、科普大篷车等平台,普及科学知识,传播科学思想,弘扬科学精神,提高全民科学素养。鼓励科技工作者参与科普工作,组织"科学与中国"院士专家巡讲、科学大师论坛、科技成果展和科技网上讲座等,介绍科技发展前沿和创新成果,激发人们科技兴趣和创新热情,促进大众创业、万众创新。广泛开展移风易俗活动,引导人们破除愚昧迷信、反对邪说邪教。

开展扶贫济困活动。全面建成小康社会,难点在贫困地区,重点在贫困群众。广泛开展"送温暖献爱心"活动,经常性地访慰问困难家庭、困难群众,为他们提供生产生活、工作学习方面的帮助。深化文化科技卫生"三下乡"活动,抓好大中专学生"三下乡"暑期社会实践,为老少边穷地区送去文化产品和文化服务,提供农技培训、实用技术帮扶。开展巡回医疗和医疗机构对口支援等卫生服务。完善帮扶机制,建立对口帮扶联系点,动员社会各方面广泛参与。

开展爱国卫生运动。深入开展城乡环境卫生整洁行动,加强垃圾、污水收集处理,推进改水改厕,加强公共食品安全监管等。加强健康教育,倡导健康文明科学的生活方式,引导全社会牢固树立公共卫生意识,提高群众的防病意识和能力。推进全民健身行动,建立健全全民健身公共服务体系,提高人们的健康素质。

开展文明办网、文明上网活动。加强网络文明建设,做大做强网上正面宣传,扩大网上正能量,营造积极健康向上的网络生态。开展网络公益活动,加大网上公益广告宣传力度。深化文明网站创建,推行网站信用等级评价制度,强化网站直接发现、第一时间处理有害信息的责任,落实网络实名制,推进网络依法规范有序运行。实施中华优秀传统文化网上传播工程和网德建设工程,加强网络社会教育,引导广大网民树立正确的网络观,争做文明版主和文明网民,评选"中国好网民"。依法打击网络谣言和网上淫秽色情信息,严厉查处违法违规网站,让网络空间清朗起来。

开展公众人物"重品行树形象做榜样"活动。加强社会责任教育,引导文化界、体育界、教育界、科技界人士以及企业家等公众人物强化自身修养、提升道德境界,对社会负责、为他人着想,带头践行社会主义核心价值观,为公众作出榜样。深入开展"光彩行动",引导企业家积极投身社会公益事业。开展科学道德与学风建设宣讲,倡行科学道德,反对学术不端行为。动员文体明星参与义演义赛、扶贫助困、环境保护等活动,追求健康生活情趣,树立德艺双馨、立德树人的良好形象。结合"深入生活扎根人民"活动,组织文艺工作者开展文化进万家、送欢乐下基层、"心连心"小分队演出、文艺志愿服务,探索"结对子种文化"的工作方式,为广大群众提供文化服务。

开展"三严三实"教育。加强党员干部党性修养和党性锻炼,开展党的政治纪律和政治规矩教育,自觉同以习近平同志为核心的党中央保持高度一致,做到党中央提倡的坚决响应、党中央决定的坚决照办、党中央禁止的坚决杜绝,做到对党忠诚、个人干净、敢于担当。深化焦裕禄精神学习,增强党员干部的公仆情怀、求实作风和奋斗精神,自觉做焦裕禄式的好党员好干部,始终做到心中有党、心中有民、心中有责、心中有戒。开展修身律己活动,大力宣传优秀共产党员、最美基层干部等先进典型,使"三严三实"成为党员干部修身做人、行使职权、干事创业的遵循和准则。

三、加强法规导向

发挥政策法规的保障和支撑作用,推动各方面在制定法律法规、出台政策制度、加强社会治理的过程中,充分体现社会主义核心价值观的要求,使符合社会主义核心价值观的行为得到鼓励、违背社会主义核心价值观的行为受到制约。

强化公共政策的价值导向。各项政策制度从设计制定到实施执行,要体现正确的价值导向,使经济、政治、文化、社会、生态等各方面政策都有利于社会主义核心价值观的培育和践行。探索建立重大公共政策道德风险评估机制,建立健全公共政策纠偏机制,该废除的废除、该修订的修订、该完善的完善,形成有利于培育践行社会主义核心价值观的政策环境和制度支撑。

强化法律法规的刚性约束。弘扬社会主义法治精神,增强全社会的宪法意识和法治信仰,扎牢法治篱笆,运用法治的力量树立正义的道德天平。厉行法治,用执法的严肃性彰显法治的威慑力,用司法的公正性彰显社会的公信力。推动做好法律法规的立改废释工作,把社会主义核心价值观的要求转化为具有刚性约束力的法律规定,用法律法规来推动社会主义核心价值观建设。

修订完善规范则。按照社会主义核心价值观的要求,紧密联系各地各行业实际,组织力量做好市民公约、村规民约、学生守则、行业规范、职业规则、团体章程的修订完善工作。各项规范守则,要内容具体、简洁明了,要求清晰、贴近生活,易于掌握和遵守。开展规范守则教育实践活动,强化人们的准则意识、律己意识,做到心有所戒、行有所矩。

四、深化推广普及

各级各类媒体和宣传文化阵地要保持社会主义核心价值观宣传的力度,形成联动、合力聚焦,大力推广普及社会主义核心价值观,使之家喻户晓、众人皆知。

加强阐释解读。全面准确把握社会主义核心价值观的时代意义、基本内涵和实践要求,作出科学阐释和正确解读。组织专家学者和实际工作者深入城乡基层,通过讲坛论坛、座谈交流等方式,面向干部群众开展宣讲解读,增进人们对社会主义核心价值观的理解和认同。组织编写通俗读物,简明易懂、生动形象地宣传社会主义核心价值观。

运用媒体传播。适应媒体融合发展的新趋势,整合传统媒体和新兴媒体资源,大力度传播社会主义核心价值观,做到全媒体宣传、全栏目融入、全方位覆盖。各级主要新闻媒体和都市类媒体,在重要版面、重要时段开设专栏专题,运用新闻报道、理论专栏、言论评论、互动交流、公益广告等形式,持续有效地刊播社会主义核心价值观 12 个主题词。适应互联网传播特点,做好"微"字文章,充分运用微信、微博、微视频、微电影和手机客户端等方式,拓展社会主义核心价值观网上传播平台。

扩大社会传播。利用多种场合和载体,形成有利于培育和践行社会主义核心价值观的生活情境和社会氛围。精心制作"图说我们的价值观"作品,鼓励各地创作推出一批主题鲜明、创意新颖、生动感人的公益广告,在公共场所、建筑围挡、公共交通工具等,利用电子显示屏、橱窗展板、道旗灯箱、车载电视张贴刊播。在公园、广场等公共设施,有机融入社会主义核心价值观的元素。

用好基层阵地。发挥各类基层宣传文化阵地和教育基地的作用,寓教于文、寓教于乐,建设社会主义核心价值观教育大课堂。依托图书馆、文化馆、博物馆、纪念馆、科技馆和少年宫等基层文化设施,组织开展丰富多彩的社会主义核心价值观教育实践活动。加强爱国主义教育基地、民族团结教育基地、科普教育基地、国防教育基地、青少年课外活动基地建设,提升思想内涵和教育功能。充分运用城乡基层设立的道德讲堂、文化礼堂等,用身边事教育身边人。

五、注重典型示范

大力学习宣传时代楷模、最美人物、身边好人,评选表彰道德模范,建立健全先进模范发挥作用的长效机制,树立可亲、可敬、可学的榜样,营造见贤思齐、崇德向善的社会氛围。

宣传时代楷模和最美人物。完善申报、遴选、推广机制,中央宣传部及时发布各地和各行各业涌现出的时代楷模、最美人物,对事迹突出、具有重大社会影响的时代楷模举办先进事迹报告会。各地要积极发现和宣传本地的先进典型,形成鲜明的价值观导向。

宣传道德模范和身边好人。中央宣传部、中央文明办等部门在各地广泛推荐评选的基础上,每两年评选表彰一批全国道德模范。中国精神文明网组织开展"我推荐、我评议身边好人"活动,联合人民网、新华网等共同打造"好人 365"宣传品牌。

宣传善行义举。发动群众举荐好人好事,评议凡人善举并利用多种形式进行宣传,引导人们从身边做起、从小事做起,常为义善之举、常做有益之事。在社区、农村、企业、学校和窗口单位设立善行义举榜,定期张榜更新,褒扬凡人善举,传扬美德善行。

六、开展文化培育

坚持以文化人、以文育人,汲取中华优秀传统文化丰富营养,珍视革命文化、红色文化宝贵资源,充分运用文化产品、文化服务和文化活动,大力传播社会主义核心价值观让人们在文化熏陶中受到教育、得到提高。

培育家风家教。注重家庭、注重家教、注重家风,发扬光大中华民族传统家庭美德,促进家庭和睦,促进亲人相亲相爱,促进下一代健康成长,促进老年人老有所养,让社会主义核心价值观在家庭里生根、在亲情中升华。大力传承中华孝道,养成孝敬父母、尊敬长辈的品格。倡导夫妻互敬互爱、邻里互帮互助。积极培育勤劳节俭的好习惯,摒弃好逸恶劳、奢侈浪费,做到厉行节约、勤俭持家。深化文明家庭创建,推进领导干部廉洁家庭建设,开展寻找最美家庭活动,倡导家庭文明新风。

传承优良校风校训。坚持用价值观引领知识教育,把社会主义核心价值观纳入国民教育,加强未成年人思想道德建设和大学生思想政治工作,推动社会主义核心价值观进教材、进课堂、进头脑。制定优良校训,开展校训育人活动,用校训立德、用校训励志,引导学生明大德、守公德、严私德,做中国特色社会主义事业的建设者和接班人。广泛开展文明校园创建活动,实施校园文化建设创新项目,深化爱学习、爱劳动、爱祖国活动,深入开展"礼敬中华优秀传统文化活动",培育文明校风。加强学生社会责任感、创新精神、实践能力培养培训,强化学生的爱岗敬业精神、吃苦耐劳精神和创新创业精神。健全师德建设长效机制,引导广大教师做有理想信念、有道德情操、有扎实学识、有仁爱之心的好老师。

创新发展乡贤文化。对传统乡贤文化,做到扬弃继承、转化创新,继承积极思想文化,摒弃过时消极因素,从中提炼符合当今时代需要的思想观念,赋予新意、改造形式让其中的精华闪亮起来,激活生命力,增强影响力和感召力。积极培育与基层建设相适应的新乡贤文化,发挥优秀基层干部、道德模范、身边好人等新乡贤的引领作用,大力弘扬助人为乐、见义勇为、诚实守信、敬业奉献、孝老爱亲的高尚品德,引导人们向往和追求讲道德、尊道德、守道德的生活。

培育弘扬良好企业精神。弘扬艰苦奋斗精神,增强企业综合竞争力。加强诚信建设,开展诚信做产品活动,把诚信理念渗透到生产经营各环节,打造诚信企业。加强敬业奉献教育,开展岗位学雷锋活动,命名一批示范点和岗位标兵,引导员工做好"八小时、手上事"。强化企业社会责任,积极履行社会义务,正确处理国家、企业、职工三者的利益关系,积极构建和谐劳动关系。加强企业文化建设,发动员工提炼和完善企业精神,组织开展丰富多彩的文化活动,增强员工归属感、责任感。

建立规范礼仪制度。加强对传统礼节礼仪的整理创新,加强对风俗流变的引导,用优秀礼仪文化和乡土民风塑造文明风尚。建立和规范升国旗仪式、成人仪式、入党入团入队仪式等礼仪制度,利用重大纪念日、民族传统节日,组织开展形式多样的纪念庆典活动。把社会主义核心价值观融入婚礼、开学毕业典礼、开业创业仪式等,传播主流价值,增强人们的认同感和归属感。

发挥各种文艺形式和文化样式的作用。用社会主义核心价值观引领文艺作品创作生产,通过精彩故事、鲜活语言、丰满人物传递真善美,传递积极的人生追求和高尚的道德情操,以高尚的精神塑造人、以优秀的作品鼓舞人。充分运用影视剧、小说、诗词、戏剧、歌曲、曲艺、舞蹈等文艺形式,运用各种民族民间文化样式,生动活泼地传播社会主义核心价值观。

七、加强组织领导

培育和践行社会主义核心价值观,是强基固本的灵魂工程,是必须始终抓好的国家战略。要保持久久为功的韧劲和耐心,保持工作的连续性和稳定性,从具体事情抓起,从领导干部、公众人物、青少年等重点人群抓起,面向全民抓落实,推动社会主义核心价值观建设不断取得新的进展和成效。

完善领导体制和工作机制。各级党委政府要把社会主义核心价值观建设摆上重要议事日程,纳入经济社会发展总体规划,深入研究新情况新特点,及时解决工作中遇到的困难和问题,加强组织领导和工作指导。要建立健全党委统一领导、党政齐抓共管、宣传部门组织协调、有关部门分工负责、社会力量积极参与的领导体制和工作机制,不断提高工作科学化水平。

建立健全工作责任制。中央宣传部、中央文明办要担负起统筹协调责任,既抓好自身承担任务的组织实施,又抓好面上工作的督促落实。各相关部门单位和群众团体,要把社会主义核心价值观建设作为分内之事、分内之责,发挥各自优势、加强协同配合,形成同向同行的强大正效应。各地党委宣传部、文明办要结合实际,根据本《行动方案》提出的任务,制定具体措施办法,明确责任分工,推动各有关方面履好职、尽好责。

总结推广先进经验。尊重基层和群众首创精神,让蕴藏于人民群众中的创新创造活力得到充分发挥,大力推进基层的探索创新,不断提高工作的针对性实效性。各地各部门要通过现场观摩、交流研讨等方式,及时总结推广实践中的好经验好做法。

加强督促检查。各地各部门要把社会主义核心价值观建设工作成效纳入科学发展考核评价体系,作为衡量领导班子和领导干部工作业绩的重要依据。建立科学的评价体系和评价标准,制定具体可行的测评办法,定期对各地各部门的工作情况进行督促检查。对工作开展不力的地方和单位,要进行通报批评。今年年底,中央宣传部、中央文明办要对本《行动方案》的贯彻落实情况开展一次专项督查。

☞ 重点提炼

1.培育和践行社会主义核心价值观需要把握的总体要求是什么?

深入学习全面贯彻党的十八大和十九届三中、四中全会精神,深入学习贯彻习近平总书记系列重要讲话精神,围绕协调推进全面建成小康社会、全面深化改革、全面依法治国、全面从严治党的战略布局,坚持不懈地用社会主义核心价值观凝聚人心,广泛进行宣传教育,广泛进行探索实践,在贯穿结合融入上下功夫,在落细落小落实上下功夫,在坚持不懈、久久为功上下功夫,推进社会主义核心价值观学习实践具体化系统化,努力在全社会形成共同的价值追求,为实现"两个一百年"奋斗目标、实现中华民族伟大复兴的中国梦,提供强大价值引导力、文化凝聚力和精神推动力。

2.培育和践行社会主义核心价值观需要把握的工作要求是什么?

《行动方案》提出,培育和践行社会主义核心价值观,要坚持以理想信念教育为核心,深入学习宣传贯彻习近平总书记系列重要讲话精神,学习宣传贯彻协调推进"四个全面"战略布局,深化中国特色社会主义、中国梦和中国道路学习宣传教育,引导人们坚定道路自信、理论自信、制度自信、文化自信。要立足中华优秀传统文化,坚守中华文化立场,本着客观科学礼敬的态度,深入挖掘中华文化的精神和价值,结合当今时代要求,进行创造性转化和创新性发展,深耕厚植社会主义核心价值观。要广泛进行宣传教育,广泛进行探索实践,在贯穿结合融入上下功夫,在落细落小落实上下功夫,在坚持不懈、久久为功上下功夫,努力推进社会主义核心价值观学习教育实践具体化系统化。要紧密联系群众生产生活实际,结合各行各业特点,精心设计开展人们喜闻乐见的实践活动,把社会主义核心价值观的要求日常化、具体化、生活化,使社会主义核心价值观内化于心、外化于行,成为全社会的群体意识和共同行动。

3.简要介绍《行动方案》主要有哪些活动安排?

答:《行动方案》着眼践行、立足行动,强调要在深化拓展爱国、敬业、诚信、友善公民层面活动的基础上,向国家层面和社会层面延伸,进一步围绕富强、民主、文明、和谐的价值目标,围绕自由、平等、公正、法治的价值取向,设计工作抓手,组织开展活动,着力把培育和践行社会主义核心价值观的要求具体化。《行动方案》提出了15项重点活动项目,主要有:爱国主义教育活动、群众性精神文明创建活动、学雷锋志愿服务活动、诚信建设制度化、节俭养德全民节约行动、公正文明执法司法活动、平安中国建设活动、民族团结进步创建活动、文明旅游活动、全民科学素质行动、扶贫济困活动、爱国卫生运动、文明办网文明上网活动、公众人物"重品行树形象　做榜样"活动、"三严三实"专题教育。

中共中央办公厅印发
《关于培育和践行社会主义核心价值观的意见》

新华社北京 2013 年 12 月 23 日电

近日,中共中央办公厅印发了《关于培育和践行社会主义核心价值观的意见》,并发出通知,要求各地区各部门结合实际认真贯彻执行。

《关于培育和践行社会主义核心价值观的意见》全文如下:

社会主义核心价值观是社会主义核心价值体系的内核,体现社会主义核心价值体系的根本性质和基本特征,反映社会主义核心价值体系的丰富内涵和实践要求,是社会主义核心价值体系的高度凝练和集中表达。为深入贯彻落实党的十八大和十八届三中全会精神,积极培育和践行社会主义核心价值观,现提出如下意见。

一、培育和践行社会主义核心价值观的重要意义和指导思想

(一)培育和践行社会主义核心价值观,是推进中国特色社会主义伟大事业、实现中华民族伟大复兴中国梦的战略任务。党的十八大提出,倡导富强、民主、文明、和谐,倡导自由、平等、公正、法治,倡导爱国、敬业、诚信、友善,积极培育和践行社会主义核心价值观。这与中国特色社会主义发展要求相契合,与中华优秀传统文化和人类文明优秀成果相承接,是我们党凝聚全党全社会价值共识作出的重要论断。富强、民主、文明、和谐是国家层面的价值目标,自由、平等、公正、法治是社会层面的价值取向,爱国、敬业、诚信、友善是公民个人层面的价值准则,这 24 个字是社会主义核心价值观的基本内容,为培育和践行社会主义核心价值观提供了基本遵循。面对世界范围思想文化交流交融交锋形势下价值观较量的新态势,面对改革开放和发展社会主义市场经济条件下思想意识多元多样多变的新特点,积极培育和践行社会主义核心价值观,对于巩固马克思主义在意识形态领域的指导地位、巩固全党全国人民团结奋斗的共同思想基础,对于促进人的全面发展、引领社会全面进步,对于集聚全面建成小康社会、实现中华民族伟大复兴中国梦的强大正能量,具有重要现实意义和深远历史意义。

(二)培育和践行社会主义核心价值观的指导思想是:高举中国特色社会主义伟大旗帜,以邓小平理论、"三个代表"重要思想、科学发展观为指导,深入学习贯彻党的十八大精神和习近平同志系列讲话精神,紧紧围绕坚持和发展中国特色社会主义这一主题,紧紧围绕实现中华民族伟大复兴中国梦这一目标,紧紧围绕"三个倡导"这一基本内容,注重宣传教育、示范引领、实践养成相统一,注重政策保障、制度规范、法律约束相衔接,使社会主义核心价值观融入人们生产生活和精神世界,激励全体人民共同富裕,为夺取中国特色社会主义新胜利而不懈奋斗。

(三)培育和践行社会主义核心价值观要坚持以下原则:坚持以人为本,尊重群众主体地位,关注人们利益诉求和价值愿望,促进人的全面发展;坚持以理想信念为核心,抓住世界观、人生观、价值观这个总开关,在全社会牢固树立中国特色社会主义共同理想,着力筑牢人们的精神支柱;坚持联系实际,区分层次和对象,加强分类指导,找准与人们思想的共鸣点、与群众利益的交汇点,做到贴近性、对象化、接地气;坚持改进创新,善于运用群众喜闻乐见的方式,搭建群众便于参与的平台,开辟群众乐于参与的渠道,积极推进理念创新、手段创新和基层工作创新,增强工作的吸引力感染力。

二、把培育和践行社会主义核心价值观融入国民教育全过程

(四)培育和践行社会主义核心价值观要从小抓起、从学校抓起。坚持育人为本、德育为先,围绕立德树人的根本任务,把社会主义核心价值观纳入国民教育总体规划,贯穿于基础教育、高等教育、职业技术教育、成人教育各领域,落实到教育教学和管理服务各环节,覆盖到所有学校和受教育者,形成课堂教学、社会实践、校园文化多位一体的育人平台,不断完善中华优秀传统文化教育,形成爱学习、爱劳动、爱祖国的有效形式和长效机制,努力培养德智体美全面发展的社会主义建设者和接班人。适应青少年身心特点和成长规律,深化未成年人思想道德建设和大学生思想政治教育,构建大中小学有效衔接的德育课程体系和教材体系,创新中小学德育课和高校思想政治理论课教育教学,推动社会主义核心价值观进教材、进课堂、进学生头脑。完善学校、家庭、社会三结合的教育网络,引导广大家庭和社会各方面主动配合学校教育,以良好的家庭氛围和社会风气巩固学校教育成果,形成家庭、社会与学校携手育人的强大合力。

(五)拓展青少年培育和践行社会主义核心价值观的有效途径。注重发挥社会实践的养成作用,完善实践教育教学体系,开发实践课程和活动课程,加强实践育人基地建设,打造大学生校外实践教育基地、高职实训基地、青少年社会实践活动基地,组织青少年参加力所能及的生产劳动和爱心公益活动、益德益智的科研发明和创新创造活动、形式多样的志愿服务和勤工俭学活动。注重发挥校园文化的熏陶作用,加强学校报刊、广播电视、网络建设,完善校园文化活动设施,重视校园人文环境培育和周边环境整治,建设体现社会主义特点、时代特征、学校特色的校园文化。

(六)建设师德高尚、业务精湛的高素质教师队伍。实施师德师风建设工程,坚持师德为上,完善教师职业道德规范,健全教师任职资格准入制度,将师德表现作为教师考核、聘任和评价的首要内容,形成师德师风建设长效机制。着重抓好学校党政干部和共青团干部,思想品德课、思想政治理论课和哲学社会科学课教师,辅导员和班主任队伍建设。引导广大教师自觉增强教书育人的荣誉感和责任感,学为人师、行为世范,做学生健康成长的指导者和引路人。

三、把培育和践行社会主义核心价值观落实到经济发展实践和社会治理中

(七)确立经济发展目标和发展规划,出台经济社会政策和重大改革措施,开展各项生产经营活动,要遵循社会主义核心价值观要求,做到讲社会责任、讲社会效益,讲守法经营、讲公平竞争、讲诚信守约,形成有利于弘扬社会主义核心价值观的良好政策导向、利益机制和社会环境。与人们生产生活和现实利益密切相关的具体政策措施,要注重经济行为和价值导向有机统一,经济效益和社会效益有机统一,实现市场经济和道德建设良性互动。建立完善相应的政策评估和纠偏机制,防止出现具体政策措施与社会主义核心价值观相背离的现象。

（八）法律法规是推广社会主流价值的重要保证。要把社会主义核心价值观贯彻到依法治国、依法执政、依法行政实践中，落实到立法、执法、司法、普法和依法治理各个方面，用法律的权威来增强人们培育和践行社会主义核心价值观的自觉性。厉行法治，严格执法，公正司法，捍卫宪法和法律尊严，维护社会公平正义。加强法制宣传教育，培育社会主义法治文化，弘扬社会主义法治精神，增强全社会学法尊法守法用法意识。注重把社会主义核心价值观相关要求上升为具体法律规定，充分发挥法律的规范、引导、保障、促进作用，形成有利于培育和践行社会主义核心价值观的良好法治环境。

（九）要把践行社会主义核心价值观作为社会治理的重要内容，融入制度建设和治理工作中，形成科学有效的诉求表达机制、利益协调机制、矛盾调处机制、权益保障机制，最大限度增进社会和谐。创新社会治理，完善激励机制，褒奖善行义举，实现治理效能与道德提升相互促进，形成好人好报、恩将德报的正向效应。完善市民公约、村规民约、学生守则、行业规范，加大规章制度实施力度，在日常治理中鲜明彰显社会主流价值，使正确行为得到鼓励、错误行为受到谴责。

四、加强社会主义核心价值观宣传教育

（十）用社会主义核心价值观引领社会思潮、凝聚社会共识。深入开展中国特色社会主义和中国梦宣传教育，不断增强人们的道路自信、理论自信、制度自信、文化自信，坚定全社会全面深化改革的意志和决心。把社会主义核心价值观学习教育纳入各级党委（党组）中心组学习计划，纳入各级党委讲师团经常性宣讲内容。深入研究社会主义核心价值观的理论和实际问题，深刻解读社会主义核心价值观的丰富内涵和实践要求，为实践发展提供学理支撑。深入推进马克思主义理论研究和建设工程，发挥国家社科基金的导向带动作用，推出更多有分量有价值的研究成果。加强社会思潮动态分析，强化社会热点难点问题的正面引导，在尊重差异中扩大社会认同，在包容多样中形成思想共识。严格社团、讲座、论坛、研讨会、报告会的管理。

（十一）新闻媒体要发挥传播社会主流价值的主渠道作用。坚持团结稳定鼓劲、正面宣传为主，牢牢把握正确舆论导向，把社会主义核心价值观贯穿到日常形势宣传、成就宣传、主题宣传、典型宣传、热点引导和舆论监督中，弘扬主旋律，传播正能量，不断巩固壮大积极健康向上的主流思想舆论。党报党刊、通讯社、电台电视台要拿出重要版面时段、推出专栏专题,出版社要推出专项出版,运用新闻报道、言论评论、访谈节目、专题节目和各类出版物等形式传播社会主义核心价值观。都市类、行业类媒体要增强传播主流价值的社会责任,积极发挥自身优势,适应分众化特点,多联系群众身边事例,多运用大众化语言,在生动活泼的宣传报道中引导人们培育和践行社会主义核心价值观。强化传播媒介管理,不为错误观点提供传播渠道。新闻出版单位和从业人员要强化行业自律,切实增强传播社会主义核心价值观的责任意识和能力,将个人道德修养作为从业资格考评重要内容。

(十二)建设社会主义核心价值观的网上传播阵地。适应互联网快速发展形势,善于运用网络传播规律,把社会主义核心价值观体现到网络宣传、网络文化、网络服务中,用正面声音和先进文化占领网络阵地。做大做强重点新闻网站,发挥主要商业网站建设性作用,形成良好的网上舆论环境,集聚网上舆论引导合力。做好重大信息网上发布,回应网民关切,主动有效进行网上引导。推动中华优秀传统文化和当代文化精品网络化传播,创作适于新兴媒体传播、格调健康的网络文化作品。依法加强网络社会管理,加强对网络新技术新应用的管理,推进网络法治建设,规范网上信息传播秩序,整治网络淫秽色情和低俗信息,打击网络谣言和违法犯罪,使网络空间清朗起来。

(十三)发挥精神文化产品育人化人的重要功能。一切文化产品、文化服务和文化活动,都要弘扬社会主义核心价值观,传递积极人生追求、高尚思想境界和健康生活情趣。提升文化产品的思想品格和艺术品位,用思想性艺术性观赏性相统一的优秀作品,弘扬真善美,贬斥假恶丑。加强对新型文化业态、文化样式的引导,让不同类型文化产品都成为弘扬社会主流价值的生动载体。加大对优秀文化产品的推广力度,开展优秀文化产品展演展映展播活动、经典作品阅读观看活动。完善文化产品评价体系,坚持文艺评论评奖的正确价值取向。完善公共文化服务体系,提供均等优质的文化产品,开展多姿多彩的文化活动,丰富群众精神文化生活。

五、开展涵养社会主义核心价值观的实践活动

(十四)广泛开展道德实践活动。以诚信建设为重点,加强社会公德、职业道德、家庭美德、个人品德教育,形成修身律己、崇德向善、礼让宽容的道德风尚。大力宣传先进典型,评选表彰道德模范,形成学习先进、争当先进的浓厚风气。在国家博物馆设立英模陈列馆。深化公民道德宣传日活动,组织道德论坛、道德讲堂、道德修身等活动。加强政务诚信、商务诚信、社会诚信和司法公信建设,开展道德领域突出问题专项教育和治理,完善企业和个人信用记录,健全覆盖全社会的征信系统,加大对失信行为的约束和惩戒力度,在全社会广泛形成守信光荣、失信可耻的氛围。把开展道德实践活动与培育廉洁价值理念相结合,营造崇尚廉洁、鄙弃贪腐的良好社会风尚。

(十五)深化学雷锋志愿服务活动。大力弘扬雷锋精神,广泛开展形式多样的学雷锋实践活动,采取措施推动学雷锋活动常态化。以城乡社区为重点,以相互关爱、服务社会为主题,围绕扶贫济困、应急救援、大型活动、环境保护等方面,围绕空巢老人、留守妇女儿童、困难职工、残疾人等群体,组织开展各类形式的志愿服务活动,形成我为人人、人人为我的社会风气。把学雷锋和志愿服务结合起来,建立健全志愿服务制度,完善激励机制和政策法规保障机制,把学雷锋志愿服务活动做到基层、做到社区、做进家庭。

(十六)深化群众性精神文明创建活动。各类精神文明创建活动要在突出社会主义核心价值观的思想内涵上求实效。推进文明城市、文明村镇、文明单位、文明家庭等创建活动,开展全民阅读活动,不断提升公民文明素质和社会文明程度。广泛开展美丽中国建设宣传教育。开展礼节礼仪教育,在重要场所和重要活动中升挂国旗、奏唱国歌,在学校开学、学生毕业时举行庄重简朴的典礼,完善重大灾难哀悼纪念活动,使礼节礼仪成为培育社会主流价值的重要方式。加强对公民文明旅游的宣传教育、规范约束和社会监督,增强公民旅游的文明意识。

(十七)发挥优秀传统文化怡情养志、涵育文明的重要作用。中华优秀传统文化积淀着中华民族最深沉的精神追求,包含着中华民族最根本的精神基因,代表着中华民族独特的精神标识,是中华民族生生不息、发展壮大的丰厚滋养。建设优秀传统文化传承体系,加大文物保护和非物质文化遗产保护力度,加强对优秀传统文化思想价值的挖掘,梳理和萃取中华文化中的思想精华,作出通俗易懂的当代表达,赋予新的时代内涵,使之与中国特色社会主义相适应,让优秀传统文化在新的时代条件下不断发扬光大。重视民族传统节日的思想熏陶和文化教育功能,丰富民族传统节日的文化内涵,开展优秀传统文化教育普及活动,培育特色鲜明、气氛浓郁的节日文化。增加国民教育中优秀传统文化课程内容,分阶段有序推进学校优秀传统文化教育。开展移风易俗,创新民俗文化样式,形成与历史文化传统相承接、与时代发展相一致的新民俗。

(十八)发挥重要节庆日传播社会主流价值的独特优势。开展革命传统教育,加强对革命传统文化时代价值的阐发,发扬党领导人民在革命、建设、改革中形成的优良传统,弘扬民族精神和时代精神。挖掘各种重要节庆日、纪念日蕴藏的丰富教育资源,利用五四、七一、八一、十一等政治性节日,三八、五一、六一等国际性节日,党史国史上重大事件、重要人物纪念日等,举办庄严庄重、内涵丰富的群众性庆祝和纪念活动。利用党和国家成功举办大事、妥善应对难事的时机,因势利导地开展各类教育活动。加强爱国主义教育基地建设,形成实体展馆与网上展馆相结合、涵盖各个历史时期的爱国主义教育基地体系。推进公共博物馆、纪念馆、爱国主义教育基地和文化馆、图书馆、美术馆、科技馆等免费开放,积极发展红色旅游。

(十九)运用公益广告传播社会主流价值、引领文明风尚。围绕社会主义核心价值观,加强公益广告的选题规划和内容创意,形成公益广告传播先进文化、传扬新风正气的强大声势。加大公益广告刊播力度,广播电视、报纸期刊要拿出黄金时段、重要版面和显著位置,持续刊播公益广告。互联网和手机媒体要发挥传输快捷、覆盖广泛的优势,运用多种方式扩大公益广告的影响力。社会公共场所、公共交通工具要在适当位置悬挂张贴公益广告。各类公益广告要注重导向鲜明、富有内涵、引人向上,注重形式多样、品位高雅、创意新颖,体现时代感厚重感,增强传播力感染力。

六、加强对培育和践行社会主义核心价值观的组织领导

(二十)各级党委和政府要充分认识培育和践行社会主义核心价值观的重要性,把这项任务摆上重要位置,把握方向,制定政策,营造环境,切实负起政治责任和领导责任。把社会主义核心价值观要求体现到经济建设、政治建设、文化建设、社会建设、生态文明建设和党的建设各领域,推动培育和践行社会主义核心价值观同实际工作融为一体、相互促进。建立健全培育和践行社会主义核心价值观的领导体制和工作机制,加强统筹协调,加强组织实施,加强督促落实,提高工作科学化水平。党的基层组织要在推动社会主义核心价值观培育和践行方面,发挥政治核心作用和战斗堡垒作用,筑牢社会和谐的精神纽带,打牢党执政的思想基础。

(二十一)党员、干部要做培育和践行社会主义核心价值观的模范。党员、干部特别是领导干部要在培育和践行社会主义核心价值观方面带好头,以身作则、率先垂范,讲党性、重品行、作表率,为民、务实、清廉,以人格力量感召群众、引领风尚。加强理想信念教育,引导党员、干部着力增强走中国特色社会主义道路、为党和人民事业不懈奋斗的自觉性和坚定性,做共产主义远大理想和中国特色社会主义共同理想的坚定信仰者。加强党性教育,引导党员、干部贯彻党的群众路线,弘扬党的优良传统和作风,以优良党风促政风带民风。加强道德建设,引导党员、干部始终保持高洁生活情趣,坚守共产党人精神追求。

(二十二)培育和践行社会主义核心价值观是全社会的共同责任。坚持全党动手、全社会参与,把培育和践行社会主义核心价值观同各领域的行政管理、行业管理和社会管理结合起来,形成齐抓共管的工作格局。党政各部门,工会、共青团、妇联等人民团体,要在党委统一领导下,加强沟通、密切配合,形成共同推进社会主义核心价值观培育和践行的良好局面。各地区各部门各单位要制定实施方案,落实工作责任制,明确任务分工,完善工作措施。重视发挥民主党派和工商联的重要作用,支持民主党派和工商联开展培育和践行社会主义核心价值观的各项工作。加强同知识界的联系,引导知识分子用正确观点阐释和传播社会主义核心价值观。党委宣传部门要切实担负起组织指导、协调推进的重要职责,积极会同有关部门采取有力措施,推动各项任务落到实处。

(二十三)把培育和践行社会主义核心价值观的任务落实到基层。城乡基层是培育和践行社会主流价值的重要依托,农村、企业、社区、机关、学校等基层单位要重视社会主义核心价值观的培育和践行,使之融入基层党组织建设、基层政权建设中,融入城乡居民自治中,融入人们生产生活和工作学习中,努力实现全覆盖,推动社会主义核心价值观不断转化为社会群体意识和人们自觉行动。充分发挥工人、农民、知识分子的主力军作用,发挥党员、干部的模范带头作用,发挥青少年的生力军作用,发挥社会公众人物的示范作用,发挥非公有制经济组织和新社会组织从业人员的积极作用,形成人人践行社会主义核心价值观的生动景象。

☞ 重点提炼

1.社会主义核心价值观的基本内容是什么?

富强、民主、文明、和谐是国家层面的价值目标,自由、平等、公正、法治是社会层面的价值取向,爱国、敬业、诚信、友善是公民个人层面的价值准则,这 24 个字是社会主义核心价值观的基本内容。

2.培育和践行社会主义核心价值观需要坚持哪些原则?

一是坚持以人为本,尊重群众主体地位,关注人们利益诉求和价值愿望,促进人的全面发展;二是坚持以理想信念为核心,抓住世界观、人生观、价值观这个总开关,在全社会牢固树立中国特色社会主义共同理想,着力筑牢人们的精神支柱;三是坚持联系实际,区分层次和对象,加强分类指导,找准与人们思想的共鸣点、与群众利益的交汇点,做到贴近性、对象化、接地气;四是坚持改进创新,善于运用群众喜闻乐见的方式,搭建群众便于参与的平台,开辟群众乐于参与的渠道,积极推进理念创新、手段创新和基层工作创新,增强工作的吸引力感染力。

3.青少年培育和践行社会主义核心价值观的有效途径有哪些?

注重发挥社会实践的养成作用,完善实践教育教学体系,开发实践课程和活动课程,加强实践育人基地建设,打造大学生校外实践教育基地、高职实训基地、青少年社会实践活动基地,组织青少年参加力所能及的生产劳动和爱心公益活动、益德益智的科研发明和创新创造活动、形式多样的志愿服务和勤工俭学活动。注重发挥校园文化的熏陶作用,加强学校报刊、广播电视、网络建设,完善校园文化活动设施,重视校园人文环境培育和周边环境整治,建设体现社会主义特点、时代特征、学校特色的校园文化。

4.立德树人背景下,如何设计涵养社会主义核心价值观的活动?

从以下几方面展开:(1)广泛开展道德实践活动。(2)深化学雷锋志愿服务活动。(3)深化群众性精神文明创建活动。(4)发挥优秀传统文化怡情养志、涵育文明的重要作用。(5)发挥重要节庆日传播社会主流价值的独特优势。(6)运用公益广告传播社会主流价值、引领文明风尚。

中共教育部党组共青团中央关于
在各级各类学校推动培育和践行社会主义核心价值观
长效机制建设的意见

教党〔2014〕40号

　　各省、自治区、直辖市党委教育工作部门、教育厅(教委)、团委,新疆生产建设兵团教育局、团委,教育部直属各高等学校党委,中国青年政治学院党委:

　　为深入全面贯彻党的十八大、十八届三中、四中全会精神和习近平总书记系列重要讲话精神,落实中央《关于培育和践行社会主义核心价值观的意见》(中办发〔2013〕24号),深入持久、扎实细致地推进社会主义核心价值观培育践行工作长效化常态化科学化,现就在各级各类学校推动培育和践行社会主义核心价值观长效机制建设提出以下意见。

　　一、推动培育和践行社会主义核心价值观长效机制建设的重要意义、指导思想和主要原则

　　1.充分认识培育和践行社会主义核心价值观长效机制建设的重要意义。社会主义核心价值观是我们党凝聚全党全社会价值共识作出的重要论断,积极培育和践行社会主义核心价值观是学校落实立德树人根本任务的核心要求。近年来,各地各校和共青团组织将培育和践行社会主义核心价值观作为重要任务,从认知、践行、传播、引领等环节入手,开展了主题鲜明、形式多样的教育实践活动,取得了积极进展。同时要看到,面对世界范围思想文化交流交融交锋形势下价值观较量的新态势,面对改革开放和发展社会主义市场经济条件下思想意识多元多样多变的新特点,抓好青少年价值观教育养成的任务十分艰巨而紧迫。将培育和践行社会主义核心价值观作为一项长期性系统性工作,不断创新方式方法、探索有效形式、形成长效机制,对于深化教育领域综合改革,培育德智体美全面发展的社会主义建设者和接班人,实现中华民族伟大复兴中国梦具有十分重要的意义。

2.在学校推动培育和践行社会主义核心价值观长效机制建设的指导思想是:高举中国特色社会主义伟大旗帜,以邓小平理论、"三个代表"重要思想、科学发展观为指导,贯彻落实习近平总书记系列重要讲话精神,紧紧围绕"倡导富强、民主、文明、和谐,倡导自由、平等、公正、法治,倡导爱国、敬业、诚信、友善",紧紧围绕立德树人根本任务,综合运用教育教学、实践养成、文化熏陶、制度保障、研究宣传等方式,重点在"融入"上下功夫,把社会主义核心价值观纳入国民教育全过程,落实到教育教学和管理服务各环节,覆盖到所有学校和受教育者,形成培育和践行社会主义核心价值观工作长效机制,使广大师生自觉将社会主义核心价值观内化于心、外化于行。

3.在学校推动培育和践行社会主义核心价值观长效机制建设的主要原则是:坚持系统规划,整体推进,不断完善培育和践行社会主义核心价值观的顶层设计;坚持分类指导,重点突破,形成可示范可引领可推广的工作动力系统、激励机制和实践模式;坚持落细落小落实,形成广大师生日常行为准则,增强自觉奉行和践行能力;坚持继承创新,善于运用青少年喜闻乐见的方式,推进理念创新、方法创新,注重总结凝练基层创新的经验和智慧,增强工作针对性实效性。

二、推动社会主义核心价值观融入教育教学

4.研制中国学生发展核心素养体系。明确学生适应终身发展和社会发展需要的必备品格和关键能力,系统落实社会主义核心价值观的要求。依据学生发展核心素养体系,建立和完善各学段、各学科课程教学有关标准,根据标准调整课程教材,构建各级学校有机衔接的课程教材体系。

5.修订德育、语文、历史教材。充分发挥基础教育课程教材专家咨询委员会、专家工作委员会和全国职业教育教材审定委员会作用,组织开展义务教育和中等职业教育德育、语文、历史教材的编写、修订和审查。根据中小学生身心发展规律和年龄特征,系统完善地落实国家主权意识、社会主义核心价值观、中华优秀传统文化、民族团结教育等内容,融入课程标准、教材编写、考试评价之中。

6.实施高校课程体系和教育教学创新计划。整体推进教材、教师、教学、评价、学科、保障等方面综合改革创新,发掘各学科思想政治教育资源,不断提高课堂开展社会主义核心价值观教育的实效性。结合马克思主义理论研究和建设工程实施,丰富社会主义核心价值观教育的内容。促进社会主义核心价值观融入专业课程教学,打造由思想政治理论课、专业课程、社会实践、网络教学等构成的教育教学体系。

三、推动社会主义核心价值观融入社会实践

7.建立完善师生志愿服务体系。成立全国和地方公益性教师志愿服务组织,协调指导教师志愿者开展活动,着眼于服务好教育系统这个大任务,逐步向服务社会延伸。制订实施《学生志愿服务管理办法》,建立健全学生志愿服务工作体系、评价体系和保障体系,推动学雷锋志愿服务常态化。

8.实施"实践育人共同体建设计划"。促进政府、学校、企业、社会等按照"目标共同、机制共建、资源共享、责任共担"原则建立实践育人共同体,整合各方资源、发挥集聚效应、推进深度融合,实现实践育人规范化管理、常态化服务、品牌化培育、项目化配置、信息化支撑、社会化运作。通过共同体建设,为学生实践搭建平台,提升学生创新实践能力,深化学生对社会主义核心价值观的理解和认识。

9.深化主题社会实践和志愿公益活动。组建社会主义核心价值观"大学生讲师团",结合大学生实习基地建设和农村(社区)基层党校建设,建立讲师团定点合作单位,构建覆盖广大农村、城镇的网络阵地,向基层群众宣讲社会主义核心价值观。深化暑期"三下乡"等社会实践活动,积极开展社会调查、文艺演出、公益服务等。组织学生利用节假日、纪念日及课余时间,走进学校周边社区和群众,长期化开展扶贫济困、应急救援、大型活动、环境保护等方面的志愿公益活动。

四、推动社会主义核心价值观融入文化育人

10.创新主题教育活动形成校园文化品牌。编写传唱社会主义核心价值观童谣诗歌,通过定期征集、教唱、展示、评比等环节,使学生熟记社会主义核心价值观 24 个字。开学初集中开展"社会主义核心价值观宣传周"活动,组织报告会、分享会等形式多样的宣传教育活动。开展"我为核心价值观代言"活动,组织动员学生结合自身经历,以文字、图片、视频、动漫、微电影等方式表达对社会主义核心价值观的理解感悟。形成"爱学习、爱劳动、爱祖国""节粮、节水、节电"活动长效机制,促进"奋斗的青春最美丽""与信仰对话""与人生对话""彩虹人生""文明风采"等品牌活动长期化开展。深化实施"青年马克思主义者培养工程",充分发挥大学生骨干的示范导向作用。

11. 加强优秀传统文化和传统美德教育。在日常教育管理中积极融入中华优秀传统文化和传统美德教育,抓住民族传统节日等契机,开展经典诵读、知识竞赛等活动;组织学生积极参与"全国大学生道德实践成果网络巡礼""道德模范进校园""礼敬中华优秀传统文化"系列活动。结合学校地缘优势和历史、文化、革命传统,开展形式多样的教育实践活动,以"校训""校歌"等为载体,通过讲故事、谈人物等方式,深入挖掘其蕴含的历史文化积淀,增强学生文化自信和价值观自信。加强民族传统体育项目、艺术形式的宣传推广,发挥体育综合育人功能,通过体育竞赛、艺术展演等形式,激励学生强健体魄、磨炼意志、全面发展,自觉践行社会主义核心价值观。

12. 充分利用现有平台繁荣校园文艺创作。继续抓好高雅艺术进校园、全国大中小学生艺术展演、创建中华优秀文化艺术传承学校等活动,不断提升活动的审美和人文品质,使之成为宣传社会主义核心价值观的有力阵地。激发师生自主创作能力,打造一批以爱国将领、革命英雄、科学先驱、道德模范、敬业典型、志愿服务标兵等为原型的歌舞剧、话剧,组织推动校内、校外巡演。创作一批以弘扬社会主义核心价值观为主题的诗歌、散文、歌曲、动漫、视频、微电影、公益广告等文化作品,建立社会主义核心价值观优秀文化作品资源库,分学段、分层次地在大中小学进行展演、展映、展播。

13. 选树传颂"校园好故事""校园好声音"。发掘身边好人好事,开展践行社会主义核心价值观先进个人寻访、优秀集体创建和校歌、班歌征集与宣传活动。以"校园好故事""校园好声音""校园好集体"等主题活动为载体,选树在热爱祖国、敬业奉献、勤奋学习、志愿服务、热心助人、见义勇为、诚实守信、孝老爱亲等方面表现突出的青少年学生楷模以及优秀班团集体。以先进事迹报告会、主题巡讲、歌咏、朗诵比赛、视频展播等形式,大力宣传校园好人好事,营造崇德向善、见贤思齐的浓厚氛围。遴选一批与社会主义核心价值观高度契合的校歌、班歌,深入挖掘校歌、班歌传递的价值内涵和文化底蕴,并通过各类媒体平台进行传播。

五、推动社会主义核心价值观融入制度建设

14.完善学校规章制度。按照社会主义核心价值观的基本要求,推进现代学校制度建设,完善学校规章制度。完善教师管理规定、学生守则公约等师生行为准则,使社会主义核心价值观成为学校生活的基本遵循。建立和规范学校礼仪制度,丰富升国旗仪式、成人仪式、入党入团入队入学仪式等典礼的内涵,强化仪式庄严感和教育意义。将社会主义核心价值观作为学校基层党团组织主题生活会、党团日、班会的重要内容。

15.探索建设学生诚信档案。建立健全大学生诚信档案,签订学生校园诚信承诺书,涵盖学业诚信、学术诚信、经济诚信、就业诚信等内容,将诚信档案作为大学生思想政治教育测评的重要依据。加大对失信行为的约束和惩戒力度。构建各学段有机衔接的信用约束机制,分层推进诚信档案建设。

16.落实师德建设长效机制。把社会主义核心价值观纳入教师教育课程体系,融入教师职前培养准入、职后培训管理全过程。全面落实《关于建立健全中小学师德建设长效机制的意见》和《关于建立健全高校师德建设长效机制的意见》,创新师德教育,加强师德宣传、健全师德考核、强化师德监督、注重师德激励、严格师德惩处,推动广大教师坚定理想信念、遵守职业道德、承担育人职责、永怀仁爱之心。充分激发教师加强师德建设的自觉性,鼓励教师弘扬重内省、重慎独的优良传统,在细微处见师德,在日常生活中守师德,养成师德自律习惯,将师德规范积极主动融入教育教学、科学研究和服务社会的实践中,提高师德践行能力。

六、加强组织领导,推进社会主义核心价值观研究传播

17.强化工作保障。各地各校要建立健全社会主义核心价值观培育践行工作机制,明确领导责任制,切实加强组织领导、具体指导和督促检查,把落实社会主义核心价值观长效机制建设情况以及取得的实际效果作为干部考核考评和思想政治教育工作测评的重要指标。各地各校要结合实际,独立形成符合自身特色、文化传统和师生情况的培育理念、工作思路和践行机制,制订、实施切实可行的工作纲要、计划和举措。根据职责任务,在经费、人员以及信息技术手段等方面提供必要保障。

18. 深入开展理论研究。充分发挥教育系统特别是高校理论研究优势，在教育部人文社会科学研究、共青团和青少年工作等课题和项目中设立"社会主义核心价值观培育和践行"研究专项，重点支持相关课题研究、学术研讨、著作出版，系统研究社会主义核心价值观的历史渊源、重大意义、科学内涵、基本要素和实践途径，为培育和践行社会主义核心价值观提供理论基础和学理支撑。

19. 发挥新媒体传播作用。充分发挥网络新媒体优势，围绕中国特色社会主义、中国梦等主题，线上线下相结合，开展网络主题教育活动，扩大社会主义核心价值观网上宣传的覆盖面和影响力。建设好使用好网络平台，加强中国大学生在线、中国青年网、未来网、"易班"网、校园和各级共青团组织公共微博、微信等平台建设，向师生定期推送电子报刊、校园信息，宣传报道践行社会主义核心价值观的典型人物和事迹，产生可敬、可亲、可学的示范效应。发挥新媒体互动交流功能，发挥专家学者、辅导员、共青团网络宣传员队伍作用，增强设置议题和主动发声能力，引领师生思潮，促进社会主义核心价值观网络化传播。

20. 积极推动工作创新。积极探索新思路、新方法、新举措，重视和加强对工作全局性、前瞻性、规律性问题的研究，增强工作针对性、创新性和实效性，推动工作创新发展。不断总结好经验好做法，通过召开工作经验交流会、座谈研讨会等方式，研究、总结、推广培育和践行社会主义核心价值观的理论和实践成果，形成各地各校培育践行社会主义核心价值观整体推进的良好态势。

中共教育部党组　共青团中央
2014 年 10 月 17 日

☞ 重点提炼

1. 简述培育和践行社会主义核心价值观长效机制建设的重要意义？

社会主义核心价值观是我们党凝聚全党全社会价值共识作出的重要论断，积极培育和践行社会主义核心价值观是学校落实立德树人根本任务的核心要求。近年来，各地各校和共青团组织将培育和践行社会主义核心价值观作为重要任务，从认知、践行、传播、引领等环节入手，开展了主题鲜明、形式多样的教育实践活动，取得了积极进展。同时要看到，面对世界范围思想文化交流交融交锋形势下价值观较量的新态势，面对改革开放和发展社会主义市场经济条件下思想意识多元多样多变的新特点，抓好青少年价值观教育养成的任务十分艰巨而紧迫。将培育和践行社会主义核心价值观作为一项长期性系统性工作，不断创新方式方法、探索有效形式、形成长效机制，对于深化教育领域综合改革，培育德智体美全面发展的社会主义建设者和接班人，实现中华民族伟大复兴中国梦具有十分重要的意义。

2. 简述高校推动培育和践行社会主义核心价值观长效机制建设的主要原则？

一是坚持系统规划，整体推进，不断完善培育和践行社会主义核心价值观的顶层设计；二是坚持分类指导，重点突破，形成可示范可引领可推广的工作动力系统、激励机制和实践模式；三是坚持落细落小落实，形成广大师生日常行为准则，增强自觉奉行和践行能力；四是坚持继承创新，善于运用青少年喜闻乐见的方式，推进理念创新、方法创新，注重总结凝练基层创新的经验和智慧，增强工作针对性实效性。

3. 高校如何培育和践行社会主义核心价值观？

从以下几点展开：(1)推动社会主义核心价值观融入教育教学。研制中国学生发展核心素养体系，修订德育、语文、历史教材，实施高校课程体系和教育教学创新计划。(2)推动社会主义核心价值观融入社会实践。建立完善师生志愿服务体系，实施"实践育人共同体建设计划"，深化主题社会实践和志愿公益活动。(3)推动社会主义核心价值观融入文化育人。创新主题教育活动形成校园文化品牌,加强优秀传统文化和传统美德教育,充分利用现有平台繁荣校园文艺创作,选树传颂"校园好故事""校园好声音"。(4)推动社会主义核心价值观融入制度建设。完善学校规章制度,探索建设学生诚信档案,落实师德建设长效机制。

教育部共青团中央
关于加强和改进高等学校校园文化建设的意见

教社政[2004]16号

为贯彻落实《中共中央国务院关于进一步加强和改进大学生思想政治教育的意见》(中发[2004]16号)精神,现就加强和改进高等学校校园文化建设提出以下意见。

一、进一步明确高等学校校园文化建设的总体要求

高等学校校园文化是社会主义先进文化的重要组成部分。加强校园文化建设对于推进高等教育改革发展、加强和改进大学生思想政治教育、全面提高大学生综合素质,具有十分重要的意义。

高等学校校园文化建设的总体要求是:以邓小平理论和"三个代表"重要思想为指导,坚持社会主义先进文化的发展方向,遵循文化发展规律,借鉴吸收人类文明有益成果,以实施科学文化素质教育为基础,以建设优良的校风、教风、学风为核心,以优化校园文化环境为重点,以树立正确的世界观、人生观、价值观为导向,弘扬主旋律,突出高品位,加强管理,注重积累,努力建设体现社会主义特点、时代特征和学校特色的校园文化,不断满足大学生日益增长的精神文化需求,为培养社会主义合格建设者和可靠接班人提供强大的精神动力,使高等学校成为发展中国特色社会主义先进文化的重要基地、示范区和辐射源。

高等学校校园文化建设的主要任务是:(1)以理想信念教育为核心,深入进行树立正确的世界观、人生观和价值观教育;以爱国主义教育为重点,深入进行弘扬和培育民族精神教育;以基本道德规范为基础,深入进行公民道德教育;以大学生全面发展为目标,深入进行素质教育。(2)重视和加强校风建设,培育良好的教风和学风,形成对教职工具有凝聚作用、对学生具有陶冶作用、对社会具有示范作用的优良校风。(3)积极开展校园文化活动,把德育与智育、体育、美育有机结合起来,寓教育于文化活动之中,促进大学生思想道德素质、科学文化素质和健康素质协调发展。(4)加强校园人文环境和自然环境建设,建造精神内涵丰富的物质文化环境,努力营造良好的育人氛围。

二、扎实推进高等学校校园文化建设

深入开展校风建设。要在充分挖掘学校历史传统宝贵资源的基础上,结合学校发展战略和规划,根据学校办学思想和理念,大力营造崇尚科学、严谨求实、善于创造、具有时代特征和学校特色的良好校园风气。要扎实开展师德教育,制定完善师德规范,严格师德管理,加强教师思想品德和学术道德教育,宣传师德建设先进典型,积极建设"志存高远、爱国敬业,为人师表、教书育人,严谨笃学、与时俱进"的优良教风。要制订完善大学生行为规范,严格管理特别是考试纪律管理,营造良好的学习氛围,努力形成勤于学习、奋发向上、诚实守信、敢于创新的良好学风。要结合党风廉政建设开展廉政宣传教育,在大学生中传播廉政知识,弘扬廉政精神,培育和建设廉政文化。通过校风建设,在校园树立热爱祖国、决心为建设中国特色社会主义贡献自己全部力量的共同理想和坚定信念,培育自强不息、不怕任何艰难险阻、勇往直前的共同意志和奋斗精神,形成与时俱进、昂扬向上、勇于创新的共同追求和开拓意识。

大力加强人文素质和科学精神教育。要继续实施"大学生全面素质教育工程",把人文素质和科学精神教育融入高等学校人才培养的全过程,落实到教育教学的各环节。要不断整合教育资源,努力形成一支学术水平高,学科构成合理的专家学者队伍,逐步建立起内容覆盖课堂教学、课外活动和社会实践的人文素质和科学精神教育体系。要开好人文素质和科学精神教育的必修课和选修课,对理、工、农、医科学生要多开设文学、历史、哲学、艺术等人文社会科学课程,对文科学生要适当开设自然科学与工程技术课程。通过人文素质和科学精神教育,不断提升大学生的人格、气质、修养等内在品质,培养大学生的创新精神,教育引导大学生正确处理好人与人、人与社会、人与自然的关系。要建设好大学生文化素质教育基地,充分发挥现有国家和省级大学生文化素质教育基地的示范、辐射作用。

精心组织校园文化活动。要精心设计和组织开展内容丰富、形式新颖、吸引力强的思想政治、学术科技、文娱体育等校园文化活动,把德育、智育、体育、美育渗透到校园文化活动之中,使大学生在活动参与中受到潜移默化的影响,思想感情得到熏陶、精神生活得到充实、道德境界得到升华。要充分利用五四青年节、七一建党纪念日、十一国庆节、一二九运动纪念日等重大节庆日和纪念日,开展主题教育活动,唱响爱国主义、集体主义、社会主义主旋律。要深入开展“创建文明校园、文明班级、文明宿舍,做文明大学生”的道德实践活动,把思想道德教育的要求和任务融入大学生的学习生活之中,引导大学生从具体事情抓起,从一言一行做起,养成文明行为,培养良好的道德情操。要全面实施“大学生素质拓展计划”,通过办好大学生科技文化节、大学生“挑战杯”、大学生艺术节、大学生运动会和深入开展大学生社会实践活动,不断提高大学生的综合素质。

积极开拓校园文化建设的新载体。要充分发挥网络等新型媒体在校园文化建设中的重要作用,建设好融思想性、知识性、趣味性、服务性于一体的校园网站,不断拓展校园文化建设的渠道和空间,积极开展健康向上、丰富多彩的网络文化活动,形成网络文化建设工作体系,牢牢把握网络文化建设主动权,使网络成为校园文化建设新阵地。倡导使用文明、健康的手机短信用语。要充分发挥大学生社团在校园文化建设中的重要作用,大力扶持理论学习型社团,热情鼓励学术科技型社团,正确引导兴趣爱好型社团,积极倡导社会公益型社团。要充分发挥学生社区、学生公寓、网络虚拟群体等新型大学生组织在校园文化建设中的重要作用,加强有效引导,确保校园文化的正确发展方向。

三、大力加强高等学校校园文化环境建设

重视校园人文环境建设。要写好校史、建好校史陈列室,通过资料记载和实物展示,生动形象地反映学校办学历程,激励大学生继承和弘扬学校优良传统。要确定校训、校歌、校徽、校标,提倡大学生牢记校训、学唱校歌、佩戴校徽、使用校标,激励大学生热爱学校、刻苦学习。要发挥优秀校友在校园文化建设中的独特作用,采取请进来、走出去的方式,用优秀校友的人生经历和感悟、创业历程和成就,激励大学生立志成才,报效祖国。要精心设计、认真组织好开学典礼、毕业典礼、奖学金颁发仪式等具有特殊教育意义的活动,倡导学校领导为每一位毕业生或毕业生代表颁发毕业证书和学位证书,激励大学生勤奋向上、求实创新。

重视校内文化设施建设。要按照有关规定,建设、设计好教学场所、图书馆,完善教学设施,优化学习环境,不断满足大学生学习成才的需要。规划、建设好大学生文艺、体育、科技活动场所,完善校园文化活动设施,各高等学校都要创造条件建设大学生活动中心,为开展校园文化活动提供必要的场地和条件。要加强校报、校刊、校内广播电视、校园网、学校出版社、宣传橱窗等的建设,发挥宣传舆论阵地在校园文化建设中的更大作用。

重视校园景观建设。加强校园规划和建设,特别是要做好绿化美化工作,使校园的山、水、园、林、路等达到使用功能、审美功能和教育功能的和谐统一,用优美的校园景观激发大学生的爱校热情,陶冶大学生关爱自然、关爱社会、关爱他人的美好情操。要在公共场所布置具有丰富内涵的雕塑、书画等文化作品,营造高尚健康的人文景观氛围。要组织大学生广泛参与校园楼宇、道路、景点的规划、建设、命名以及管理工作,增强大学生对校园文化环境的认同感。

重视校园治安综合治理工作。要进一步建立健全责任制,加强高等学校内部安全管理和安全保卫工作,及时处理侵害大学生合法权益、身心健康的事件和影响学校、社会稳定的事端。要在各地党委和政府领导下,在各地综治委学校及周边治安综合治理工作领导小组的协调下,积极配合公安、司法、文化、工商等部门对学校周边的文化、娱乐、商业经营活动开展专项整治工作,维护学校正常教学、工作、生活秩序。

四、切实建立和完善高等学校校园文化建设的保障机制

加强对校园文化建设的领导。各省(自治区、直辖市)教育部门要把校园文化建设作为社会主义先进文化建设的重要内容纳入议事日程,会同宣传、体育、文化等部门及共青团组织,统一规划、组织协调和宏观指导本地区高等学校校园文化建设。要建立和完善校园文化建设检查评估制度,把校园文化建设纳入高等学校教育教学评估体系,以评促建、以评促管。高等学校要从学校发展和人才培养的战略和全局高度,充分认识加强校园文化建设的重大意义,统筹规划校园文化建设。要成立学校党政主要领导任组长的校园文化建设领导小组,统一领导和指导本校校园文化建设。要充分发挥党团组织和学生会、研究生会和有关学生社团在校园文化建设中的重要作用,推进校园文化建设深入发展。

加强对校园文化建设的管理。要建立校园文化建设的各项管理规章制度,加强哲学社会科学研讨会、报告会、讲座的管理,加强校园 BBS 管理,绝不给错误观点和言论提供传播渠道。坚决抵制各种有害文化和腐朽生活方式对大学生的侵蚀和影响。坚决禁止在学校传播宗教的行为。要加强对大学生组织特别是大学生社团的领导和管理,帮助大学生社团选聘指导教师,支持和引导大学生社团自主开展活动。

加强对校园文化建设的保障。高等学校要把校园文化建设经费纳入学校预算,在人、财、物等方面加大投入,确保校园文化建设各项工作顺利开展。要不断完善校园文化建设的政策和措施,切实解决校园文化建设过程中遇到的实际问题和困难。要加强理论研究,积极探索新形势下加强和改进校园文化建设的新思路、新举措。

各省(自治区、直辖市)教育部门和高等学校要根据本意见,结合实际,制定具体实施意见和细则。

☞ 重点提炼

1.高等学校校园文化建设的主要任务是什么?

(1)以理想信念教育为核心,深入进行树立正确的世界观、人生观和价值观教育;以爱国主义教育为重点,深入进行弘扬和培育民族精神教育;以基本道德规范为基础,深入进行公民道德教育;以大学生全面发展为目标,深入进行素质教育。(2)重视和加强校风建设,培育良好的教风和学风,形成对教职工具有凝聚作用、对学生具有陶冶作用、对社会具有示范作用的优良校风。(3)积极开展校园文化活动,把德育与智育、体育、美育有机结合起来,寓教育于文化活动之中,促进大学生思想道德素质、科学文化素质和健康素质协调发展。(4)加强校园人文环境和自然环境建设,建造精神内涵丰富的物质文化环境,努力营造良好的育人氛围。

2.如何推进校园文化建设？

一是深入开展校风建设。要在充分挖掘学校历史传统宝贵资源的基础上，结合学校发展战略和规划，根据学校办学思想和理念，大力营造崇尚科学、严谨求实、善于创造、具有时代特征和学校特色的良好校园风气。要扎实开展师德教育，制定完善师德规范，严格师德管理，加强教师思想品德和学术道德教育，宣传师德建设先进典型，积极建设"志存高远、爱国敬业，为人师表、教书育人，严谨笃学、与时俱进"的优良教风。要制订完善大学生行为规范，严格管理特别是考试纪律管理，营造良好的学习氛围，努力形成勤于学习、奋发向上、诚实守信、敢于创新的良好学风。要结合党风廉政建设开展廉政宣传教育，在大学生中传播廉政知识，弘扬廉政精神，培育和建设廉政文化。

二是大力加强人文素质和科学精神教育。继续实施"大学生全面素质教育工程"，把人文素质和科学精神教育融入高等学校人才培养的全过程，落实到教育教学的各环节。不断整合教育资源，努力形成一支学术水平高，学科构成合理的专家学者队伍，逐步建立起内容覆盖课堂教学、课外活动和社会实践的人文素质和科学精神教育体系。开好人文素质和科学精神教育的必修课和选修课，建设好大学生文化素质教育基地。

三是精心组织校园文化活动。要精心设计和组织开展内容丰富、形式新颖、吸引力强的思想政治、学术科技、文娱体育等校园文化活动，把德育、智育、体育、美育渗透到校园文化活动之中，使大学生在活动参与中受到潜移默化的影响，思想感情得到熏陶、精神生活得到充实、道德境界得到升华。要充分利用五四青年节、七一建党纪念日、十一国庆节、一二.九运动纪念日等重大节庆日和纪念日，开展主题教育活动，唱响爱国主义、集体主义、社会主义主旋律。要深入开展"创建文明校园、文明班级、文明宿舍，做文明大学生"的道德实践活动，把思想道德教育的要求和任务融入大学生的学习生活之中，引导大学生从具体事情抓起，从一言一行做起，养成文明行为，培养良好的道德情操。要全面实施"大学生素质拓展计划"，通过办好大学生科技文化节、大学生"挑战杯"、大学生艺术节、大学生运动会和深入开展大学生社会实践活动，不断提高大学生的综合素质。

四是积极开拓校园文化建设的新载体。建设好融思想性、知识性、趣味性、服务性于一体的校园网站,积极开展健康向上、丰富多彩的网络文化活动,形成网络文化建设工作体系。充分发挥大学生社团在校园文化建设中的重要作用,大力扶持理论学习型社团,热情鼓励学术科技型社团,正确引导兴趣爱好型社团,积极倡导社会公益型社团。充分发挥学生社区、学生公寓、网络虚拟群体等新型大学生组织在校园文化建设中的重要作用,加强有效引导,确保校园文化的正确发展方向。

完善中华优秀传统文化教育指导纲要

教社科〔2014〕3 号

　　为贯彻落实党的十八届三中全会关于完善中华优秀传统文化教育的精神,落实立德树人根本任务,进一步加强新形势下中华优秀传统文化教育,制定本指导纲要。

　　一、加强中华优秀传统文化教育的重要性和紧迫性

　　1.加强中华优秀传统文化教育,是深化中国特色社会主义教育和中国梦宣传教育的重要组成部分。中国特色社会主义道路是在对中华民族 5000 多年悠久文明的传承中走出来的,具有深厚的历史渊源和广泛的现实基础。加强中华优秀传统文化教育,对于引导青少年学生更加全面准确地认识中华民族的历史传统、文化积淀、基本国情,认清中国特色社会主义的历史必然性,坚定走中国特色社会主义道路、实现中华民族伟大复兴中国梦的理想信念,具有重大而深远的历史意义。

　　2.加强中华优秀传统文化教育,是构建中华优秀传统文化传承体系,推动文化传承创新的重要途径。当今世界,文化在综合国力竞争中的地位和作用更加凸显,越来越成为民族凝聚力和创造力的重要源泉,博大精深的中华优秀传统文化是我们在世界文化激荡中站稳脚跟的根基。青少年学生是祖国的未来,民族的希望,加强对青少年学生的中华优秀传统文化教育,对于培养中华优秀传统文化的继承者和弘扬者,推动文化传承创新,建设社会主义先进文化具有基础作用。

3.加强中华优秀传统文化教育,是培育和践行社会主义核心价值观,落实立德树人根本任务的重要基础。世界多极化、经济全球化深入发展,国内经济社会转轨转型,深刻变革,现代传播技术迅猛发展,世界范围内各种思想文化的交流交融交锋更加频繁,社会思想观念日益活跃。青少年学生思想意识更加自主,价值追求更加多样,个性特点更加鲜明,社会上一些不良思想倾向和道德行为,对青少年学生健康成长产生了不容忽视的影响。加强中华优秀传统文化教育,对于引导青少年学生增强民族文化自信和价值观自信,自觉践行社会主义核心价值观具有重要作用。

4.加强中华优秀传统文化教育,必须正视面临的一系列困难和挑战。改革开放以来特别是21世纪以来,中华优秀传统文化教育不断加强,取得了显著成效,对于培养学生良好思想品德和行为习惯,培育和弘扬爱国主义精神,增强文化自觉自信等方面发挥了积极作用。但是,面对新形势、新要求,中华优秀传统文化教育还存在不少突出问题,对中华优秀传统文化教育重要性的认识有待进一步提高,教育内容的系统性、整体性还明显不足,重知识讲授、轻精神内涵阐释的现象还比较普遍,课程和教材体系有待完善,教师队伍整体素质有待提升,全社会共同参与的教育合力有待加强等,有效解决这些问题,迫切需要进一步完善中华优秀传统文化教育。

二、加强中华优秀传统文化教育的指导思想、基本原则和主要内容

5.加强中华优秀传统文化教育的指导思想。坚持以邓小平理论、"三个代表"重要思想、科学发展观为指导,深入贯彻落实全面贯彻党的十八大、十八届三中、四中全会精神和习近平总书记系列重要讲话精神,全面贯彻党的教育方针,积极培育和践行社会主义核心价值观,围绕立德树人根本任务,以弘扬爱国主义为核心的团结统一、爱好和平、勤劳勇敢、自强不息的民族精神为主线,以推进大中小学中华优秀传统文化教育一体化为重点,整体规划、分层设计、有机衔接、系统推进,促进青少年学生全面发展,培养富有民族自信心和爱国主义精神的社会主义事业建设者和接班人。

6.加强中华优秀传统文化教育的基本原则。——坚持中华优秀传统文化教育与培育和践行社会主义核心价值观相结合。要坚持历史唯物主义和辩证唯物主义的立场、观点和方法,深入挖掘和阐发中华优秀传统文化讲仁爱、重民本、守诚信、崇正义、尚和合、求大同的时代价值。要处理好继承和创新的关系,重点做好创造性转化和创新性发展。——坚持中华优秀传统文化教育与时代精神教育和革命传统教育相结合。既要大力弘扬以爱国主义为核心的民族精神,又要积极弘扬以改革创新为核心的时代精神,继承和弘扬革命传统文化。——坚持弘扬中华优秀传统文化与学习借鉴国外优秀文化成果相结合。既要高度重视培育学生的民族自信心、自豪感,又要注重引导学生树立世界眼光,博采众长。——坚持课堂教育与实践教育相结合。既要充分发挥课堂教学的主渠道作用,又要注重发挥课外活动和社会实践的重要作用。——坚持学校教育、家庭教育、社会教育相结合。既要发挥学校主阵地作用,又要加强家庭、社会与学校之间的配合,形成教育合力。——坚持针对性与系统性相结合。既要根据不同学段学生身心发展特点,区分层次,突出重点,又要加强各学段的有机衔接,逐步推进。

7. 开展中华优秀传统文化教育的主要内容。中华优秀传统文化是中华民族语言习惯、文化传统、思想观念、情感认同的集中体现,凝聚着中华民族普遍认同和广泛接受的道德规范、思想品格和价值取向,具有极为丰富的思想内涵。加强对青少年学生的中华优秀传统文化教育,要以弘扬爱国主义精神为核心,以家国情怀教育、社会关爱教育和人格修养教育为重点,着力完善青少年学生的道德品质,培育理想人格,提升政治素养。——开展以天下兴亡、匹夫有责为重点的家国情怀教育。着力引导青少年学生深刻认识中国梦是每个人的梦,以祖国的繁荣为最大的光荣,以国家的衰落为最大的耻辱,增强国家认同,培养爱国情感,树立民族自信,形成为实现中华民族伟大复兴的中国梦而不懈努力的共同理想追求,培养青少年学生做有自信、懂自尊、能自强的中国人。——开展以仁爱共济、立己达人为重点的社会关爱教育。着力引导青少年学生正确处理个人与他人、个人与社会、个人与自然的关系,学会心存善念、理解他人、尊老爱幼、扶残济困、关心社会、尊重自然,培育集体主义精神和生态文明意识,形成乐于奉献、热心公益慈善的良好风尚,培养青少年学生做高素养、讲文明、有爱心的中国人。——开展以正心笃志、崇德弘毅为重点的人格修养教育。着力引导青少年学生明辨是非、遵纪守法、坚韧豁达、奋发向上,自觉弘扬中华民族优秀道德思想,形成良好的道德品质和行为习惯,培养青少年学生做知荣辱、守诚信、敢创新的中国人。

三、分学段有序推进中华优秀传统文化教育

8.小学低年级,以培育学生对中华优秀传统文化的亲切感为重点,开展启蒙教育,培养学生热爱中华优秀传统文化的感情。认识常用汉字,学习独立识字,初步感受汉字的形体美;诵读浅近的古诗,获得初步的情感体验,感受语言的优美;了解一些爱国志士的故事,知道中华民族重要传统节日,了解家乡的生活习俗,明白自己是中华民族的一员;初步了解传统礼仪,学会待人接物的基本礼节;初步感受经典的民间艺术。引导学生孝敬父母、尊敬师长、友爱同学、礼貌待人,养成勤俭节约、吃苦耐劳、言行一致的生活习惯和行为规范,培育热爱家乡、热爱生活、亲近自然的情感。

9.小学高年级,以提高学生对中华优秀传统文化的感受力为重点,开展认知教育,了解中华优秀传统文化的丰富多彩。熟练书写正楷字,理解汉字的文化含义,体会汉字优美的结构艺术;诵读古代诗文经典篇目,理解作品大意,体会其意境和情感;了解中华民族历代仁人志士为国家富强、民族团结作出的牺牲和贡献;知道重要传统节日的文化内涵和家乡生活习俗变迁;感受各民族艺术的丰富表现形式和特点,尝试运用喜爱的艺术形式表达情感;培养学生对传统体育活动的兴趣爱好。引导学生学会理解他人,懂得感恩,逐步提高辨别是非、善恶、美丑的能力,开始树立人生理想和远大志向,热爱祖国河山、悠久历史和宝贵文化。

10.初中阶段,以增强学生对中华优秀传统文化的理解力为重点,提高对中华优秀传统文化的认同度,引导学生认识我国统一多民族国家的文化传统和基本国情。临摹名家书法,体会书法的美感与意境;诵读古代诗词,初步了解古诗词格律,阅读浅易文言文,注重积累、感悟和运用,提高欣赏品位;知道中国历史的重要史实和发展的基本线索,理解国家统一和民族团结的重要性,认识中华文明的历史价值和现实意义;欣赏传统音乐、戏剧、美术等艺术作品,感受其中表达的情感和思想;参加传统礼仪和节庆活动,了解传统习俗的文化内涵。引导学生尊重各民族传统文化习俗,珍视各民族共同创造的中华优秀文明成果,培养作为中华民族一员的归属感和自豪感。

11.高中阶段,以增强学生对中华优秀传统文化的理性认识为重点,引导学生感悟中华优秀传统文化的精神内涵,增强学生对中华优秀传统文化的自信心。阅读篇幅较长的传统文化经典作品,提高古典文学和传统艺术鉴赏能

力;认识中华文明形成的悠久历史进程,感悟中华文明在世界历史中的重要地位;认识人民群众创造历史的决定作用和杰出人物的贡献,吸取前人经验和智慧,培养豁达乐观的人生态度和抵抗困难挫折的能力;感悟传统美德与时俱进的品质,自觉以中华传统美德律己修身;了解传统艺术的丰富表现形式和特点,感受不同时代、地域、民族特色的艺术风格,接触和体验祖国各地的风土人情、民俗风尚,了解中华民族丰富的文化遗产。引导学生深入理解中华民族最深沉的精神追求,更加全面客观地认识当代中国,看待外部世界,认识国家前途命运与个人价值实现的统一关系,自觉维护国家的尊严、安全和利益。

12.大学阶段,以提高学生对中华优秀传统文化的自主学习和探究能力为重点,培养学生的文化创新意识,增强学生传承弘扬中华优秀传统文化的责任感和使命感。深入学习中国古代思想文化的重要典籍,理解中华优秀传统文化的精髓,强化学生文化主体意识和文化创新意识;深刻认识中华优秀传统文化是中国特色社会主义植根的沃土,辩证看待中华优秀传统文化的当代价值,正确把握中华优秀传统文化与中国化马克思主义、社会主义核心价值观的关系。引导学生完善人格修养,关心国家命运,自觉把个人理想和国家梦想、个人价值与国家发展结合起来,坚定为实现中华民族伟大复兴的中国梦不懈奋斗的理想信念。

四、把中华优秀传统文化教育系统融入课程和教材体系

13.在课程建设和课程标准修订中强化中华优秀传统文化内容。围绕中华优秀传统文化教育的主要任务,适时启动课程标准修订和课程开发的研究论证、试点探索和推广评估工作。在中小学德育、语文、历史、艺术、体育等课程标准修订中,增加中华优秀传统文化内容比重。地理、数学、物理、化学、生物等课程,应结合教学环节渗透中华优秀传统文化相关内容。鼓励各地各学校充分挖掘和利用本地中华优秀传统文化教育资源,开设专题的地方课程和校本课程。开展职业院校民族文化传承与创新示范专业点建设。鼓励有条件的高等学校统一开设中华优秀传统文化必修课,拓宽中华优秀传统文化选修课覆盖面。面向各级各类学校重点建设一批中华优秀传统文化精品视频公开课。加强中华优秀传统文化相关学科建设。

14.修订相关教材和组织编写中华优秀传统文化普及读物。根据修订后的中小学课程标准,修订相关教材。制作内容精、形式活、受欢迎的数字化课件。在高等学校统一推广使用马克思主义理论研究和建设工程重点教材《中国文化概论》。鼓励有条件的地方结合地方课程需要编写具有地域特色的中华优秀传统文化读本。组织知名专家编写多层次、成系列的普及读物。

15. 充分发挥中小学德育课和高校思想政治理论课的重要作用。促进思想政治教育与中华优秀传统文化教育的紧密结合,以爱国主义教育为核心,深入挖掘中华优秀传统文化中蕴含的丰富思想政治教育资源,进一步丰富中小学德育课和高校思想政治理论课的教学内容,创新教学方法和手段,提升教学效果。

五、全面提升中华优秀传统文化教育的师资队伍水平

16. 打造一支中华优秀传统文化教育骨干队伍。在中小学教师资格考试内容中增加中华优秀传统文化的比重。在师范院校开设中华优秀传统文化课程。鼓励民间艺人、技艺大师、非物质文化遗产传承人参与职业教育教学。建立非物质文化遗产传承人"双向进入"机制,设立技艺指导大师特设岗位,鼓励有条件的职业院校成立大师工作室。在长江学者奖励计划、新世纪优秀人才支持计划、高等学校青年教师培养计划等各类人才计划,以及"万人计划"教学名师评选中,增加传统文化教学和研究人才比重,培养和造就一批中华优秀传统文化教学名师和学科领军人才。

17. 加强面向全体教师的中华优秀传统文化教育培训。在哲学社会科学教学科研骨干研修、高校思想政治理论课骨干教师研修、高校辅导员骨干培训中加大中华优秀传统文化内容比重。在中小学教师国家级培训计划、义务教育学校校长和农村幼儿园园长研修培训计划、职业学校教师和校长素质提高计划中增加中华优秀传统文化培训内容,提高各级各类学校教师开展中华优秀传统文化教育的能力。

六、着力增强中华优秀传统文化教育的多元支撑

18. 建设不断适应时代需要的中华优秀传统文化网络教育平台。利用好现有全国文化资源共享工程、公共电子阅览室建设工程、数字图书馆推广计划等数字文化惠民工程的数据资源成果,推动优秀传统文化网络传播,制作适合互联网、手机等新兴媒体传播的传统文化精品佳作。重点打造一批有广泛影响的传统文化特色网站,支持和鼓励学校网站开设传统文化专栏。加强校园网络建设,依托高校网络文化示范中心、大学生网络文化工作室等,拓宽适合青少年学生学习特点的线上教育平台。选取一批有代表性的中华优秀传统文化经典诗文,建设"中华经典资源库"。在中国大学生在线、易班网等设立中华优秀传统文化教育专栏,进行形式活泼、内容丰富的在线学习。

19.加强中华优秀传统文化校园教育活动。利用学校博物馆、校史馆、图书馆、档案馆等,结合校史、院史、学科史和人物史的挖掘、整理和研究,发挥其独特的文化育人作用。深入开展创建中华优秀传统文化艺术传承学校活动,邀请传统文化名家、非物质文化遗产传承人等进校园、进课堂。依托少先队、共青团、学生党支部、学生会、学生社团等,开展主题教育、理论研讨、社会实践、志愿服务、文艺体育等形式多样、丰富多彩的活动。

20.构建互为补充、相互协作的中华优秀传统文化教育格局。充分利用博物馆、纪念馆、文化馆(站)、图书馆、美术馆、音乐厅、剧院、故居旧址、名胜古迹、文化遗产、具有历史文化风貌的街区等,组织学生进行实地考察和现场教学,建立中小学生定期参观博物馆、纪念馆、遗址等公共文化机构的长效机制。积极配合文化、新闻出版广电等部门,提倡和扶持弘扬中华优秀传统文化的各类文艺作品创作,在评奖、宣传等方面加强引导,办好青少年电视频道,做好图书出版规划,创作、出版一批青少年喜爱的影视片、音像制品和文学艺术作品,为加强中华优秀传统文化教育提供丰富、生动的教育资源。

21.充分发挥家庭在中华传统文化教育中的重要作用。要重视发挥中小学家长委员会以及各级各类家长学校、家庭教育指导机构、校外活动场所的作用,把学校教育与家庭教育紧密结合起来,积极组织开展学生和家长共同参与的传统文化体验、主题教育实践活动、志愿者服务和公益性活动,践行中华优秀传统美德,弘扬中华优秀传统文化。倡导家长通过言传身教,形成爱国守法、遵守公德、珍视亲情、勤俭持家、邻里和睦的良好家风,营造弘扬中华优秀传统文化的家庭教育氛围。

七、加强中华优秀传统文化教育的组织实施和条件保障

22.加强对中华优秀传统文化教育的组织领导。各级党委教育工作部门和教育行政部门要把加强对青少年学生中华优秀传统文化教育作为一项战略任务,与宣传、文化、新闻出版广电等部门以及工会、共青团、妇联等群团组织密切配合,建立健全党委统一领导、党政群齐抓共管、有关部门各负其责、全社会共同参与的工作机制,形成中华优秀传统文化教育合力。教育部统筹规划和推进中华优秀传统文化教育课程、教材、师资等建设,明确具体任务和政策措施。充分发挥专家咨询作用,为开展中华优秀传统文化教育提供智力支持。要不断完善社会力量和市场力量参与的传统文化教育投入机制,鼓励和引导多途径增加传统文化教育投入。

23.完善中华优秀传统文化教育的评价和督导机制。研究制定中华优秀传统文化教育的评价标准,将中华优秀传统文化教育作为教育现代化监测评价指标体系的重要内容。增加中华优秀传统文化内容在中考、高考升学考试中的比重。将中华优秀传统文化教育纳入课程实施和教材使用的督导范围,定期开展评估和督导工作。

24.加强中华优秀传统文化教育教学研究。充分利用传统文化优势学科、重点研究基地和相关科研力量,深入开展中华优秀传统文化教育教学研究,为中华优秀传统文化教育教学提供理论基础和学理支撑。鼓励各地各校组织专门力量,加强中华优秀传统文化研究机构建设,为学校和教师提供专业服务和指导。

☞ 重点提炼

1. 加强中华优秀传统文化教育的基本原则有哪些?

一是坚持中华优秀传统文化教育与培育和践行社会主义核心价值观相结合。二是坚持中华优秀传统文化教育与时代精神教育和革命传统教育相结合。三是坚持弘扬中华优秀传统文化与学习借鉴国外优秀文化成果相结合。四是坚持课堂教育与实践教育相结合。既要充分发挥课堂教学的主渠道作用,又要注重发挥课外活动和社会实践的重要作用。五是坚持学校教育、家庭教育、社会教育相结合。六是坚持针对性与系统性相结合。

2. 开展中华优秀传统文化教育的主要内容有哪些?

一是开展以天下兴亡、匹夫有责为重点的家国情怀教育。二是开展以仁爱共济、立己达人为重点的社会关爱教育。三是开展以正心笃志、崇德弘毅为重点的人格修养教育。

3. 高校如何推进中华优秀传统文化教育?

以提高学生对中华优秀传统文化的自主学习和探究能力为重点,培养学生的文化创新意识,增强学生传承弘扬中华优秀传统文化的责任感和使命感。深入学习中国古代思想文化的重要典籍,理解中华优秀传统文化的精髓,强化学生文化主体意识和文化创新意识;深刻认识中华优秀传统文化是中国特色社会主义植根的沃土,辩证看待中华优秀传统文化的当代价值,正确把握中华优秀传统文化与中国化马克思主义、社会主义核心价值观的关系。引导学生完善人格修养,关心国家命运,自觉把个人理想和国家梦想、个人价值与国家发展结合起来,坚定为实现中华民族伟大复兴的中国梦不懈奋斗的理想信念。

中共中央办公厅国务院办公厅印发
《关于实施中华优秀传统文化传承发展工程的意见》

新华社北京 1 月 25 日电

近日,中共中央办公厅、国务院办公厅印发了《关于实施中华优秀传统文化传承发展工程的意见》,并发出通知,要求各地区各部门结合实际认真贯彻落实。

《关于实施中华优秀传统文化传承发展工程的意见》全文如下。

文化是民族的血脉,是人民的精神家园。文化自信是更基本、更深层、更持久的力量。中华文化独一无二的理念、智慧、气度、神韵,增添了中国人民和中华民族内心深处的自信和自豪。为建设社会主义文化强国,增强国家文化软实力,实现中华民族伟大复兴的中国梦,现就实施中华优秀传统文化传承发展工程提出如下意见。

一、重要意义和总体要求

1.重要意义。中华文化源远流长、灿烂辉煌。在 5000 多年文明发展中孕育的中华优秀传统文化,积淀着中华民族最深沉的精神追求,代表着中华民族独特的精神标识,是中华民族生生不息、发展壮大的丰厚滋养,是中国特色社会主义植根的文化沃土,是当代中国发展的突出优势,对延续和发展中华文明、促进人类文明进步,发挥着重要作用。

中国共产党在领导人民进行革命、建设、改革伟大实践中,自觉肩负起传承发展中华优秀传统文化的历史责任,是中华优秀传统文化的忠实继承者、弘扬者和建设者。党的十八大以来,在以习近平同志为核心的党中央领导下，各级党委和政府更加自觉、更加主动推动中华优秀传统文化的传承与发展，开展了一系列富有创新、富有成效的工作，有力增强了中华优秀传统文化的凝聚力、影响力、创造力。同时要看到，随着我国经济社会深刻变革、对外开放日益扩大、互联网技术和新媒体快速发展，各种思想文化交流交融交锋更加频繁，迫切需要深化对中华优秀传统文化重要性的认识，进一步增强文化自觉和文化自信；迫切需要深入挖掘中华优秀传统文化价值内涵，进一步激发中华优秀传统文化的生机与活力；迫切需要加强政策支持，着力构建中华优秀传统文化传承发展体系。实施中华优秀传统文化传承发展工程，是建设社会主义文化强国的重大战略任务，对于传承中华文脉、全面提升人民群众文化素养、维护国家文化安全、增强国家文化软实力、推进国家治理体系和治理能力现代化，具有重要意义。

2.指导思想。高举中国特色社会主义伟大旗帜，全面贯彻党的十八大和十八届三中、四中、五中、六中全会精神，坚持以马克思列宁主义、毛泽东思想、邓小平理论、"三个代表"重要思想、科学发展观为指导，深入贯彻习近平总书记系列重要讲话精神和治国理政新理念新思想新战略，紧紧围绕实现中华民族伟大复兴的中国梦，深入贯彻新发展理念，坚持以人民为中心的工作导向，坚持以社会主义核心价值观为引领，坚持创造性转化、创新性发展，坚守中华文化立场、传承中华文化基因，不忘本来、吸收外来、守正出新、面向未来，汲取中国道路、弘扬中国精神、凝聚中国力量、传播中国价值，不断增强中华优秀传统文化的生命力和影响力，创造中华文化新辉煌。

3.基本原则。——牢牢把握社会主义先进文化前进方向。坚持中国特色社会主义文化发展道路，立足于巩固马克思主义在意识形态领域的指导地位、巩固全党全国人民团结奋斗的共同思想基础，弘扬社会主义核心价值观，培育民族精神和时代精神，解决现实问题、助推社会发展。——坚持以人民为中心的工作导向。坚持为了人民、依靠人民、共建共享，注重文化熏陶和实践养成，把跨越时空的思想理念、价值标准、审美风范转化为人们的精神追求和行为习惯，不断增强人民群众的文化参与感、获得感和认同感，形成向上向善的社会风尚。——坚持创造性转化和创新性发展。坚持辩证唯物主义和历史唯物主义，秉持客观、科学、礼敬的态度，取其精华、去其糟粕，扬弃继承、转化创新，不复古泥古，不简单否定，不断赋予新的时代内涵和现代表达形式,不断补充、拓展、完善,使中华民族最基本的文化基因与当代文化相适应、与现代社会相协调。——坚持交流互鉴、开放包容。以我为主、为我所用,取长补短、择善而从,既不简单拿来,也不盲目排外,吸收借鉴国外优秀文明成果,积极参与世界文化的对话交流,不断丰富和发展中华文化。——坚持统筹协调、形成合力。加强党的领导,充分发挥政府主导作用和市场积极作用,鼓励和引导社会力量广泛参与,推动形成有利于传承发展中华优秀传统文化的体制机制和社会环境。

4.总体目标。到2025年,中华优秀传统文化传承发展体系基本形成,研究阐发、教育普及、保护传承、创新发展、传播交流等方面协同推进并取得重要成果,具有中国特色、中国风格、中国气派的文化产品更加丰富,文化自觉和文化自信显著增强,国家文化软实力的根基更为坚实,中华文化的国际影响力明显提升。

二、主要内容

5.核心思想理念。中华民族和中国人民在修齐治平、尊时守位、知常达变、开物成务、建功立业过程中培育和形成的基本思想理念,如革故鼎新、与时俱进的思想,脚踏实地、实事求是的思想,惠民利民、安民富民的思想,道法自然、天人合一的思想等,可以为人们认识和改造世界提供有益启迪,可以为治国理政提供有益借鉴。传承发展中华优秀传统文化,就要大力弘扬讲仁爱、重民本、守诚信、崇正义、尚和合、求大同等核心思想理念。

6.中华传统美德。中华优秀传统文化蕴含着丰富的道德理念和规范,如天下兴亡、匹夫有责的担当意识,精忠报国、振兴中华的爱国情怀,崇德向善、见贤思齐的社会风尚,孝悌忠信、礼义廉耻的荣辱观念,体现着评判是非曲直的价值标准,潜移默化地影响着中国人的行为方式。传承发展中华优秀传统文化,就要大力弘扬自强不息、敬业乐群、扶危济困、见义勇为、孝老爱亲等中华传统美德。

7.中华人文精神。中华优秀传统文化积淀着多样、珍贵的精神财富,如求同存异、和而不同的处事方法,文以载道、以文化人的教化思想,形神兼备、情景交融的美学追求,俭约自守、中和泰和的生活理念等,是中国人民思想观念、风俗习惯、生活方式、情感样式的集中表达,滋养了独特丰富的文学艺术、科学技术、人文学术,至今仍然具有深刻影响。传承发展中华优秀传统文化,就要大力弘扬有利于促进社会和谐、鼓励人们向上向善的思想文化内容。

三、重点任务

8.深入阐发文化精髓。加强中华文化研究阐释工作,深入研究阐释中华文化的历史渊源、发展脉络、基本走向,深刻阐明中华优秀传统文化是发展当代中国马克思主义的丰厚滋养,深刻阐明传承发展中华优秀传统文化是建设中国特色社会主义事业的实践之需,深刻阐明丰富多彩的多民族文化是中华文化的基本构成,深刻阐明中华文明是在与其他文明不断交流互鉴中丰富发展的,着力构建有中国底蕴、中国特色的思想体系、学术体系和话语体系。加强党史国史及相关档案编修,做好地方史志编纂工作,巩固中华文明探源成果,正确反映中华民族文明史,推出一批研究成果。实施中华文化资源普查工程,构建准确权威、开放共享的中华文化资源公共数据平台。建立国家文物登录制度。建设国家文献战略储备库、革命文物资源目录和大数据库。实施国家古籍保护工程,完善国家珍贵古籍名录和全国古籍重点保护单位评定制度,加强中华文化典籍整理编纂出版工作。完善非物质文化遗产、馆藏革命文物普查建档制度。

9.贯穿国民教育始终。围绕立德树人根本任务,遵循学生认知规律和教育教学规律,按照一体化、分学段、有序推进的原则,把中华优秀传统文化全方位融入思想道德教育、文化知识教育、艺术体育教育、社会实践教育各环节,贯穿于启蒙教育、基础教育、职业教育、高等教育、继续教育各领域。以幼儿、小学、中学教材为重点,构建中华文化课程和教材体系。编写中华文化幼儿读物,开展"少年传承中华传统美德"系列教育活动,创作系列绘本、童谣、儿歌、动画等。修订中小学道德与法治、语文、历史等课程教材。推动高校开设中华优秀传统文化必修课,在哲学社会科学及相关学科专业和课程中增加中华优秀传统文化的内容。加强中华优秀传统文化相关学科建设,重视保护和发展具有重要文化价值和传承意义的"绝学"、冷门学科。推进职业院校民族文化传承与创新示范专业点建设。丰富拓展校园文化,推进戏曲、书法、高雅艺术、传统体育等进校园,实施中华经典诵读工程,开设中华文化公开课,抓好传统文化教育成果展示活动。研究制定国民语言教育大纲,开展好国民语言教育。加强面向全体教师的中华文化教育培训,全面提升师资队伍水平。

10.保护传承文化遗产。坚持保护为主、抢救第一、合理利用、加强管理的方针,做好文物保护工作,抢救保护濒危文物,实施馆藏文物修复计划,加强新型城镇化和新农村建设中的文物保护。加强历史文化名城名镇名村、历史文化街区、名人故居保护和城市特色风貌管理,实施中国传统村落保护工程,做好传统民居、历史建筑、革命文化纪念地、农业遗产、工业遗产保护工作。规划建设一批国家文化公园,成为中华文化重要标识。推进地名文化遗产保护。实施非物质文化遗产传承发展工程,进一步完善非物质文化遗产保护制度。实施传统工艺振兴计划。大力推广和规范使用国家通用语言文字,保护传承方言文化。开展少数民族特色文化保护工作,加强少数民族语言文字和经典文献的保护和传播,做好少数民族经典文献和汉族经典文献互译出版工作。实施中华民族音乐传承出版工程、中国民间文学大系出版工程。推动民族传统体育项目的整理研究和保护传承。

11.滋养文艺创作。善于从中华文化资源宝库中提炼题材、获取灵感、汲取养分,把中华优秀传统文化的有益思想、艺术价值与时代特点和要求相结合,运用丰富多样的艺术形式进行当代表达,推出一大批底蕴深厚、涵育人心的优秀文艺作品。科学编制重大革命和历史题材、现实题材、爱国主义题材、青少年题材等专项创作规划,提高创作生产组织化程度,彰显中华文化的精神内涵和审美风范。加强对中华诗词、音乐舞蹈、书法绘画、曲艺杂技和历史文化纪录片、动画片、出版物等的扶持。实施戏曲振兴工程,做好戏曲"像音像"工作,挖掘整理优秀传统剧目,推进数字化保存和传播。实施网络文艺创作传播计划,推动网络文学、网络音乐、网络剧、微电影等传承发展中华优秀传统文化。实施中国经典民间故事动漫创作工程、中华文化电视传播工程,组织创作生产一批传承中华文化基因、具有大众亲和力的动画片、纪录片和节目栏目。大力加强文艺评论,改革完善文艺评奖,建立有中国特色的文艺研究评论体系,倡导中华美学精神,推动美学、美德、美文相结合。

12.融入生产生活。注重实践与养成、需求与供给、形式与内容相结合,把中华优秀传统文化内涵更好更多地融入生产生活各方面。深入挖掘城市历史文化价值,提炼精选一批凸显文化特色的经典性元素和标志性符号,纳入城镇化建设、城市规划设计,合理应用于城市雕塑、广场园林等公共空间,避免千篇一律、千城一面。挖掘整理传统建筑文化,鼓励建筑设计继承创新,推进城市修补、生态修复工作,延续城市文脉。加强"美丽乡村"文化建设,发掘和保护一批处处有历史、步步有文化的小镇和村庄。用中华优秀传统文化的精髓涵养企业精神,培育现代企业文化。实施中华老字号保护发展工程,支持一批文化特色浓、品牌信誉高、有市场竞争力的中华老字号做精做强。深入开展"我们的节日"主题活动,实施中国传统节日振兴工程,丰富春节、元宵、清明、端午、七夕、中秋、重阳等传统节日文化内涵,形成新的节日习俗。加强对传统历法、节气、生肖和饮食、医药等的研究阐释、活态利用,使其有益的文化价值深度嵌入百姓生活。实施中华节庆礼仪服装服饰计划,设计制作展现中华民族独特文化魅力的系列服装服饰。大力发展文化旅游,充分利用历史文化资源优势,规划设计推出一批专题研学旅游线路,引导游客在文化旅游中感知中华文化。推动休闲生活与传统文化融合发展,培育符合现代人需求的传统休闲文化。发展传统体育,抢救濒危传统体育项目,把传统体育项目纳入全民健身工程。

13.加大宣传教育力度。综合运用报纸、书刊、电台、电视台、互联网站等各类载体,融通多媒体资源,统筹宣传、文化、文物等各方力量,创新表达方式,大力彰显中华文化魅力。实施中华文化新媒体传播工程。充分发挥图书馆、文化馆、博物馆、群艺馆、美术馆等公共文化机构在传承发展中华优秀传统文化中的作用。编纂出版系列文化经典。加强革命文物工作,实施革命文物保护利用工程,做好革命遗址、遗迹、烈士纪念设施的保护和利用。推动红色旅游持续健康发展。深入开展"爱我中华"主题教育活动,充分利用重大历史事件和中华历史名人纪念活动、国家公祭仪式、烈士纪念日,充分利用各类爱国主义教育基地、历史遗迹等,展示爱国主义深刻内涵,培育爱国主义精神。加强国民礼仪教育。加大对国家重要礼仪的普及教育与宣传力度,在国家重大节庆活动中体现仪式感、庄重感、荣誉感,彰显中华传统礼仪文化的时代价值,树立文明古国、礼仪之邦的良好形象。研究提出承接传统习俗、符合现代文明要求的社会礼仪、服装服饰、文明用语规范,建立健全各类公共场所和网络公共空间的礼仪、礼节、礼貌规范,推动形成良好的言行举止和礼让宽容的社会风尚。把优秀传统文化思想理念体现在社会规范中,与制定市民公约、乡规民约、学生守则、行业规章、团体章程相结合。弘扬孝敬文化、慈善文化、诚信文化等,开展节俭养德全民行动和学雷锋志愿服务。广泛开展文明家庭创建活动,挖掘和整理家训、家书文化,用优良的家风家教培育青少年。挖掘和保护乡土文化资源,建设新乡贤文化,培育和扶持乡村文化骨干,提升乡土文化内涵,形成良性乡村文化生态,让子孙后代记得住乡愁。加强港澳台中华文化普及和交流,积极举办以中华文化为主题的青少年夏令营、冬令营以及诵读和书写中华经典等交流活动,鼓励港澳台艺术家参与国家在海外举办的感知中国、中国文化年(节)、欢乐春节等品牌活动,增强国家认同、民族认同、文化认同。

14. 推动中外文化交流互鉴。加强对外文化交流合作,创新人文交流方式,丰富文化交流内容,不断提高文化交流水平。充分运用海外中国文化中心、孔子学院,文化节展、文物展览、博览会、书展、电影节、体育活动、旅游推介和各类品牌活动,助推中华优秀传统文化的国际传播。支持中华医药、中华烹饪、中华武术、中华典籍、中国文物、中国园林、中国节日等中华传统文化代表性项目走出去。积极宣传推介戏曲、民乐、书法、国画等我国优秀传统文化艺术,让国外民众在审美过程中获得愉悦、感受魅力。加强"一带一路"沿线国家文化交流合作。鼓励发展对外文化贸易,让更多体现中华文化特色、具有较强竞争力的文化产品走向国际市场。探索中华文化国际传播与交流新模式,综合运用大众传播、群体传播、人际传播等方式,构建全方位、多层次、宽领域的中华文化传播格局。推进国际汉学交流和中外智库合作,加强中国出版物国际推广与传播,扶持汉学家和海外出版机构翻译出版中国图书,通过华侨华人、文化体育名人、各方面出境人员,依托我国驻外机构、中资企业、与我友好合作机构和世界各地的中餐馆等,讲好中国故事、传播好中国声音、阐释好中国特色、展示好中国形象。

四、组织实施和保障措施

15. 加强组织领导。各级党委和政府要从坚定文化自信、坚持和发展中国特色社会主义、实现中华民族伟大复兴的高度,切实把中华优秀传统文化传承发展工作摆上重要日程,加强宏观指导,提高组织化程度,纳入经济社会发展总体规划,纳入考核评价体系,纳入各级党校、行政学院教学的重要内容。各级党委宣传部门要发挥综合协调作用,整合各类资源,调动各方力量,推动形成党委统一领导、党政群协同推进、有关部门各负其责、全社会共同参与的中华优秀传统文化传承发展工作新格局。各有关部门和群团组织要按照责任分工,制定实施方案,完善工作机制,把各项任务落到实处。

16.加强政策保障。加强中华优秀传统文化传承发展相关扶持政策的制定与实施,注重政策措施的系统性、协同性和操作性。加大中央和地方各级财政支持力度,同时统筹整合现有相关资金,支持中华优秀传统文化传承发展重点项目。制定和完善惠及中华优秀传统文化传承发展工程项目的金融支持政策。加大对国家重要文化和自然遗产、国家级非物质文化遗产等珍贵遗产资源保护利用设施建设的支持力度。建立中华优秀传统文化传承发展相关领域和部门合作共建机制。制定文物保护和非物质文化遗产保护专项规划。制定和完善历史文化名城名镇名村和历史文化街区保护的相关政策。完善相关奖励、补贴政策,落实税收优惠政策,引导和鼓励企业、社会组织及个人捐赠或共建相关文化项目。建立健全中华优秀传统文化传承发展重大项目首席专家制度,培养造就一批人民喜爱、有国际影响的中华文化代表人物。完善中华优秀传统文化传承发展的激励表彰制度,对为中华优秀传统文化传承发展和传播交流做出贡献、建立功勋、享有盛誉的杰出海内外人士按规定授予功勋荣誉或进行表彰奖励。有关部门要研究出台入学、住房保障等方面的倾斜政策和措施,用以倡导和鼓励自强不息、敬业乐群、扶正扬善、扶危济困、见义勇为、孝老爱亲等传统美德。

17.加强文化法治环境建设。修订文物保护法。制定文化产业促进法、公共图书馆法等相关法律,对中华优秀传统文化传承发展有关工作作出制度性安排。在教育、科技、卫生、体育、城乡建设、互联网、交通、旅游、语言文字等领域相关法律法规的制定修订中,增加中华优秀传统文化传承发展内容。加大涉及保护传承弘扬中华优秀传统文化法律法规施行力度,加强对法律法规实施情况的监督检查。充分发挥各行政主管部门在传承发展中华优秀传统文化中的重要作用,建立完善联动机制,严厉打击违法经营行为。加强法治宣传教育,增强全社会依法传承发展中华优秀传统文化的自觉意识,形成礼敬守护和传承发展中华优秀传统文化的良好法治环境。各地要根据本地传统文化传承保护的现状,制定完善地方性法规和政府规章。

18.充分调动全社会积极性创造性。传承发展中华优秀传统文化是全体中华儿女的共同责任。坚持全党动手、全社会参与,把中华优秀传统文化传承发展的各项任务落实到农村、企业、社区、机关、学校等城乡基层。各类文化单位机构、各级文化阵地平台,都要担负起守护、传播和弘扬中华优秀传统文化的职责。各类企业和社会组织要积极参与文化资源的开发、保护与利用,生产丰富多样、社会价值和市场价值相统一、人民喜闻乐见的优质文化产品,扩大中高端文化产品和服务的供给。充分尊重工人、农民、知识分子的主体地位,发挥领导干部的带头作用,发挥公众人物的示范作用,发挥青少年的生力军作用,发挥先进模范的表率作用,发挥非公有制经济组织和社会组织从业人员的积极作用,发挥文化志愿者、文化辅导员、文艺骨干、文化经营者的重要作用,形成人人传承发展中华优秀传统文化的生动局面。

☞ 重点提炼

1. 实施中华优秀传统文化传承发展工程的基本原则是什么?

一是牢牢把握社会主义先进文化前进方向;二是坚持以人民为中心的工作导向;三是坚持创造性转化和创新性发展;四是坚持交流互鉴、开放包容;五是坚持统筹协调、形成合力。

中共教育部党组关于
教育系统深入开展爱国主义教育的实施意见

教党〔2016〕4 号

各省、自治区、直辖市党委教育工作部门、教育厅（教委），各计划单列市教育局，新疆生产建设兵团教育局，有关部门（单位）教育司（局），部属各高等学校：

党的十八大以来，党中央高度重视弘扬爱国主义精神、加强爱国主义教育，习近平总书记多次就弘扬爱国主义精神发表重要讲话。2015 年 12 月 30 日，习近平总书记在中央政治局第二十九次集体学习时指出，爱国主义是中华民族精神的核心，实现中华民族伟大复兴的中国梦，是当代中国爱国主义的鲜明主题。我们要大力弘扬伟大爱国主义精神，大力弘扬以改革创新为核心的时代精神，为实现中华民族伟大复兴的中国梦提供共同精神支柱和强大精神动力。习近平总书记强调，弘扬爱国主义精神，要从青少年做起，这方面工作是管长久的、管根本的。在各级各类学校中深入开展爱国主义教育，是落实立德树人根本任务、深化教育领域综合改革的重要内容，是培养社会主义建设者和接班人的内在要求。为深入贯彻落实习近平总书记系列重要讲话精神，现就教育系统深入开展爱国主义教育，提出如下意见。

一、把爱国主义教育作为弘扬爱国主义精神的永恒主题，贯穿国民教育全过程

1. 深入学习领会习近平总书记关于弘扬爱国主义精神的重要讲话精神。在各级各类学校深入开展学习贯彻活动，以座谈会、论坛讲座、主题班会、党团组织生活等形式,深入学习领会总书记重要讲话的精神实质和丰富内涵,把握当前弘扬爱国主义精神的根本要求,增强对爱国主义宣传教育的理论自信和行动自觉。把学习贯彻习近平总书记关于弘扬爱国主义精神的重要讲话精神作为高校学生工作专题研讨培训和全国高校辅导员骨干培训的必修内容。及时反映各地各校贯彻落实的举措成效,大力宣传弘扬爱国主义精神的优秀师生典型,宣传他们立足岗位、爱岗敬业、报效国家的朴实情怀和感人事迹,引导人们关心国家的前途和命运,把对祖国的热爱之情转化为实际行动,努力做好本职工作。

2. 推动爱国主义教育和社会主义核心价值观教育紧密结合。进一步推动各地落实《关于在各级各类学校中推动培育和践行社会主义核心价值观长效机制建设的意见》和《关于培育和践行社会主义核心价值观

进一步加强中小学德育工作的意见》,结合开展中国大学生年度人物评选,选树践行社会主义核心价值观优秀个人和集体,建设"培育践行社会主义核心价值观示范校"等活动,开展深入、持久、生动的爱国主义宣传教育,让爱国主义精神在广大青少年学生心中牢牢扎根,培养爱国之情、砥砺强国之志、实践报国之行。

3. 把爱国主义教育有机融入教育教学各环节。把党的教育方针细化为学生发展核心素养,把爱国主义精神有机融入大中小学德育、语文、历史、地理、体育、艺术等各学科课程标准、教材编写、考试评价之中,纳入教育教学实践环节。完善相关本科专业类教学质量国家标准,把爱国主义教育与专业教育紧密结合,全方位、多渠道融入人才培养体系。在全国高校学生中,深入开展"我爱我的祖国""永远跟党走"等主题社会实践活动。推动各地将爱国主义教育相关内容纳入体育教学计划,探索建立学生军事营地育人长效机制。整理推广民族传统体育。深化爱国主义教育研究和爱国主义精神阐释,不断丰富教育内容、创新教育载体、增强教育效果。

4. 创新爱国主义教育方式和途径。有效拓展课堂内外、网上网下、平台载体的爱国主义教育引导,创造浓郁的校园文化氛围,使学生处处受到爱国主义精神的感染。加强国旗、国徽、国歌的教育,庄重升旗仪式,让每个学生学会唱国歌,在学校适当场所悬挂国旗和中华人民共和国地图,张贴、设立著名的爱国主义历史人物、杰出科学家、文学艺术家的画像或雕塑。积极引导

各地各校利用我国改革发展的伟大成就、重大历史事件纪念活动、爱国主义教育基地、中华民族传统节庆、国家公祭仪式等来增强青少年学生的爱国主义情怀和意识。开展高雅艺术进校园、全国大中小学生艺术展演活动,运用电影、电视、歌曲、戏剧、小说、诵读等多种艺术形式,着力运用微博、微信等网络新媒体,充分利用文化馆、纪念馆、博物馆、旅游景点、部队营地等资源和举办运动会、体育比赛等活动,开展爱国主义教育,生动传播爱国主义精神。

二、坚持爱国主义与社会主义相统一,加强中国特色社会主义和中国梦的教育宣传

5.加强爱国主义精神的理论研究与宣传阐释。深入研究和宣传阐释习近平总书记系列重要讲话精神,加大对中国特色社会主义道路、理论体系、制度研究阐释和宣传教育力度。组织研究力量,深入总结中国改革开放和现代化建设的成功经验,推进重大现实问题、重大理论问题、重大实践经验总结的重大课题研究。组织高校马克思主义学院、中国特色社会主义理论体系研究基地、"中国共产党革命精神与文化资源研究中心"和党史、历史等相关高校研究机构和项目团队,运用马克思主义唯物史观,结合以爱国主义为核心的民族精神和以改革创新为核心的时代精神,结合当代中国国情和爱国主义最新实践,重点从理论上讲清楚爱国与爱党、爱社会主义的本质一致性,讲清楚爱国主义是社会主义核心价值观中最深层、最根本、最永恒的内容,讲清楚爱国主义与集体主义的内在联系,讲清楚爱国主义与对外开放的关系,讲清楚否定党史、国史、革命史和改革开放史以及诋毁英雄人物的危害性。

6.扎实推进中国特色社会主义理论和中国梦进教材进课堂进头脑。加快推进马克思主义理论研究和建设工程重点教材编写、出版和使用,组织开展重点教材相应课程任课教师示范培训,推动完善中央、地方、高校三级培训体系。加强马克思主义理论学科建设,制定实施马克思主义理论学科发展规划,完善学科评价体系。落实《普通高校思想政治理论课建设体系创新计划》,整体推进教材、教师、教学等方面综合改革创新,逐步构建重点突出、载体丰富、协同创新的思想政治理论课建设体系。建好建强高校中国特色社会主义理论体系研究中心、马克思主义学院。深入贯彻落实《关于全面深化课程改革落实立德树人根本任务的意见》,组织编写、修订义务教育品德、语文、历史教材,充实爱国主义教育的内容。推动各地各校落实《中小学生守则(2015年修订)》,用守则引领和规范学生思想品德和言行举止。会同有关部门,进一步健全开展青少年博物馆教育实践活动的长效机制。联合有关单位制作《开学第一课》节目,强化爱国主义教育内容。深入贯彻落实《关于在各级各类学校深入开展"我的中国梦"主题教育活动的通知》,通过开展征文大赛、主题演讲、主题摄影及微电影创作大赛、网络文化和书信文化活动,引导广大学生树立为实现中华民族伟大复兴的中国梦而努力奋斗的信念。

三、维护祖国统一和民族团结,增强青少年学生的国家认同

7. 加强对青少年学生的民族团结教育。把维护祖国统一和民族团结作为重要着力点和落脚点,不断增强青少年学生对伟大祖国、中华民族、中华文化、中国共产党、中国特色社会主义的认同。推动各地建立学校民族团结教育常态化机制,推进民族团结教育进学校、进课堂、进头脑,在中小学开设民族团结教育专题课程,在高等学校、职业院校开设党的民族理论与政策课程,在各级各类学校开展主题教育宣传活动。加强教材和师资建设,将国家指导编写的中小学民族团结教育教材纳入农村义务教育阶段免费教科书范围。积极开展民族地区与其他地区学校手拉手心连心"结对子"活动,促进各民族学生交往交流交融。进一步完善并适时印发《少数民族双语教育指导意见》。启动《民族中小学汉语课程标准(普通高中)》修订工作。加强民文教材的编译管理。推动少数民族学科双语教学资源建设,加强对中国少数民族汉语水平等级考试(MHK)的指导和监督,启动建立双语教育督导评估和质量检测机制。在以少数民族语言为主要社会语言环境的地区,科学稳妥推行双语教育。

8. 做好教育系统统一战线工作。全面落实《中国共产党统一战线工作条例(试行)》,坚持党的领导,高举爱国主义、社会主义旗帜,巩固共同政治思想基础,坚持大团结大联合的主题,坚持正确处理一致性和多样性关系的方针,加强党外知识分子思想政治引导,注重培养锻炼和推荐使用党外优秀代表人士,最大限度地把党外知识分子团结在党的周围,激励他们自觉为实现中华民族伟大复兴的中国梦凝聚人心、汇聚力量。深入贯彻全国高校统战工作会议精神,培养高校党外知识分子爱国精神和报国情怀。

9. 加大对香港、澳门和台湾青少年学生的爱国主义教育力度。举办港澳青少年内地参访等国民教育系列活动,实施港澳与内地高校师生交流计划

("万人计划"),加强港澳与内地中小学"姊妹学校"平台建设。举办对台教育交流项目,邀请台湾师生来大陆参加活动,加强两岸教育学术和语言文字领域的合作与交流。推进对港澳台免试招生。支持和服务港澳同胞学习使用国家通用语言文字,开展港澳普通话水平测试。编写出版并推广应用两岸合编的中华语文工具书、科技名词工具书、汉字简繁文本智能转化系统,完善两岸中华语文知识库网站建设,举办两岸大学生汉字书法艺术交流夏令营和汉字文化创意大会。

四、尊重和传承中华民族历史和文化,加强中华优秀传统文化教育

10. 深入挖掘和阐发中华优秀传统文化的时代价值。努力从中华民族世世代代形成和积累的优秀传统文化中汲取营养和智慧,延续文化基因,萃取思想精华,展现精神魅力。以时代精神激活中华优秀传统文化的生命力,推进中华优秀传统文化创造性转化和创新性发展。重点建设一批中国传统文化协同创新中心和重点研究基地等研究机构,加强传统文化师资队伍和人才库建设,资助一批对传承中华文化、弘扬民族精神有重大影响的文化工程项目,一批在学术发展史上具有重要意义的文献资料发掘整理项目。

11. 完善中华优秀传统文化教育。深入落实《完善中华优秀传统文化教育指导纲要》,把中华优秀传统文化教育系统融入课程和教材体系,进一步加强有关学科教材传统文化内容,体现到教材编写和课程开发等环节,引导青少年学生树立和坚持正确的历史观、民族观、国家观、文化观,不断增强中华民族的归属感、认同感、尊严感、荣誉感。开展中华经典资源库建设,制定中华诗词新韵规范,开发完善经典诵读、书写、讲解专门课程,支持中华经典诵读教材的研发。开展中华经典诵写讲行动,组织好中国汉字听写大会、中国成语大会、中国诗词大会、书法名家进校园、全国中小学书法教师培训等活动,开展"礼敬中华优秀传统文化""少年传承中华美德"系列教育活动。开展职业院校民族文化传承与创新示范专业点建设,建立完善非物质文化遗产传承人"双向进入"机制,鼓励民间艺人、技艺大师、非物质文化遗产传承人参与教育教学。启动实施中国非物质文化遗产传承人群研修研习培训计划。开展中华优秀传统文化艺术传承学校与基地建设,在全国中小学校和高校开展中华优秀传统文化艺术传承活动。推动建设中小学中华优秀传统文化教育研究基地。大力推广和规范使用国家通用语言文字,建设信息化条件下的语言文字规范标准体系,主导中国语言文字国际标准的制定。完善关于加强高校校园文化建设的意见和办法,开展校园文化建设巡礼,征集推广校园文化建设优秀成果,建立优秀文化作品资源库。

五、坚持立足民族又面向世界,增强人类命运共同体意识

12. 提升教育对外开放质量和水平。落实《关于做好新时期教育对外开放工作的若干意见》,坚持统筹国内国际两个大局,增强教育服务党和国家中心工作能力。组织实施共建"一带一路"教育行动,积极倡议沿线各国共同行动,构建"一带一路"教育共同体。切实办好孔子学院,积极开展汉语教学和文化交流活动,加大中华文化和当代中国在各类汉语教材的内容比重,加大"汉语桥"来华夏令营、"汉语桥"世界中文比赛、"孔子学院日"、"孔子新汉学计划"等品牌项目实施力度,充分发挥孔子学院提升国家软实力的重要作用。推动中华文化和中国语言"走出去",向世界讲好中国故事、传播好中国声音,增进世界对于中华文化的理解和认同。

13. 建立健全中外人文交流机制。用好高级别中外人文交流机制高端平台资源,充分发挥教育国际合作交流在中外人文交流中的基础性、广泛性和持久性作用。进一步完善政府间教育高层磋商、教育领域专业人士务实合作、学生友好往来的机制建设,支持各级地方政府结合本地特色,统筹做好教育国际交流合作工作,推进友城友校教育深度合作,加强与重点国家的语言文字交流和合作,夯实爱国主义教育和教育国际合作交流相互支持、共同发展的良好基础。

14. 加强"中国梦"海外宣传。聚集广大海外留学人员爱国能量,确立以人为媒介、以心口相传为手段的海外宣传模式,形成人人发挥辐射作用、个个争做民间大使、句句易于入脑入心的宣传效应。构建"祖国—使领馆—留学团体—广大留学人员"的海内外立体联系网络,使广大留学人员充分感受祖国关爱、主动宣传祖国发展。挖掘在国际教育领域有影响力的专家学者、外籍教师、来华留学人员、非政府组织及国际智库的积极作用。

中共教育部党组
2016 年 1 月 19 日

☞ 重点提炼

1.创新爱国主义教育方式和途径有哪些?

有效拓展课堂内外、网上网下、平台载体的爱国主义教育引导,创造浓郁的校园文化氛围,使学生处处受到爱国主义精神的感染。加强国旗、国徽、国歌的教育,庄重升旗仪式,让每个学生学会唱国歌,在学校适当场所悬挂国旗和中华人民共和国地图,张贴、设立著名的爱国主义历史人物、杰出科学家、文学艺术家的画像或雕塑。积极引导各地各校利用我国改革发展的伟大成就、重大历史事件纪念活动、爱国主义教育基地、中华民族传统节庆、国家公祭仪式等来增强青少年学生的爱国主义情怀和意识。开展高雅艺术进校园、全国大中小学生艺术展演活动,运用电影、电视、歌曲、戏剧、小说、诵读等多种艺术形式,着力运用微博、微信等网络新媒体,充分利用文化馆、纪念馆、博物馆、旅游景点、部队营地等资源和举办运动会、体育比赛等活动,开展爱国主义教育,生动传播爱国主义精神。

2.如何进行爱国主义精神的理论研究与宣传阐释?

深入研究和宣传阐释习近平总书记系列重要讲话精神,加大对中国特色社会主义道路、理论体系、制度研究阐释和宣传教育力度。组织研究力量,深入总结中国改革开放和现代化建设的成功经验,推进重大现实问题、重大理论问题、重大实践经验总结的重大课题研究。组织高校马克思主义学院、中国特色社会主义理论体系研究基地、"中国共产党革命精神与文化资源研究中心"和党史、历史等相关高校研究机构和项目团队,运用马克思主义唯物史观,结合以爱国主义为核心的民族精神和以改革创新为核心的时代精神,结合当代中国国情和爱国主义最新实践,重点从理论上讲清楚爱国与爱党、爱社会主义的本质一致性,讲清楚爱国主义是社会主义核心价值观中最深层、最根本、最永恒的内容,讲清楚爱国主义与集体主义的内在联系,讲清楚爱国主义与对外开放的关系,讲清楚否定党史、国史、革命史和改革开放史以及诋毁英雄人物的危害性。

中共中央国务院印发《新时代爱国主义教育实施纲要》

新华社北京 11 月 12 日电

近日,中共中央、国务院印发了《新时代爱国主义教育实施纲要》,并发出通知,要求各地区各部门结合实际认真贯彻落实。

《新时代爱国主义教育实施纲要》全文如下。

爱国主义是中华民族的民族心、民族魂,是中华民族最重要的精神财富,是中国人民和中华民族维护民族独立和民族尊严的强大精神动力。爱国主义精神深深植根于中华民族心中,维系着中华大地上各个民族的团结统一,激励着一代又一代中华儿女为祖国发展繁荣而自强不息、不懈奋斗。中国共产党是爱国主义精神最坚定的弘扬者和实践者,90 多年来,中国共产党团结带领全国各族人民进行的革命、建设、改革实践是爱国主义的伟大实践,写下了中华民族爱国主义精神的辉煌篇章。党的十八大以来,以习近平同志为核心的党中央高度重视爱国主义教育,固本培元、凝心铸魂,作出一系列重要部署,推动爱国主义教育取得显著成效。当前,中国特色社会主义进入新时代,中华民族伟大复兴正处于关键时期。新时代加强爱国主义教育,对于振奋民族精神、凝聚全民族力量,决胜全面建成小康社会,夺取新时代中国特色社会主义伟大胜利,实现中华民族伟大复兴的中国梦,具有重大而深远的意义。

一、总体要求

1. 指导思想。坚持以马克思列宁主义、毛泽东思想、邓小平理论、"三个代表"重要思想、科学发展观、习近平新时代中国特色社会主义思想为指导,增强"四个意识",坚定"四个自信",做到"两个维护",着眼培养担当民族复兴大任的时代新人,始终高扬爱国主义旗帜,着力培养爱国之情、砥砺强国之志、实践报国之行,使爱国主义成为全体中国人民的坚定信念、精神力量和自觉行动。

2. 坚持把实现中华民族伟大复兴的中国梦作为鲜明主题。伟大事业需要伟大精神,伟大精神铸就伟大梦想。要把国家富强、民族振兴、人民幸福作为不懈追求,着力扎紧全国各族人民团结奋斗的精神纽带,厚植家国情怀,培育精神家园,引导人们坚持中国道路、弘扬中国精神、凝聚中国力量,为实现中华民族伟大复兴的中国梦提供强大精神动力。

3. 坚持爱党爱国爱社会主义相统一。新中国是中国共产党领导的社会主义国家,祖国的命运与党的命运、社会主义的命运密不可分。当代中国,爱国主义的本质就是坚持爱国和爱党、爱社会主义高度统一。要区分层次、区别对象,引导人们深刻认识党的领导是中国特色社会主义最本质特征和最大制度优势,坚持党的领导、坚持走中国特色社会主义道路是实现国家富强的根本保障和必由之路,以坚定的信念、真挚的情感把习近平新时代中国特色社会主义一以贯之进行下去。

4. 坚持以维护祖国统一和民族团结为着力点。国家统一和民族团结是中华民族根本利益所在。要始终不渝坚持民族团结是各族人民的生命线,巩固和发展平等团结互助和谐的社会主义民族关系,引导全国各族人民像爱护自己的眼睛一样珍惜民族团结,维护全国各族人民大团结的政治局面,巩固和发展最广泛的爱国统一战线,不断增强对伟大祖国、中华民族、中华文化、中国共产党、中国特色社会主义的认同,坚决维护国家主权、安全、发展利益,旗帜鲜明反对分裂国家图谋、破坏民族团结的言行,筑牢国家统一、民族团结、社会稳定的铜墙铁壁。

5. 坚持以立为本、重在建设。爱国主义是中华儿女最自然、最朴素的情感。要坚持从娃娃抓起,着眼固本培元、凝心铸魂,突出思想内涵,强化思想引领,做到润物无声,把基本要求和具体实际结合起来,把全面覆盖和突出重点结合起来,遵循规律、创新发展,注重落细落小落实、日常经常平常,强化教育引导、实践养成、制度保障,推动爱国主义教育融入贯穿国民教育和精神文明建设全过程。

6.坚持立足中国又面向世界。一个国家、一个民族,只有开放兼容,才能富强兴盛。要把弘扬爱国主义精神与扩大对外开放结合起来,尊重各国历史特点、文化传统,尊重各国人民选择的发展道路,善于从不同文明中寻求智慧、汲取营养,促进人类和平与发展的崇高事业,共同推动人类文明发展进步。

二、基本内容

7.坚持用习近平新时代中国特色社会主义思想武装全党、教育人民。习近平新时代中国特色社会主义思想是马克思主义中国化最新成果,是党和人民实践经验和集体智慧的结晶,是中国特色社会主义理论体系的重要组成部分,是全党全国人民为实现中华民族伟大复兴而奋斗的行动指南,必须长期坚持并不断发展。要深刻理解习近平新时代中国特色社会主义思想的核心要义、精神实质、丰富内涵、实践要求,不断增强干部群众的政治意识、大局意识、核心意识、看齐意识,坚决维护习近平总书记党中央的核心、全党的核心地位,坚决维护党中央权威和集中统一领导。要紧密结合人们生产生活实际,推动习近平新时代中国特色社会主义思想进企业、进农村、进机关、进校园、进社区、进军营、进网络,真正使党的创新理论落地生根、开花结果。要在知行合一、学以致用上下功夫,引导干部群众坚持以习近平新时代中国特色社会主义思想为指导,展现新气象、激发新作为,把学习教育成果转化为爱国报国的实际行动。

8.深入开展中国特色社会主义和中国梦教育。中国特色社会主义集中体现着国家、民族、人民根本利益。要高举中国特色社会主义伟大旗帜,广泛开展理想信念教育,用党领导人民进行伟大社会革命的成果说话,用改革开放以来社会主义现代化建设的伟大成就说话,用新时代坚持和发展中国特色社会主义的生动实践说话,用中国特色社会主义制度的优势说话,在历史与现实、国际与国内的对比中,引导人们深刻认识中国共产党为什么"能"、马克思主义为什么"行"、中国特色社会主义为什么"好",牢记红色政权是从哪里来的、新中国是怎么建立起来的,倍加珍惜我们党开创的中国特色社会主义,不断增强道路自信、理论自信、制度自信、文化自信。要深入开展中国梦教育,引导人们深刻认识中国梦是国家的梦、民族的梦,也是每个中国人的梦,深刻认识中华民族伟大复兴绝不是轻轻松松、敲锣打鼓就能实现的,要付出更为艰巨、更为艰苦的努力,争做新时代的奋斗者、追梦人。

9.深入开展国情教育和形势政策教育。要深入开展国情教育,帮助人们了解我国发展新的历史方位、社会主要矛盾的变化,引导人们深刻认识到,我国仍处于并将长期处于社会主义初级阶段的基本国情没有变,我国是世界上最大发展中国家的国际地位没有变,始终准确把握基本国情,既不落后于时代,也不脱离实际、超越阶段。要深入开展形势政策教育,帮助人们树立正确的历史观、大局观、角色观,了解世界正经历百年未有之大变局,我国仍处于发展的重要战略机遇期,引导人们清醒认识国际国内形势发展变化,做好我们自己的事情。要发扬斗争精神,增强斗争本领,引导人们充分认识伟大斗争的长期性、复杂性、艰巨性,敢于直面风险挑战,以坚忍不拔的意志和无私无畏的勇气战胜前进道路上的一切艰难险阻,在进行伟大斗争中更好弘扬爱国主义精神。

10.大力弘扬民族精神和时代精神。以爱国主义为核心的民族精神和以改革创新为核心的时代精神,是凝心聚力的兴国之魂、强国之魂。要聚焦培养担当民族复兴大任的时代新人,培育和践行社会主义核心价值观,广泛开展爱国主义、集体主义、社会主义教育,提高人们的思想觉悟、道德水准和文明素养。要唱响人民赞歌、展现人民风貌,大力弘扬中国人民在长期奋斗中形成的伟大创造精神、伟大奋斗精神、伟大团结精神、伟大梦想精神,生动展示人民群众在新时代的新实践、新业绩、新作为。

11.广泛开展党史、国史、改革开放史教育。历史是最好的教科书,也是最好的清醒剂。要结合中华民族从站起来、富起来到强起来的伟大飞跃,引导人们深刻认识历史和人民选择中国共产党、选择马克思主义、选择社会主义道路、选择改革开放的历史必然性,深刻认识我们国家和民族从哪里来、到哪里去,坚决反对历史虚无主义。要继承革命传统,弘扬革命精神,传承红色基因,结合新的时代特点赋予新的内涵,使之转化为激励人民群众进行伟大斗争的强大动力。要加强改革开放教育,引导人们深刻认识改革开放是党和人民大踏步赶上时代的重要法宝,是坚持和发展中国特色社会主义的必由之路,是决定当代中国命运的关键一招,也是决定实现"两个一百年"奋斗目标、实现中华民族伟大复兴的关键一招,凝聚起将改革开放进行到底的强大力量。

12. 传承和弘扬中华优秀传统文化。对祖国悠久历史、深厚文化的理解和接受,是爱国主义情感培育和发展的重要条件。要引导人们了解中华民族的悠久历史和灿烂文化,从历史中汲取营养和智慧,自觉延续文化基因,增强民族自尊心、自信心和自豪感。要坚持古为今用、推陈出新,不忘本来、辩证取舍,深入实施中华优秀传统文化传承发展工程,推动中华文化创造性转化、创新性发展。要坚守正道、弘扬大道,反对文化虚无主义,引导人们树立和坚持正确的历史观、民族观、国家观、文化观,不断增强中华民族的归属感、认同感、尊严感、荣誉感。

13. 强化祖国统一和民族团结进步教育。实现祖国统一、维护民族团结,是中华民族的不懈追求。要加强祖国统一教育,深刻揭示维护国家主权和领土完整、实现祖国完全统一是大势所趋、大义所在、民心所向,增进广大同胞心灵契合、互信认同,与分裂祖国的言行开展坚决斗争,引导全体中华儿女为实现中华民族伟大复兴、推进祖国和平统一、"一国两制"而共同奋斗。深化民族团结进步教育,铸牢中华民族共同体意识,加强各民族交往交流交融,引导各族群众牢固树立"三个离不开"思想,不断增强"五个认同",使各民族同呼吸、共命运、心连心的光荣传统代代相传。

14. 加强国家安全教育和国防教育。国家安全是安邦定国的重要基石。要加强国家安全教育,深入学习宣传总体国家安全观,增强全党全国人民国家安全意识,自觉维护政治安全、国土安全、经济安全、社会安全、网络安全和外部安全。要加强国防教育,增强全民国防观念,使关心国防、热爱国防、建设国防、保卫国防成为全社会的思想共识和自觉行动。要深入开展增强忧患意识、防范化解重大风险的宣传教育,引导广大干部群众强化风险意识,科学辨识风险、有效应对风险,做到居安思危、防患未然。

三、新时代爱国主义教育要面向全体人民、聚焦青少年

15. 充分发挥课堂教学的主渠道作用。培养社会主义建设者和接班人,首先要培养学生的爱国情怀。要把青少年作为爱国主义教育的重中之重,将爱国主义精神贯穿于学校教育全过程,推动爱国主义教育进课堂、进教材、进头脑。在普通中小学、中职学校,将爱国主义教育内容融入语文、道德与法治、历史等学科教材编写和教育教学中,在普通高校将爱国主义教育与哲学社会科学相关专业课程有机结合,加大爱国主义教育内容的比重。创新爱国主义教育的形式,丰富和优化课程资源,支持和鼓励多种形式开发微课、微视频等教育资源和在线课程,开发体现爱国主义教育要求的音乐、美术、书法、舞蹈、戏剧作品等,进一步增强吸引力感染力。

16. 办好学校思想政治理论课。思想政治理论课是爱国主义教育的主阵地。要紧紧抓住青少年阶段的"拔节孕穗期",理直气壮开好思想政治理论课,引导学生把爱国情、强国志、报国行自觉融入坚持和发展中国特色社会主义事业、建设社会主义现代化强国、实现中华民族伟大复兴的奋斗之中。按照政治强、情怀深、思维新、视野广、自律严、人格正的要求,加强思想政治理论课教师队伍建设,让有信仰的人讲信仰,让有爱国情怀的人讲爱国。推动思想政治理论课改革创新,发挥学生主体作用,采取互动式、启发式、交流式教学,增强思想性理论性和亲和力针对性,在教育灌输和潜移默化中,引导学生树立国家意识、增进爱国情感。

17. 组织推出爱国主义精品出版物。针对不同年龄、不同成长阶段,坚持精品标准,加大创作力度,推出反映爱国主义内容的高质量儿童读物、教辅读物,让广大青少年自觉接受爱国主义熏陶。积极推荐爱国主义主题出版物,大力开展爱国主义教育读书活动。结合青少年兴趣点和接受习惯,大力开发并积极推介体现中华文化精髓、富有爱国主义气息的网络文学、动漫、有声读物、网络游戏、手机游戏、短视频等。

18. 广泛组织开展实践活动。大中小学的党组织、共青团、少先队、学生会、学生社团等,要把爱国主义内容融入党日团日、主题班会、班队会以及各类主题教育活动之中。广泛开展文明校园创建,强化校训校歌校史的爱国主义教育功能,组织开展丰富多彩的校园文化活动。组织大中小学生参观纪念馆、展览馆、博物馆、烈士纪念设施,参加军事训练、冬令营夏令营、文化科技卫生"三下乡"、学雷锋志愿服务、创新创业、公益活动等,更好地了解国情民情,强化责任担当。密切与城市社区、农村、企业、部队、社会机构等的联系,丰富拓展爱国主义教育校外实践领域。

19. 在广大知识分子中弘扬爱国奋斗精神。我国知识分子历来有浓厚的家国情怀和强烈的社会责任感。深入开展"弘扬爱国奋斗精神、建功立业新时代"活动,弘扬"两弹一星"精神、载人航天精神等,大力组织优秀知识分子学习宣传,引导新时代知识分子把自己的理想同祖国的前途、把自己的人生同民族的命运紧密联系在一起,立足本职、拼搏奋斗、创新创造,在新时代作出应有的贡献。广泛动员和组织知识分子深入改革开放前沿、经济发展一线和革命老区、民族地区、边疆地区、贫困地区,开展调研考察和咨询服务,深入了解国情,坚定爱国追求。

20.激发社会各界人士的爱国热情。社会各界的代表性人士具有较强示范效应。要坚持信任尊重团结引导,增进和凝聚政治共识,夯实共同思想政治基础,不断扩大团结面,充分调动社会各界人士的爱国热情和社会担当。通过开展职业精神职业道德教育、建立健全相关制度规范、发挥行业和舆论监督作用等,引导社会各界人士增强道德自律、履行社会责任。坚持我国宗教的中国化方向,加强宗教界人士和信教群众的爱国主义教育,引导他们热爱祖国、拥护社会主义制度、拥护中国共产党的领导,遵守国家法律法规和方针政策。加强"一国两制"实践教育,引导人们包括香港特别行政区同胞、澳门特别行政区同胞、台湾同胞和海外侨胞增强对国家的认同,自觉维护国家统一和民族团结。

四、丰富新时代爱国主义教育的实践载体

21.建好用好爱国主义教育基地和国防教育基地。各级各类爱国主义教育基地,是激发爱国热情、凝聚人民力量、培育民族精神的重要场所。要加强内容建设,改进展陈方式,着力打造主题突出、导向鲜明、内涵丰富的精品陈列,强化爱国主义教育和红色教育功能,为社会各界群众参观学习提供更好服务。健全全国爱国主义教育示范基地动态管理机制,进一步完善落实免费开放政策和保障机制,根据实际情况,对爱国主义教育基地免费开放财政补助进行重新核定。依托军地资源,优化结构布局,提升质量水平,建设一批国防特色鲜明、功能设施配套、作用发挥明显的国防教育基地。

22.注重运用仪式礼仪。认真贯彻执行国旗法、国徽法、国歌法,学习宣传基本知识和国旗升挂、国徽使用、国歌奏唱礼仪。在全社会广泛开展"同升国旗、同唱国歌"活动,让人们充分表达爱国情感。各级广播电台、电视台每天定时在主频率、主频道播放国歌。国庆期间,各级党政机关、人民团体、大型企事业单位、全国城乡社区和爱国主义教育基地等,要组织升国旗仪式并悬挂国旗。鼓励居民家庭在家门前适当位置悬挂国旗。认真组织宪法宣誓仪式、入党入团入队仪式等,通过公开宣誓、重温誓词等形式,强化国家意识和集体观念。

23. 组织重大纪念活动。充分挖掘重大纪念日、重大历史事件蕴含的爱国主义教育资源,组织开展系列庆祝或纪念活动和群众性主题教育。抓住国庆节这一重要时间节点,广泛开展"我和我的祖国"系列主题活动,通过主题宣讲、大合唱、共和国故事汇、快闪、灯光秀、游园活动等形式,引导人们歌唱祖国、致敬祖国、祝福祖国,使国庆黄金周成为爱国活动周。充分运用"七一"党的生日、"八一"建军节等时间节点,广泛深入组织各种纪念活动,唱响共产党好、人民军队好的主旋律。在中国人民抗日战争胜利纪念日、烈士纪念日、南京大屠杀死难者国家公祭日期间,精心组织公祭、瞻仰纪念碑、祭扫烈士墓等,引导人们牢记历史、不忘过去,缅怀先烈、守正出新、面向未来,激发爱国热情、凝聚奋进力量。

24. 发挥传统和现代节日的涵育功能。大力实施中国传统节日振兴工程,深化"我们的节日"主题活动,利用春节、元宵、清明、端午、七夕、中秋、重阳等重要传统节日,开展丰富多彩、积极健康、富有价值内涵的民俗文化活动,引导人们感悟中华文化、增进家国情怀。结合元旦、"三八"国际妇女节、"五一"国际劳动节、"五四"青年节、"六一"国际儿童节和中国农民丰收节等,开展各具特色的庆祝活动,激发人们的爱国主义和集体主义精神。

25. 依托自然人文景观和重大工程开展教育。寓爱国主义教育于游览观光之中,通过宣传展示、体验感受等多种方式,引导人们领略壮美河山,投身美丽中国建设。系统梳理传统文化资源,加强考古发掘和整理研究,保护好文物古迹、传统村落、民族村寨、传统建筑、农业遗迹、灌溉工程遗产、工业遗迹,推动遗产资源合理利用,健全非物质文化遗产保护制度,推进国家文化公园建设。推动文化和旅游融合发展,提升旅游质量水平和文化内涵,深入挖掘旅游资源中蕴含的爱国主义内容,防止过度商业行为和破坏性开发。推动红色旅游内涵式发展,完善全国红色旅游经典景区体系,凸显教育功能,加强对讲解员、导游等从业人员的管理培训,加强对解说词、旅游项目等的规范,坚持正确的历史观和历史标准。依托国家重大建设工程、科学工程等,建设一批展现新时代风采的主题教育基地。

五、营造新时代爱国主义教育的浓厚氛围

26. 用好报刊广播影视等大众传媒。各级各类媒体要聚焦爱国主义主题,创新方法手段,适应分众化、差异化传播趋势,使爱国主义宣传报道接地气、有生气、聚人气,有情感、有深度、有温度。把爱国主义主题融入贯穿媒体融合发展,打通网上网下、版面页面,推出系列专题专栏、新闻报道、言论评论以及融媒体产品,加强县级融媒体中心建设,生动讲好爱国故事、大力传播主流价值观。制作刊播爱国主义优秀公益广告作品,在街头户外张贴悬挂展示标语口号、宣传挂图,生动形象做好宣传。坚持正确舆论导向,对虚无历史、消解主流价值的错误思想言论,及时进行批驳和辨析引导。

27. 发挥先进典型的引领作用。大力宣传为中华民族和中国人民做出贡献的英雄,宣传革命、建设、改革时期涌现出的英雄烈士和模范人物,宣传时代楷模、道德模范、最美人物和身边好人,宣传具有爱国情怀的地方先贤、知名人物,以榜样的力量激励人、鼓舞人。广泛开展向先进典型学习活动,引导人们把敬仰和感动转化为干事创业、精忠报国的实际行动。做好先进模范人物的关心帮扶工作,落实相关待遇和礼遇,在全社会大力营造崇尚英雄、学习英雄、捍卫英雄、关爱英雄的浓厚氛围。

28. 创作生产优秀文艺作品。把爱国主义作为常写常新的主题,加大现实题材创作力度,为时代画像、为时代立传、为时代明德,不断推出讴歌党、讴歌祖国、讴歌人民、讴歌劳动、讴歌英雄的精品力作。深入实施中国当代文学艺术创作工程、重大历史题材创作工程等,加大对爱国主义题材文学创作、影视创作、词曲创作等的支持力度,加强对经典爱国歌曲、爱国影片的深入挖掘和创新传播,唱响爱国主义正气歌。文艺创作和评论评奖要具有鲜明爱国主义导向,倡导讲品位、讲格调、讲责任,抵制低俗、庸俗、媚俗,坚决反对亵渎祖先、亵渎经典、亵渎英雄,始终保持社会主义文艺的爱国底色。

29. 唱响互联网爱国主义主旋律。加强爱国主义网络内容建设,广泛开展网上主题教育活动,制作推介体现爱国主义内容、适合网络传播的音频、短视频、网络文章、纪录片、微电影等,让爱国主义充盈网络空间。实施爱国主义数字建设工程,推动爱国主义教育基地、红色旅游与网络传播有机结合。创新传播载体手段,积极运用微博微信、社交媒体、视频网站、手机客户端等传播平台,运用虚拟现实、增强现实、混合现实等新技术新产品,生动活泼开展网上爱国主义教育。充分发挥"学习强国"学习平台在爱国主义宣传教育中的作用。加强网上舆论引导,依法依规进行综合治理,引导网民自觉抵制损害国家荣誉、否定中华优秀传统文化的错误言行,汇聚网上正能量。

30.涵养积极进取开放包容理性平和的国民心态。加强宣传教育,引导人们正确把握中国与世界的发展大势,正确认识中国与世界的关系,既不妄自尊大也不妄自菲薄,做到自尊自信、理性平和。爱国主义是世界各国人民共有的情感,实现世界和平与发展是各国人民共同的愿望。一方面要弘扬爱国主义精神,另一方面要培养海纳百川、开放包容的胸襟,大力宣传坚持和平发展合作共赢、构建人类命运共同体、共建"一带一路"等重要理念和倡议,激励广大人民同各国人民一道共同创造美好未来。对每一个中国人来说,爱国是本分,也是职责,是心之所系、情之所归。倡导知行合一,推动爱国之情转化为实际行动,使人们理性表达爱国情感,反对极端行为。

31.强化制度和法治保障。把爱国主义精神融入相关法律法规和政策制度,体现到市民公约、村规民约、学生守则、行业规范、团体章程等的制定完善中,发挥指引、约束和规范作用。在全社会深入学习宣传宪法、英雄烈士保护法、文物保护法等,广泛开展法治文化活动,使普法过程成为爱国主义教育过程。严格执法司法、推进依法治理,综合运用行政、法律等手段,对不尊重国歌国旗国徽等国家象征与标志,对侵害英雄烈士姓名、肖像、名誉、荣誉等行为,对破坏污损爱国主义教育场所设施,对宣扬、美化侵略战争和侵略行为等,依法依规进行严肃处理。依法严惩暴力恐怖、民族分裂等危害国家安全和社会稳定的犯罪行为。

六、加强对新时代爱国主义教育的组织领导

32.各级党委和政府要承担起主体责任。各级党委和政府要负起政治责任和领导责任,把爱国主义教育摆上重要日程,纳入意识形态工作责任制,加强阵地建设和管理,抓好各项任务落实。进一步健全党委统一领导、党政齐抓共管、宣传部门统筹协调、有关部门各负其责的工作格局,建立爱国主义教育联席会议制度,加强工作指导和沟通协调,及时研究解决工作中的重要事项和存在问题。广大党员干部要以身作则,牢记不忘初心使命,勇于担当作为,发挥模范带头作用,做爱国主义的坚定弘扬者和实践者,同违背爱国主义的言行做坚决斗争。

33.调动广大人民群众的积极性主动性。爱国主义教育是全民教育,必须突出教育的群众性。各级工会、共青团、妇联和文联、作协、科协、侨联、残联以及关工委等人民团体和群众组织,要发挥各自优势,面向所联系的领域和群体广泛开展爱国主义教育。组织动员老干部、老战士、老专家、老教师、老模范等到广大群众特别是青少年中讲述亲身经历,弘扬爱国传统。坚持热在基层、热在群众,结合人们生产生活,把爱国主义教育融入新时代文明实践中心建设、学雷锋志愿服务、精神文明创建之中,体现到百姓宣讲、广场舞、文艺演出、邻居节等群众性活动之中,引导人们自我宣传、自我教育、自我提高。

34.求真务实注重实效。爱国主义教育是思想的洗礼、精神的熏陶。要坚持目标导向、问题导向、效果导向,坚持虚功实做、久久为功,在深化、转化上下功夫,在具象化、细微处下功夫,更好地体现时代性、把握规律性、富于创造性。坚持从实际出发,务实节俭开展教育、组织活动,杜绝铺张浪费,不给基层和群众增加负担,坚决反对形式主义、官僚主义。

各地区各部门要根据本纲要制定贯彻落实的具体措施,确保爱国主义教育各项任务要求落到实处。

中国人民解放军和中国人民武装警察部队按照本纲要总的要求,结合部队实际制定具体规划、作出安排部署。

☞ 重点提炼

1. 简要介绍《纲要》的主要框架？

《纲要》共有六个部分、34 条,大体上可以分为三个板块。第一板块包括新时代爱国主义教育的总体要求和基本内容,第二板块包括新时代爱国主义教育的群体对象、载体手段和氛围营造,第三板块是新时代爱国主义教育的组织保障。

2. 新时代爱国主义教育的基本内容有哪些？

一是坚持用习近平新时代中国特色社会主义思想武装全党、教育人民,引导干部群众坚持以习近平新时代中国特色社会主义思想为指导,展现新气象、激发新作为,把学习教育成果转化为爱国报国的实际行动。二是深入开展中国特色社会主义和中国梦教育,在历史与现实、国际与国内的对比中,引导人们深刻认识中国共产党为什么"能"、马克思主义为什么"行"、中国特色社会主义为什么"好",倍加珍惜我们党开创的中国特色社会主义,不断增强道路自信、理论自信、制度自信、文化自信。三是深入开展国情教育和形势政策教育,帮助人们了解我国发展新的历史方位、社会主要矛盾的变化,引导人们在进行伟大斗争中更好地弘扬爱国主义精神。四是大力弘扬以爱国主义为核心的民族精神和以改革创新为核心的时代精神,聚焦培养担当民族复兴大任的时代新人,培育和践行社会主义核心价值观,提高人们的思想觉悟、道德水准和文明素养。五是广泛开展党史、国史、改革开放史教育,引导人们深刻认识历史和人民选择中国共产党、选择马克思主义、选择社会主义道路、选择改革开放的历史必然性,凝聚起将改革开放进行到底的强大力量。六是传承和弘扬中华优秀传统文化,引导人们树立和坚持正确的历史观、民族观、国家观、文化观,不断增强中华民族的归属感、认同感、尊严感、荣誉感。七是强化祖国统一和民族团结进步教育,引导各族群众牢固树立"三个离不开"思想,不断增强"五个认同",使各民族同呼吸、共命运、心连心的光荣传统代代相传。八是加强国家安全教育和国防教育,引导广大干部群众自觉维护国家安全,增强全民国防观念。

3.对青少年进行爱国主义教育有哪些具体举措?

一是充分发挥课堂教学的主渠道作用,将爱国主义精神贯穿于学校教育全过程,推动爱国主义教育进课堂、进教材、进头脑。二是办好学校思想政治理论课,紧紧抓住青少年阶段的"拔节孕穗期",推动思想政治理论课改革创新,发挥学生主体作用,在教育灌输和潜移默化中,引导学生树立国家意识、增进爱国情感。三是组织推出爱国主义精品出版物,针对不同年龄、不同成长阶段,推出反映爱国主义内容的高质量读物,让广大青少年自觉接受爱国主义熏陶。四是广泛组织开展实践活动,把爱国主义内容融入各类主题教育活动之中,组织开展丰富多彩的校园文化活动,丰富拓展爱国主义教育校外实践领域,引导大中小学生更好地了解国情民情,强化责任担当。

4.如何运用多种形式和载体开展新时代爱国主义教育?

一是建好用好爱国主义教育基地和国防教育基地,强化爱国主义教育和红色教育功能;二是注重运用仪式礼仪,认真贯彻执行国旗法、国徽法、国歌法,强化国家意识和集体观念;三是组织重大纪念活动,充分挖掘重大纪念日、重大历史事件蕴含的爱国主义教育资源,组织开展系列庆祝或纪念活动和群众性主题教育;四是发挥传统和现代节日的涵育功能,大力实施中华传统节日振兴工程,深化"我们的节日"主题活动,引导人们感悟中华文化、增进家国情怀;五是依托自然人文景观和重大工程开展教育,寓爱国主义教育于游览观光之中,引导人们领略壮美河山,投身美丽中国建设。

第三部分
网络思政类文件

教育部、共青团中央
关于进一步加强高等学校校园网络管理工作的意见

教社政〔2004〕17 号

各省、自治区、直辖市党委教育工作部门、教育厅（教委）、团委，新疆生产建设兵团教育局、团委，有关部门（单位）教育司（局），教育部部属各高等学校党委：

为贯彻落实《中共中央国务院关于进一步加强和改进大学生思想政治教育的意见》（中发〔2004〕16 号）精神，按照《中共中央办公厅国务院办公厅关于进一步加强互联网管理工作的意见》（中办发〔2004〕32 号）要求，现就进一步加强高等学校校园网络管理工作提出如下意见。

一、充分认识加强高校校园网络管理工作的重要性和紧迫性，切实增强使命感和责任感

1. 近年来，在各地党委和政府的领导下，各地教育工作部门和高校按照"积极发展、加强管理、趋利避害、为我所用"的方针，一手抓建设，一手抓管理，高校校园网络建设取得明显成效，校园网已深入到教学、科研、社会服务等各个领域，成为高校师生获取信息、丰富知识、学习交流的重要渠道，在推动教育改革发展、促进思想文化交流、丰富师生精神生活等方面起到了积极作用。校园网络技术的发展和普及，拓展了思想政治教育工作的新途径，为加强大学生思想政治教育带来了新的机遇。

2. 互联网上信息十分繁杂。各种敌对势力把互联网作为渗透、煽动和破坏的重要工具，借助网站论坛、聊天室、虚拟社区、新闻跟帖等多种方式，散布资产阶级自由化言论,攻击党的路线方针政策;利用热点和敏感问题,蓄意制造谣言,煽动社会不满情绪,破坏正常社会秩序;传播淫秽色情、凶杀暴力和封建迷信等不良信息,进行网上违法犯罪活动。这些问题对大学生健康成长带来不可估量的负面影响,对高校校园网络管理工作提出了新的挑战和要求。

3.各地教育工作部门、团组织和高校要充分认识到,加强高校校园网络管理,是推动高校校园网络持续健康发展的迫切需要,是培养高素质合格人才的迫切需要,是维护高校和社会稳定的迫切需要。要支持以邓小平理论和"三个代表"重要思想为指导,遵循互联网发展规律和社会主义精神文明建设规律,体现社会信息化进程要求和大学生思想政治教育要求,把高校校园网建设成为传播先进文化和弘扬主旋律的重要渠道、加强大学生思想政治教育的重要阵地和全面服务大学生的重要平台。

二、主动占领网络新阵地,牢牢把握网络思想政治教育主动权

4.建设思想政治教育专题网站,构筑高校网络思想政治教育重要阵地。各高校要结合实际,大力建设思想政治教育专题网站,牢牢把握网络思想政治教育主动权。专题网站要以马克思列宁主义、毛泽东思想、邓小平理论和"三个代表"重要思想为指导,宣传党的基本理论、基本路线、基本方略、基本纲领和基本经验;坚持以理想信念教育为核心,深入进行树立正确世界观、人生观和价值观教育;以爱国主义教育为重点,深入进行弘扬和培育民族精神教育;以基本道德规范为基础,深入进行公民道德教育;以大学生全面发展为目标,全面推进素质教育。专题网站建设要贴近实际、贴近生活、贴近学生,适应大学生成长成才的需要。

5.建设校园主网站,构筑大学生获取信息,学习知识和交流思想的主流网络平台。各高校要努力建设融思想性、知识性、趣味性、服务性于一体的校园主网站,为大学生学习生活提供全面、优质、高效的服务,使高校校园网真正成为广泛吸引大学生,为大学生喜爱,受大学生关注的重要媒体,成为大学生获取健康信息的重要渠道。要坚持以人为本,在网上为大学生提供学习、生活、就业、心理咨询等服务,广泛开展丰富多彩,积极向上的学术、科技、艺术和娱乐等活动。要加强网上互动交流,及时解决大学生关心的理论问题和实际问题,把解决思想问题和解决实际问题结合起来,寓教育于服务之中。

6.掌握校园网舆情,引导网上舆论。各地教育工作部门、团组织和高校要主动工作、正面引导,形成统一协调、反应灵敏、高效畅通的网上舆情收集反馈机制。教育工作部门、团组织要加强校园网舆情研究,认真分析舆情产生的原因、发展趋势及对大学生思想的影响,准确把握本地区高校校园网整体舆情动态。高校要及时了解舆情信息,密切关注校园网动态,敏锐捕捉一些苗头性、倾向性、群体性问题。要整合学校报刊、广播、电视等各种传统媒体资源,丰富网上宣传内容,形成网上正面舆论强势。各高校都要组建一支政治可靠、知识丰富、数量充足并熟悉网络语言特点和规律的网上评论员队伍,围绕热点问题主动撰写帖文,吸引学生点击和跟帖,有效引导网上舆论。

三、综合运用技术、行政和法律手段,全面加强高校校园网络管理

7.加大高校校园网络信息技术防范和行政监管力度。高校要根据国家互联网管理的有关法规,切实抓好校园网站的登记、备案工作,落实用户实名登记制度,加强校内网站与网络用户的统一归口管理。要按照 IP 地址管理办法,建立 IP 地址使用信息数据库和 IP 地址分配使用逐级责任制。高校校园网 BBS 是校内网络用户信息交流的平台,要严格实行用户实名注册制度。要加强对校园网 BBS 的规范和管理,及时发现和删除各类有害信息。对有害信息防范不力的要限期整改,对有害信息蔓延、管理失控的要依法予以关闭。要建立和完善校园网络安全防护、信息过滤、信息适时监测与跟踪、路由路径控制等系统,构建网络技术防控体系。

8.提高高校校园网络信息和应急处置能力。各地教育工作部门、团组织和高校要对有害信息实施有效监控和防范。要加强校园网络突发事件应急预案建设,做好预案的实战演练和队伍的培训工作,提高预案的针对性和实效性。一旦发生网络突发事件,要做到快速反应、有效处置。高校要充分调动各方面的积极性,努力形成领导重视、专兼结合、师生广泛参与、共同抵御网上有害信息的安全管理机制。

9.加强对高校校园及周边网络环境的综合治理。各地教育工作部门、团组织要在地方党委和政府领导下,在地方综治委的学校及周边治安综合治理工作领导小组的协调下,积极配合公安、司法、文化、工商、信息等部门专项整治工作,依法查处学校及周边各类违法违规网络经营行为和淫秽色情网站,严厉打击网上违法犯罪活动和网络违法犯罪分子。高校要切实加强对学校所属网络教室(实验室)、计算机房、图书馆电子阅览室等设施的管理,严禁利用校园网络设施进行经营活动,并对违规违纪的单位和个人进行严肃处理。要加强对卫星网传送教育电视节目和远程教育信息信号的监控与管理,加强对教育教学内容的前置审查,及时发现和妥善处置传输异常情况,防止出现各类有害信息和反动攻击信号。

四、切实加强领导,建立健全高校校园网络管理长效工作机制

10. 加强对高校园网络管理工作的领导。坚持属地化归口管理和"谁主管、谁负责,谁主办、谁负责"的原则。校园网络管理实行地方党委教育工作部门和高校党委一把手负责制。各地教育工作部门和高校党委要明确一名分管领导具体负责校园网络管理工作。教育工作部门要主动配合有关部门加强对高校校园网络管理工作的切实领导、组织协调、宏观指导和督促检查,形成互联互通、严密高效的管理网络。高校要进一步理顺管理体制,明确管理职责。高校网络中心(网络技术部门)负责建设和维护校园网络与信息安全技术平台,保证校园网络安全平稳运行。高校党委宣传部以及党委学生工作部、团委等部门负责专题教育网站和主网站建设、网上舆论引导、网络信息监控、网络文化建设等工作,保证校园网络信息内容安全。要将技术管理和内容管理各项职责逐条细化,分解到具体岗位和人员,落实到具体工作环节中。

11. 加强高校校园网络管理工作队伍建设。各地教育工作部门和高校要按照"提高素质,优化结构,主动建设,相对稳定"的要求,建设一支思想水平高、网络业务强、熟悉学生上网特点的网络管理工作队伍。高校要根据形势发展和实际工作的需要,在党委宣传部设立校园网络管理工作的专门岗位。要充分发挥学生思想政治工作队伍和有关专家、教师的作用。要加强校园网站负责人的思想政治和形势政策教育,提高其思想政治素质和政策理论水平;要加强校园网络管理工作队伍政治和业务培训,建立和完善网络管理工作考评与激励机制,不断提高队伍整体水平。要坚持教育与自我教育相结合,在充分发挥党团组织、教师教育引导作用的同时,充分调动大学生的积极性和主动性,引导他们在网上自我教育、自我管理和自我服务。

12. 组织实施"绿色校园网络"计划。要努力把高校校园网建设成为系统安全、制度完备、管理规范、内容丰富、信息健康的"绿色网络"。各地教育工作部门、团组织要积极组织高校大力开展"绿色校园网络"创建活动,努力拓展"绿色网络空间",积极营造"绿色网络环境"。高校要加强大学生网络文明和网络道德教育,开展文明上网和文明网站创建活动,引导校园网站工作人员和大学生自觉遵守国家有关法律法规,讲求职业道德和社会公德,积极传播健康信息,扩大主流舆论,自觉抵制有害信息、网络滥用行为和低俗之风。各地教育工作部门和高校要深入进行网络与信息安全技术研究,为"绿色校园网络"建设提供支持,推进高校校园网络持续、健康、快速发展。

各地教育工作部门、团组织和高校要结合本地、本校实际,提出贯彻落实本意见的具体实施办法。

☞ 重点提炼

1. 加强高校校园网络管理的意义是什么?

加强高校校园网络管理,是推动高校校园网络持续健康发展的迫切需要,是培养高素质合格人才的迫切需要,是维护高校和社会稳定的迫切需要。

2. 如何做到"牢牢把握网络思想政治教育主动权?"

从以下几点展开论述:一是建设思想政治教育专题网站,构筑高校网络思想政治教育重要阵地。二是建设校园主网站,构筑大学生获取信息,学习知识和交流思想的主流网络平台。三是掌握校园网舆情,引导网上舆论。

教育部、国家互联网信息办公室
《关于进一步加强高等学校网络建设和管理工作的意见》

教思政〔2013〕3 号

　　各省、自治区、直辖市教育厅(教委)、互联网信息办公室,新疆生产建设兵团教育局,教育部直属各高等学校:

　　为深入贯彻落实党的十八大精神,围绕落实立德树人根本任务,推进高校网络文化健康有序发展,唱响网上思想文化主旋律,现就进一步加强高校网络建设和管理工作提出如下意见。

　　一、高度重视高校网络建设和管理工作。当前,互联网等信息网络对高校师生的科学文化素质、思想道德素质以及精神文化生活产生越来越深刻的影响。加强和改进高校网络建设和管理,要以中国特色社会主义理论体系为指导,按照积极利用、科学发展、依法管理、确保安全的方针,遵循信息网络规律,树立正确导向,着力内容建设,营造文明健康、积极向上的网络育人环境,维护高校网络文化信息安全。

　　二、加强高校网络文化供给与服务。各级教育部门和高校要大力推进中国特色社会主义理论体系网络化传播,深入开展中国梦教育,引导高校师生自觉践行社会主义核心价值体系,丰富高校师生网上精神文化生活,牢牢把握网络文化育人主动权。高校要整合教育教学资源,积极实施数字图书馆、虚拟仿真实验室、网络思想政治理论课、大学生网络文化工作室等项目,主动制作适合新兴媒体传播的网络应用和优秀文化作品,增强校园网络文化的吸引力。不断提高精品视频公开课、精品资源共享课及高职专业教学资源库建设水平,推动优质文化资源、教育资源在更大范围内普及共享。加强网络文化产品研发和应用服务,支持学生网络社团建设,搭建学生网络创新创业平台,举办网络文化产品设计比赛,促进学生创新实践能力培育。教育部指导建立一批高校网络文化示范中心。

三、构筑高校网络思想文化阵地。教育部指导实施中国大学生在线引领工程,结合教育信息化建设,推动技术、服务升级,整合高校网络信息、思想政治理论课程和思想政治工作资源,把中国大学生在线打造成覆盖面宽、影响力大、引领性强的高水平综合性大学生主题教育网站。实施"易班"推广行动计划,逐步把"易班"建设成集思想教育、教务教学、生活服务、文化娱乐为一体的大学生网络互动示范社区。高校要着力增强校园网站的思想性、教育性、服务性、互动性,加强综合性门户网站、主题性教育网站、专业性学术网站建设,推进辅导员博客、思政课教师博客、校务微博、班级微博及校园微信公众号建设,扩大网络文化的育人覆盖面和社会服务面。

四、加强高校网络信息安全管理。分级分类指导高校网络信息安全工作,实施高校网络信息管理系统建设工程,加强对网络新应用的研究和应对,及时掌握师生在校园网、主流社交网站及微博、微信上的动态,形成覆盖全面、及时准确、正确引导、有效管理的高校网络信息管理机制。高校要落实国家关于网站、域名、IP 地址备案的有关规定,完善校园网信息安全管理制度。加强校园网接入管理,规范校内单位接入移动互联网、使用社会网络资源管理。加强校内公共上网场所管理,建立上网场所对个人及无责任能力单位零出租、网络使用实名登记备案和可追溯制度。继续严格落实"校内用户信息交流"和"用户实名注册"两项措施。

五、提高高校网络舆论引导能力。推动成立高校校园网站联盟,加强教育系统官方微博联盟建设,整合高校网络宣传内容,增强高校间主流网络舆论的互联互动,拓宽先进文化、正面声音传播途径。各级教育部门和高校要制定网上信息发布、报送和舆论引导工作规程,形成教育部、各地教育部门、各高校之间信息共享、定期会商、联动反应的舆情工作模式。结合师生关注的重点、热点和难点问题,加强对校园交互社区、网络即时通信特别是网络群组的舆论引导,有针对性地回应网上关切。建立教育部门与互联网信息内容主管部门舆情沟通协作机制和突发事件应急反应机制,制订完善高校网络舆情应急工作预案,综合利用传统、网络媒体,统筹协调网上、网下工作,主动加强与工信部门、公安部门及互联网接入企业、网络信息服务企业的沟通联系,形成突发事件应对合力。

六、统筹推进队伍建设。各级教育部门和高校要立足全员育人,统筹推进网络建设、网络监管、网络评论队伍建设。高校要设专岗专人负责网络内容建设,配备专职人员负责校园网站编审。引导支持学术大师、教学名师、优秀导师参与网络文化建设。专兼结合建立校园网络监管队伍,汇集研判网上师生思想动态,及时发现处置网上不良信息。注重从思想政治工作骨干、专家学者、优秀学生中选拔人员组建网络评论队伍,有效开展网上舆论引导和思想疏导。推动形成高校网络文化相关专业师生、先进典型人物、知名公众人物等参与网络评论的机制和办法。依托教育系统培训资源和优势,发挥互联网信息内容主管部门行业指导作用,建设高校网络建设和管理培训基地,加大骨干队伍培训力度。

七、推进激励评价机制改革。教育部选取若干具备良好基础的高校开展校园网络文化建设专项试点,实行特殊政策,设立专项经费,组建专门队伍,创新工作机制,统筹校报校刊等传统媒体与校园网络媒体,探索优秀网络文章纳入科研成果统计、列为职务(职称)评聘条件的办法,着力培育一批网络名编名师、开办一批网络名站名栏、发表评选一批网络名篇名作。在试点成熟的基础上,及时总结经验,适时推广。各级教育部门和高校要支持网络建设和管理人员承担相关课题研究,将符合条件人员纳入高校辅导员在职攻读思想政治教育博士学位专项计划,将专职人员纳入思想政治教育或信息技术专业的专业技术职务(职称)评聘。

八、大力开展师生网络素养教育。各级教育部门和高校要广泛开展学生网络文明教育和网络法制教育,引导广大学生形成科学、文明、健康、守法的上网习惯。高校要加强学生教育管理,完善学生管理规定,增强学生对网上有害信息的甄别、抵制、批判能力,实现学生网上自我教育、自我约束和自我保护。发挥思想道德修养与法律基础课、互联网专业课等主渠道作用,将大学生网络道德教育纳入课程教育。把文明用网作为师德建设重要内容,在教师岗前培训、业务学习、工作考核等环节提出相关要求。

九、加强组织领导。各级互联网信息内容主管部门要发挥统筹协调作用,会同其他互联网管理部门,把高校网络建设和管理工作摆在加强和改进网络内容建设、推进网络依法规范有序运行的重要位置,进行全面规划、整体部署。教育部成立高校网络建设和管理工作领导小组,各地教育部门要主动加强与当地互联网信息内容主管部门的配合协调,明确专门处室,组织推进本地区高校网络建设和管理工作。各高校要建立由学校负责同志担任组长的工作领导小组,完善党委统一领导、党政齐抓共管的工作格局,明确党委宣传部门对这项工作的牵头职责,充实工作力量,会同学生工作部门,信息化建设部门抓好组织实施。

十、强化工作保障。各级教育部门和高校要加大对网络建设和管理的经费投入,将其纳入高校事业发展总体布局,纳入高校党的建设、大学生思想政治教育、平安校园建设、文明单位创建、教育教学评估等工作体系,做到同步规划、同步推进、同步督查。依托高校建立若干个网络人才培养基地、网络舆情研究中心、互联网新技术研发中心,支持各地区搭建大学网络文化学术研究交流平台,加强网络文化复合型人才培养,促进专家队伍和网络文化相关学科建设,推动重大理论实践课题研究,为互联网发展和管理提供智力支持、人才支持和技术支撑。

☞ <u>重点提炼</u>

1. 为加强高校网络文化供给与服务,各级教育部门和高校该如何做?

各级教育部门和高校要大力推进中国特色社会主义理论体系网络化传播,深入开展中国梦教育,引导高校师生自觉践行社会主义核心价值体系,丰富高校师生网上精神文化生活,牢牢把握网络文化育人主动权。高校要整合教育教学资源,积极实施数字图书馆、虚拟仿真实验室、网络思想政治理论课、大学生网络文化工作室等项目,主动制作适合新兴媒体传播的网络应用和优秀文化作品,增强校园网络文化的吸引力。不断提高精品视频公开课、精品资源共享课及高职专业教学资源库建设水平,推动优质文化资源、教育资源在更大范围内普及共享。加强网络文化产品研发和应用服务,支持学生网络社团建设,搭建学生网络创新创业平台,举办网络文化产品设计比赛,促进学生创新实践能力培育。教育部指导建立一批高校网络文化示范中心。

2. 各教育部和高校如何开展师生网络素养教育?

各级教育部门和高校要广泛开展学生网络文明教育和网络法制教育,引导广大学生形成科学、文明、健康、守法的上网习惯。高校要加强学生教育管理,完善学生管理规定,增强学生对网上有害信息的甄别、抵制、批判能力,实现学生网上自我教育、自我约束和自我保护。发挥思想道德修养与法律基础谭、互联网专业课等主渠道作用,将大学生网络道德教育纳入课程教育。把文明用网作为师德建设重要内容,在教师岗前培训、业务学习、工作考核等环节提出相关要求。

第四部分
心理健康教育类文件

普通高等学校大学生心理健康教育工作实施纲要(试行)

教社政厅〔2002〕3 号

为贯彻落实《中共中央国务院关于深化教育改革全面推进素质教育的决定》精神,进一步加强对全国普通高等学校大学生心理健康教育工作的领导和指导,根据《教育部关于加强普通高等学校大学生心理健康教育工作的意见》(教社政〔2001〕1 号),特制定本实施纲要。

一、高等学校大学生心理健康教育工作的指导思想和主要任务

1. 全面贯彻党的教育方针,以全面推进素质教育为目标,以提高大学生的心理素质为重点,促进学生全面发展和健康成长。推进高等学校大学生心理健康教育工作,要坚持重在建设、立足教育的方针。根据素质教育的基本要求,加强大学生心理健康教育的理论建设、制度建设、师资队伍建设和教育教学研究;坚持面向全体学生,坚持正面教育,根据学生身心发展特点和教育规律,提高大学生适应社会生活的能力,培养大学生良好的个性心理品质,促进大学生心理素质与思想道德素质、科学文化素质和身体素质的协调发展,增强高等学校德育工作的时代感以及针对性、实效性和主动性。推进高等学校大学生心理健康教育工作,要坚持以辩证唯物主义和历史唯物主义为指导,坚持科学性原则,防止唯心主义、封建迷信和伪科学的干扰,确保大学生心理健康教育工作的正确方向。

2. 普通高等学校大学生心理健康教育工作的主要任务是:根据大学生的心理特点,有针对性地讲授心理健康知识,开展辅导或咨询活动,帮助大学生树立心理健康意识,优化心理品质,增强心理调适能力和社会生活的适应能力,预防和缓解心理问题。帮助他们处理好环境适应、自我管理、学习成才、人际交往、交友恋爱、求职择业、人格发展和情绪调节等方面的困惑,提高健康水平,促进德智体美等方面全面发展。

二、高等学校大学生心理健康教育工作的主要内容

3.宣传普及心理科学基础知识,使学生认识自身的心理活动与个性特点;宣传普及心理健康知识,使大学生认识到心理健康的重要作用,特别是心理健康对成才的重要意义,树立心理健康意识。

4.培训心理调适的技能,提供维护心理健康和提高心理素质的方法,使大学生学会自我心理调适,有效消除心理困惑,及时调节负性情绪;使大学生养成良好的学习习惯,掌握科学、有效的学习方法,提高学习能力,自觉地开发智力潜能,培养创新精神和实践能力;使大学生树立积极的交往态度,掌握人际沟通的方法,学会协调人际关系,增强适应社会生活的能力;使大学生自觉培养坚韧不拔的意志品质和艰苦奋斗的精神,提高承受和应对挫折的能力。

5.认识与识别心理异常现象,使大学生了解常见心理问题的表现、类型及其成因,初步掌握心理保健常识,以科学的态度对待各种心理问题。

6.根据大学生活不同阶段以及各层次、各学科门类学生、特殊群体学生的心理特点,有针对性地实施心理健康教育。新生心理健康教育重点放在适应新环境等内容上,帮助他们尽快完成从中学到大学的转变与适应;二、三年级学生心理健康教育要以帮助他们了解心理科学基础知识、初步掌握心理调适技能以及处理好学习成才、人际交往、交友恋爱、人格发展等方面的困惑为重点;对于毕业生,要配合就业指导工作,帮助他们正确认识职业特点,客观分析自我职业倾向,做好就业心理准备。在日常的学习、生活中,要针对大学生普遍存在的、较为集中的心理问题安排专题教育。要特别重视经济困难学生等特殊群体学生的心理健康教育工作。

三、高等学校大学生心理健康教育工作的途径和方法

7.大学生心理健康教育工作是一项系统工程。要以课堂教学、课外教育指导为主要渠道和基本环节,形成课内与课外、教育与指导、咨询与自助紧密结合的心理健康教育的网络和体系。

8.按照中宣部、教育部《关于印发〈关于普通高等学校"两课"课程设置的规定及其实施工作的意见〉的通知》(教社科〔1998〕6 号)以及《中国普通高等学校德育大纲(试行)》《思想道德修养教学大纲》的要求,在思想道德修养课中,科学安排有关心理健康教育的内容。各高等学校应创造条件,为大学生开设心理健康教育的课程或专题讲座、报告等。

9.高等学校的教职员工,特别是教师要树立心理健康教育意识,科学实施教育教学工作。班主任、政治辅导员不仅要在日常思想政治教育中发挥作用,也要在增进大学生心理健康,提高大学生心理素质中发挥积极作用。

10.重视开展大学生心理辅导或咨询工作。各高等学校要积极创造条件建立心理健康教育工作体系,开展经常性的心理辅导或咨询工作。心理辅导或咨询工作要以发展性辅导或咨询为主,面向全校学生,通过个别面询、团体辅导活动、心理行为训练、书信咨询、电话咨询、网络咨询等多种形式,有针对性地向大学生提供经常、及时、有效的心理健康指导与服务。辅导或咨询机构要科学地把握高等学校大学生心理健康教育工作的任务和内容,严格区分心理辅导或咨询中心与专业精神卫生机构所承担工作的性质、任务。在心理辅导或咨询中发现严重心理障碍和心理疾病的学生,要将他们及时转介到专业卫生机构治疗。

11.积极创造条件,运用具有较高信度与效度、适合我国国情的心理评估工具,为实现大学生心理问题的早期发现、及时干预和跟踪服务提供参考,提高大学生心理健康教育工作的科学性和针对性。

12.充分利用高等学校广播、电视、计算机网络、校刊、校报、橱窗、板报等宣传媒体,多渠道、多形式地正面宣传、普及心理健康知识。要加强校园文化建设,营造积极、健康、高雅的氛围,陶冶大学生高尚的情操,增强学生相互关怀与支持的意识。

13.大力开展有益于提高大学生心理健康的第二课堂活动。高等学校要积极支持大学生成立心理健康教育方面的社团,通过举办生动活泼、丰富多彩的活动,强化学生的自觉参与意识,提高广大学生学习心理健康知识的兴趣,加深对心理知识的理解,解决一些在学习、生活中产生的心理困扰,达到自助与助人的目的。开展第二课堂活动,要配备专门的指导教师,以正面教育引导为主。

四、高等学校大学生心理健康教育工作的领导、管理以及师资队伍建设

14.教育部对全国普通高等学校大学生心理健康教育工作实施统一领导,

统筹规划。组织国内心理科学专家、学者,以及大学生心理健康教育实际工作者对大学生心理健康教育工作进行研究、咨询、评价和指导;组织编写师资培训使用的正式教材和大学生心理健康教育科普读物;组织开展全国普通高等学校大学生心理健康教育师资培训工作。大学生心理健康教育工作是高等学校德育工作的重要组成部分。各地教育工作部门和各高等学校,要切实加强对大学生心理健康教育工作的领导,把心理健康教育工作纳入学校德育工作管理体系中,积极支持开展大学生心理健康教育工作,帮助解决工作中的困难和问题。各高等学校要成立大学生心理健康教育工作领导小组,由主管学生德育工作的党委副书记或副校长任组长,并明确职能部门具体负责协调和组织全校心理健康教育的教学、科研以及辅导或咨询工作。各高等学校应进一步完善或健全心理健康教育的工作体制和体系,充分利用有关资源和条件并积极创造条件开展工作,保证经费投入,为开展工作提供必要条件。

15. 要通过专、兼、聘等多种形式,建设一支以专职教师为骨干,专兼结合、专业互补、相对稳定、素质较高的高等学校大学生心理健康教育工作队伍。专职从事大学生心理健康教育工作的教师要少量、精干,数量可根据实际需要自行确定,编制可从学校总编制或专职学生思想政治工作编制中统筹解决,原则上应纳入学生思想政治工作队伍管理序列,评聘相应的教师职务。设有教育学、心理学教学机构的高等学校,也可纳入相应专业队伍管理序列。兼职教师和心理辅导或咨询人员,按学校有关规定计算工作量或给予报酬。

16. 大学生心理健康教育是一项专业性强、要求高的工作,从事这项工作的教师必须经过系统培训,恪守职业道德,不断提高专业水平。建立全国高校大学生心理健康教育教师培训中心,积极开展对从事大学生心理健康教育工作的专、兼职教师的业务培训.培训工作列入学校师资培训计划。培训内容包括职业道德、理论知识学习、操作技能训练、案例分析和实习督导等。要通过培训,不断提高他们从事大学生心理健康教育工作的职业道德以及所必备的基本理论、专业知识和技能水平。培训工作应规范化,坚持长期分类进行。对于通过培训达到上岗要求者,由教育部认定的有关承训机构颁发资格证书,逐步做到持证上岗。此外,还要重视对班主任、政治辅导员以及其他从事学生思想政治工作的干部、教师进行有关心理健康方面的业务培训。

17. 组织开展普通高等学校大学生心理健康教育的督导工作。为了使大学生心理健康教育工作健康发展、落到实处,教育部将组织研究制定大学生心理健康教育工作的评价与督导指标体系,组织或委托国内心理科学的专家、学者以及大学生心理健康教育实际工作者对各地、各高等学校开展大学生心理健康教育工作的情况进行督导。督导内容包括学校重视和支持程度,机构设置,师资队伍建设,教学、科研和开展辅导或咨询的情况以及工作的实效等。

18.教育部将进一步研究制定加强普通高等学校大学生心理健康教育工作的有关政策,组织开展大学生心理健康教育工作的课题研究和工作、学术交流。各地教育工作部门和各高等学校要结合本地、本校的实际情况,制定明确的政策并予以必要的保证,切实做到领导责任落实、机构设置落实、队伍建设落实、制度建设落实、工作场地落实、经费投入落实,努力把大学生心理健康教育工作提高到一个新水平。

☞ 重点提炼

1.普通高等学校大学生心理健康教育工作的主要任务是什么?

根据大学生的心理特点,有针对性地讲授心理健康知识,开展辅导或咨询活动,帮助大学生树立心理意识,优化心理品质,增强心理调适能力和社会生活的适应能力,预防和缓解心理问题。帮助他们处理好环境适应、自我管理、学习成才、人际交往、交友恋爱、求职择业、人格发展和情绪调节等方面的困惑,提高健康水平,促进德智体美等全面发展。

2.高等学校大学生心理健康教育工作的主要内容有哪些?

从以下几点展开:一是宣传普及心理科学基础知识;二是培训心理调适的技能;三是认识与识别心理异常现象;四是根据大学生活不同阶段以及各层次、各学科门类学生、特殊群体学生的心理特点,有针对性地实施心理健康教育。

教育部卫生部共青团中央
关于进一步加强和改进大学生心理健康教育的意见

教社政〔2005〕1号

各省、自治区、直辖市党委教育工作部门、教育厅(教委),团委,卫生厅(局),新疆生产建设兵团教育局,有关部门(单位)教育司(局),教育部属各高等学校:

为贯彻落实《中共中央国务院关于进一步加强和改进大学生思想政治教育的意见》(中发〔2004〕16号)精神,现就进一步加强和改进大学生心理健康教育,切实做好心理咨询工作提出以下意见。

一、进一步明确大学生心理健康教育的总体要求

加强和改进大学生心理健康教育是新形势下全面贯彻党的教育方针、推进素质教育的重要举措,是促进大学生健康成长、培养高素质合格人才的重要途径,是加强和改进大学生思想政治教育的重要任务。

加强和改进大学生心理健康教育的总体要求是:以邓小平理论和"三个代表"重要思想为指导,遵循思想政治教育和大学生心理发展规律,开展心理健康教育,做好心理咨询工作,提高心理调节能力,培养良好心理品质,促进大学生思想道德素质、科学文化素质和身心健康素质协调发展。

加强和改进大学生心理健康教育的基本原则是:(1)坚持心理健康教育与思想教育相结合。既要帮助大学生优化心理素质,又要帮助大学生培养积极进取的人生态度。(2)坚持普及教育与个别咨询相结合。既要开展面向全体大学生的心理健康教育,更要根据不同情况,开展心理辅导和咨询工作。(3)

坚持课堂教育与课外活动相结合。既要通过课堂教学传授心理健康知识,又要组织大学生参加陶冶情操、磨炼意志的课外文体活动,不断提高大学生心理健康水平。(4)坚持教育与自我教育相结合。既要充分发挥教师的教育引导作用,又要充分调动学生的积极性和主动性,增强大学生心理调适能力。(5)坚持解决心理问题与解决实际问题相结合。既要加强大学生心理健康教育,又要为大学生办实事办好事。

　　加强和改进大学生心理健康教育、做好心理咨询工作的主要任务是:(1)宣传普及心理健康知识,帮助大学生认识健康心理对成长成才的重要意义。(2)介绍增进心理健康的方法和途径,帮助大学生培养良好的心理品质和自尊、自爱、自律、自强的优良品格,有效开发心理潜能,培养创新精神。(3)解析心理现象,帮助大学生了解常见心理问题产生的主要原因及其表现,以科学的态度对待心理问题。(4)传授心理调适方法,帮助大学生消除心理困惑,增强克服困难、承受挫折的能力,珍爱生命、关心集体,悦纳自己、善待他人。

二、努力提高大学生心理健康教育和心理咨询工作水平

　　积极引导大学生保持健康向上的心理状态。要把心理健康教育融入思想政治教育之中,开展深入细致的思想教育活动,做到"一把钥匙开一把锁",化解矛盾,润物无声。要组织并引导大学生参加丰富多彩、形式多样的校园文化和社会实践活动,陶冶大学生高尚情操,促进其全面发展。通过各种活动,加强大学生思想、感情上的交流与沟通,努力营造有利于大学生健康成长的良好氛围。

　　切实帮助大学生解决实际问题。要开展深入细致的谈心活动,帮助大学生解疑释惑。采取切实措施,帮助大学生缓解来自经济、就业、学习和生活等方面的压力,帮助他们培养良好的心理素质。

　　认真做好大学生心理辅导和咨询工作。高校要面向全体大学生,做好心理辅导和咨询工作。通过个别咨询、团体咨询、电话咨询、网络咨询、书信咨询、班级辅导、心理行为训练等多种形式,为大学生提供及时、有效、高质量的心理健康指导与服务。要做好新生、应届毕业生、家庭贫困学生,特别是学习困难学生、失恋学生、违纪学生、言行异常学生的心理辅导和咨询工作,帮助他们化解心理压力,克服心理障碍。发现存在严重心理障碍和心理疾病的学生,要及时转移到专业卫生机构进行治疗。

充分发挥课堂教学在大学生心理健康教育中的重要作用。高校要普及大学生心理健康教育,发挥哲学社会科学特别是思想政治理论课中相关课程教学对提高大学生心理素质的重要作用。要结合实际,有针对性地开设相关选修课程。要不断丰富心理健康教学内容,改进教学方法,通过案例教学、体验活动、行为训练等形式提高课堂教学效果。

积极开展心理健康宣传教育活动。高校要充分发挥学校广播、电视、校刊、校报、橱窗、板报以及校园网络的作用,大力宣传普及心理健康知识。要积极组织大学生心理健康宣传日或宣传周、心理剧场、心理沙龙、心理知识竞赛等活动,努力开办网上心理健康栏目,经常举办心理健康讲座。要支持大学生成立心理健康教育社团组织,发挥大学生在心理健康教育中互助和自助的重要作用。

努力构建和完善大学生心理问题高危人群预警机制。高校要认真开展大学生心理健康状况摸排工作,积极做好心理问题高危人群的预防和干预工作,要特别注意防止因严重心理障碍引发自杀或伤害他人事件发生,做到心理问题及早发现、及时预防、有效干预。要建立咨询教师值班制、异常情况及时报告制,建立从学生骨干、辅导员、班主任到院系、部门、学校的快速危机反应机制,建立从心理健康教育机构到校医院、专业精神卫生机构的快速危机干预通道。

三、大力加强大学生心理健康教育队伍建设

建设一支以专职教师为骨干,专兼结合、专业互补、相对稳定、素质较高的大学生心理健康教育和心理咨询工作队伍。要坚持少量、精干的原则,配备一定数量专职从事大学生心理健康教育的教师。专职人员原则上要纳入大学生思想政治教育队伍序列。设有教育学、心理学、生理学、医学等教学机构的学校,也可纳入相应专业序列。兼职教师开展心理辅导和咨询活动要计算工作量或给予合理报酬。

加强大学生心理健康教育和咨询工作专兼职教师的培训。教育部要分批对大学生心理健康教育骨干教师开展重点培训。各省(自治区、直辖市)教育部门和高校要采取有效措施,对大学生心理健康教育队伍进行培训,并参照国家有关部门心理咨询专业人员相关规定和要求,逐步使专职心理健康教育和咨询人员达到持证上岗要求。

高校所有教职员工都负有教育引导大学生健康成长的责任。要根据学生思想动态和心理状况,在教学、管理和服务中,有意识、有针对性地做好教育引导工作。要重视大学生思想政治教育工作人员,特别是辅导员和班主任在大学生心理健康教育中的重要作用,加强培训,使他们了解和掌握心理健康教育的基本知识和方法,帮助大学生处理好学习成才、择业交友、健康生活等方面遇到的具体问题,提高思想政治教育的针对性和实效性。

四、切实建立和完善大学生心理健康教育领导体制与工作机制

教育部成立全国大学生心理健康教育专家指导委员会,对全国大学生心理健康教育提供咨询与指导。各省(自治区、直辖市)教育部门要高度重视并统筹规划本地大学生心理健康教育工作,在政策指导、人才培养、资源共享和督导检查等方面发挥重要作用。

高校要把大学生心理健康教育和咨询工作纳入学校思想政治教育重要议事日程,加强领导。不断完善和健全心理健康教育的工作机制,形成课内与课外、教育与指导、咨询与自助相结合的心理健康教育工作体系。要在学生工作系统设立大学生心理健康教育和心理咨询工作的专门机构,配备专职专业人员,具体负责组织实施大学生心理健康教育,切实做好心理咨询工作。

不断完善大学生心理健康教育的保障机制。各省(自治区、直辖市)教育部门和高校要保证大学生心理健康教育必需的工作经费和条件,确保工作顺利开展。要组织专家和高校从事大学生心理健康教育的工作队伍积极开展科学研究,为加强和改进大学生心理健康教育提供理论支持及决策依据。

各省(自治区、直辖市)教育部门和高校要根据本意见,结合实际,制定贯彻落实本意见的具体实施办法。

☞ 重点提炼

1. 加强和改进大学生心理健康教育的基本原则是什么?

(1)坚持心理健康教育与思想教育相结合。既要帮助大学生优化心理素质,又要帮助大学生培养积极进取的人生态度。(2)坚持普及教育与个别咨询相结合。既要开展面向全体大学生的心理健康教育,更要根据不同情况,开展心理辅导和咨询工作。(3)坚持课堂教育与课外活动相结合。既要通过课堂教学传授心理健康知识,又要组织大学生参加陶冶情操、磨炼意志的课外文体活动,不断提高大学生心理健康水平。(4)坚持教育与自我教育相结合。既要充分发挥教师的教育引导作用,又要充分调动学生的积极性和主动性,增强大学生心理调适能力。(5)坚持解决心理问题与解决实际问题相结合。既要加强大学生心理健康教育,又要为大学生办实事办好事。

2. 加强和改进大学生心理健康教育、做好心理咨询工作的主要任务是什么?

(1)宣传普及心理健康知识,帮助大学生认识健康心理对成长成才的重要意义。(2)介绍增进心理健康的方法和途径,帮助大学生培养良好的心理品质和自尊、自爱、自律、自强的优良品格,有效开发心理潜能,培养创新精神。(3)解析心理现象,帮助大学生了解常见心理问题产生的主要原因及其表现,以科学的态度对待心理问题。(4)传授心理调适方法,帮助大学生消除心理困惑,增强克服困难、承受挫折的能力,珍爱生命、关心集体、悦纳自己、善待他人。

教育部办公厅关于印发
《普通高等学校学生心理健康教育工作基本建设标准(试行)》
的通知

教思政厅〔2011〕1 号

各省、自治区、直辖市党委教育工作部门、教育厅(教委),新疆生产建设兵团教育局,有关部门(单位)教育司(局),部属各高等学校:

为深入贯彻落实全国教育工作会议、教育规划纲要以及全国加强和改进大学生思想政治教育工作座谈会精神,进一步深入贯彻落实《中共中央国务院关于进一步加强和改进大学生思想政治教育的意见》(中发〔2004〕16号),推进大学生心理健康教育工作科学化建设,现将《普通高等学校学生心理健康教育工作基本建设标准(试行)》印发给你们,请结合本地本校实际情况,认真贯彻执行。

本标准自印发之日起试行,适用于普通高等学校,其他类型高校可参照执行。各地各校制定的实施方案和政策措施请及时报送我部思想政治工作司。

附件:普通高等学校学生心理健康教育工作基本建设标准(试行)

教育部办公厅
2011 年 2 月 23 日

307

附件：

普通高等学校学生心理健康教育工作基本建设标准（试行）

加强和改进大学生心理健康教育是新形势下贯彻落实全国教育工作会议和《国家中长期教育改革和发展规划纲要（2010－2020年）》精神，促进大学生健康成长、培养造就拔尖创新人才的重要途径，是全面贯彻党的教育方针、建设人力资源强国的重要举措，是推动高等教育改革、加强和改进大学生思想政治教育的重要任务。为推进大学生心理健康教育工作科学化建设，根据《中共中央国务院关于进一步加强和改进大学生思想政治教育的意见》（中发〔2004〕16号）和《教育部卫生部共青团中央关于进一步加强和改进大学生心理健康教育的意见》（教社政〔2005〕1号）等文件精神，特制订本标准。

一、大学生心理健康教育体制机制建设

1. 高校应将大学生心理健康教育纳入学校人才培养体系。应成立专门工作领导小组，指定主管校领导负责，心理健康教育和咨询机构、学生工作部门、宣传部门、教务部门、人事部门、财务部门、安全保卫部门、后勤保障服务部门、校医院以及各院（系）、研究生院和相关学科教学研究单位等负责人为成员，负责研究制订大学生心理健康教育工作的规划和相关制度，统筹领导全校大学生心理健康教育工作。党委常委会或校长办公会应定期听取专门工作汇报，研究部署工作任务，解决存在的问题。

2. 高校应有健全的校、院（系）、学生班级三级心理健康教育工作网络，各级各部门应有明确的职责分工和协调机制。学校应有机构负责大学生心理健康教育和咨询，纳入学校思想政治教育工作体系，具体组织协调开展全校学生心理健康教育工作；院（系）应安排专兼职教师负责落实心理健康教育工作；组织学生班委会、党团支部等学生组织积极协助辅导员、班主任和研究生导师开展心理健康教育工作。

3. 高校应根据实际情况，研究制订大学生心理健康教育工作的意见或实施办法。应建立考核、奖惩机制，制订年度工作计划。

4. 高校应围绕心理健康教育和咨询机构的规范管理、心理危机预防与干预、心理咨询工作流程、心理健康教育课程教学、心理健康教育从业者职业道德规范等内容，建立健全各项规章制度。

二、大学生心理健康教育师资队伍建设

5. 高校应建设一支以专职教师为骨干,专兼结合、相对稳定、素质较高的大学生心理健康教育和心理咨询工作队伍。高校应按学生数的一定比例配备专职从事大学生心理健康教育的教师,每校配备专职教师的人数不得少于2名,同时可根据学校的实际情况配备兼职教师。

6. 高校应将大学生心理健康教育师资队伍建设纳入学校整体教师队伍建设工作中,加强选拔、配备、培养和管理。从事大学生心理健康教育的教师,特别是直接从事心理咨询服务的教师,应具有从事大学生心理健康教育的相关学历和专业资质。专职教师的专业技术职务评聘应纳入大学生思想政治教育教师队伍序列,设有教育学、心理学、医学等教学研究机构的学校,也可纳入相应专业序列。专兼职教师开展心理辅导和咨询活动应计算相应工作量。

7. 高校应重视大学生心理健康教育专兼职教师的专业培训工作,将师资培训工作纳入年度工作计划和年度经费预算。应保证心理健康教育专职教师每年接受不低于40学时的专业培训,或参加至少2次省级以上主管部门及二级以上心理专业学术团体召开的学术会议。适时安排从事大学生心理咨询的教师接受专业督导。应支持大学生心理健康教育教师结合实际工作开展科学研究。

8. 高校所有教职员工都负有教育引导学生健康成长的责任,要着力构建和谐、良好的师生关系,强化大学生心理健康教育的全员参与意识。学校应将心理健康教育内容纳入新进教师岗前培训课程体系。辅导员、班主任、研究生导师是大学生心理健康教育工作的重要力量,每年应为他们至少组织一次心理健康教育专题培训。应对学生宿舍管理员等后勤服务人员开展相关常识培训。

三、大学生心理健康教育教学体系建设

9. 高校应充分发挥课堂教学在大学生心理健康教育工作中的主渠道作用,根据心理健康教育的需要建立或完善相应的课程体系。学校应开设必修课或必选课,给予相应学分,保证学生在校期间普遍接受心理健康课程教育。

10. 高校应充分考虑学生的心理发展规律和特点,科学规范大学生心理健康教育课程的教学内容,切实改进教育教学方法。应有专门的教学大纲或教学基本要求。教学内容设计应注重理论联系实际,力求贴近学生。应通过案例教学、体验活动、行为训练等多种形式提高课堂教学效果,通过教学研究和改革不断提升教学质量。

四、大学生心理健康教育活动体系建设

11. 高校应面向全体学生开展心理健康教育活动,不断创新心理健康教育活动形式,拓展心理健康教育途径,积极营造良好的心理健康教育氛围。

12. 高校应通过广播、电视、校刊等多种媒介,积极开展心理健康教育宣传活动,应重视心理健康教育网络平台建设,开办专题网站(网页),充分开发利用网上教育资源。

13. 高校应充分发挥广大学生在心理健康教育工作中的主体作用,满足学生自我成长的心理需要。应重视发挥班集体建设在大学生心理健康教育中的重要作用,支持学生成立心理社团,组织开展心理健康教育活动,普及心理健康知识,充分调动学生自我认识、自我教育、自我成长的积极性、主动性。

五、大学生心理咨询服务体系建设

14. 高校应根据行业要求设立心理咨询室,为学生提供心理咨询服务。有条件的高校可在院(系)及学生宿舍设立心理健康教育辅导室。心理咨询室开放的时间应能满足学生的咨询需求。

15. 高校应加强心理咨询制度建设,遵循心理咨询的伦理规范,保证心理咨询工作按规定有效运行。应建立健全心理咨询的值班、预约、重点反馈等制度。应加强心理咨询个案记录与档案管理工作,坚持保密原则,按规定严格管理心理咨询记录和有关档案材料。应定期开展心理咨询个案的研讨与督导活动,不断提高心理咨询的专业水平。

16. 高校应通过多种途径开展心理咨询服务。应经常开展团体辅导活动,针对不同学生群体的需求,研究制订相应的团体辅导计划和实施方案,努力帮助学生解决心理问题,促进健康发展。应向全校学生公布心理健康教育和咨询机构的咨询信箱、咨询电话和网址。有条件的学校可提供网上咨询预约和网络咨询服务。

六、大学生心理危机预防与干预体系建设

17. 高校应坚持预防为主的原则,重视心理健康知识的普及宣传工作,充分发挥心理健康教育工作网络的作用,通过新生心理健康状况普查、心理危机定期排查等途径和方式,及时发现学生中存在的心理危机情况。学校要对

有较严重心理障碍的学生予以重点关注,并根据心理状况及时加以疏导和干预。应加强对患精神疾病学生康复及康复后的关注跟踪。

18.高校应制订心理危机干预工作预案,明确工作流程及相关部门的职责。应积极在院(系)、学校心理健康教育和咨询机构、校医院、精神疾病医疗机构等部门之间建立科学有效的心理危机转介机制。有条件的高校可在校医院设立精神科门诊,或聘请精神专科职业医师到校医院坐诊。对有较严重障碍性心理问题的学生,应及时指导学生到精神疾病医疗机构就诊;对有严重心理危机的学生,应及时通知其法定监护人,协助监护人做好监控工作,并及时将学生按有关规定转介给精神疾病医疗机构进行处理。转介过程应详细记录,做到有据可查。

19.高校应按照有关规定做好心理危机事件善后工作,应重视对危机事件当事人及其相关人员提供支持性心理辅导,最大限度地减少危机事件的负面影响。应及时总结经验教训,提高师生对心理危机事件的认识以及应对心理危机的能力。

七、大学生心理健康教育工作条件建设

20.高校应保障心理健康教育工作经费,并纳入学校预算,确保大学生心理健康教育的日常工作需要。

21.高校应加强心理健康教育和咨询场地建设。心理健康教育和咨询场地的建设应符合大学生心理健康教育工作的特点和要求,能够满足学生接受教育和咨询的需求。心理健康教育和咨询场地包括预约等候室、个体咨询室、团体辅导室、心理测评室等。

22.高校应为心理健康教育和机构配备必要的办公设备、常用心理测量工具、统计分析软件和心理健康类书籍等心理健康教育产品。

☞ 重点提炼

1. 高校学生心理健康教育工作科学化建设包括哪些方面?

大学生心理健康教育体制机制建设、大学生心理健康教育师资队伍建设、大学生心理健康教育教学体系建设、大学生心理健康教育活动体系建设、大学生心理咨询服务体系建设、大学生心理危机预防与干预体系建设、大学生心理健康教育工作条件建设。

高等学校学生心理健康教育指导纲要

教党〔2018〕41 号

心理健康教育是提高大学生心理素质、促进其身心健康和谐发展的教育,是高校人才培养体系的重要组成部分,也是高校思想政治工作的重要内容。为深入学习贯彻习近平新时代中国特色社会主义思想和党的十九大精神,推动全国高校思想政治工作会议精神落地生根,切实加强高校思想政治工作体系建设,进一步提升心理育人质量,根据原国家卫生计生委、教育部等22 部门联合印发的《关于加强心理健康服务的指导意见》和中共教育部党组《高校思想政治工作质量提升工程实施纲要》的工作要求,特制定本指导纲要。

一、指导思想

深入学习贯彻习近平新时代中国特色社会主义思想,全面贯彻党的教育方针,把立德树人的成效作为检验学校一切工作的根本标准,着力培养德智体美全面发展的社会主义建设者和接班人。坚持育心与育德相统一,加强人文关怀和心理疏导,规范发展心理健康教育与咨询服务,更好地适应和满足学生心理健康教育服务需求,引导学生正确认识义和利、群和己、成和败、得和失,培育学生自尊自信、理性平和、积极向上的健康心态,促进学生心理健康素质与思想道德素质、科学文化素质协调发展。

二、总体目标

教育教学、实践活动、咨询服务、预防干预"四位一体"的心理健康教育工作格局基本形成。心理健康教育的覆盖面、受益面不断扩大,学生心理健康意识明显增强,心理健康素质普遍提升。常见精神障碍和心理行为问题预防、识别、干预能力和水平不断提高。学生心理健康问题关注及时、措施得当、效果明显,心理疾病发生率明显下降。

三、基本原则

——科学性与实效性相结合。根据学生身心发展规律和心理健康教育规律,科学开展心理健康教育工作,逐步完善心理健康教育和咨询服务体系,切实提高学生心理健康水平,有效解决学生思想、心理和行为问题。

——普遍性与特殊性相结合。坚持心理健康教育工作面向全体学生开展,对每个学生心理健康发展负责,关注学生个体差异,注重方式方法创新,分层分类开展心理健康教育,满足不同学生群体心理健康服务需求。

——主导性与主体性相结合。充分发挥心理健康教育教师、心理咨询师、辅导员、班主任等育人主体的主导作用,强化家校育人合力。尊重学生主体地位,充分调动学生主动性、积极性,培养自主自助维护心理健康的意识和能力。

——发展性与预防性相结合。加强心理健康知识的普及和传播,充分挖掘学生心理潜能,培养积极心理品质,促进学生身心和谐发展。重视心理问题的及时疏导,加强心理危机预防干预,最大限度预防和减少严重心理危机个案的发生。

四、主要任务

1. 推进知识教育。健全心理健康教育课程体系,结合实际,把心理健康教育课程纳入学校整体教学计划,规范课程设置,对新生开设心理健康教育公共必修课,大力倡导面向全体学生开设心理健康教育选修和辅修课程,实现大学生心理健康教育全覆盖。公共必修课程原则上应设置 2 个学分、32—36 个学时。完善心理健康教育教材体系,组织编写大学生心理健康教育示范教材,科学规范教学内容。开发建设《大学生心理健康》等在线课程,丰富教育教学形式。创新心理健康教育教学手段,有效改进教学方法,通过线下线上、案例教学、体验活动、行为训练、心理情景剧等多种形式,激发大学生学习兴趣,提高课堂教学效果,不断提升教学质量。

2. 开展宣传活动。加强宣传普及,通过举办心理健康教育月、"5·25"

大学生心理健康节等形式多样的主题教育活动,组织开展各种有益于大学生身心健康的文体娱乐活动和心理素质拓展活动,不断增强心理健康教育吸引力和感染力。拓展传播渠道,充分利用广播、电视、书刊、影视、动漫等传播形式,组织创作、展示心理健康宣传教育精品和公益广告,传播自尊自信、乐观向上的现代文明理念和心理健康意识。创新宣传方式,主动占领网络心理健康教育新阵地,建设好融思想性、知识性、趣味性、服务性于一体的心理健康教育网站、网页和新媒体平台,广泛运用门户网站、微信、微博、手机客户端等媒介,宣传心理健康知识,倡导健康生活方式,提高心理保健能力。发挥学生主体作用,支持学生成立心理健康教育社团,组织开展心理健康教育活动,增长心理健康知识,提升心理调适能力,积极进行心理健康自助互助。强化家校育人合力,引导家长树立正确教育观念,以健康和谐的家庭环境影响学生,有效提升心理健康教育实效。

3.强化咨询服务。优化心理咨询服务平台,加强硬件设施建设,设立心理发展辅导室、心理测评室、积极心理体验中心、团体活动室、综合素质训练室等,积极构建教育与指导、咨询与自助、自助与他助紧密结合的心理健康教育与咨询服务体系。完善体制机制,健全心理健康教育与咨询的值班、预约、转介、重点反馈等制度,通过个体咨询、团体辅导、电话咨询、网络咨询等多种形式,向学生提供经常、及时、有效的心理健康指导与咨询服务。实施分类引导,针对不同学段、不同专业学生,精准施策,因材施教,把解决思想问题、心理问题与解决实际问题结合起来,在关心呵护和暖心帮扶中开展教育引导。遵循保密原则,建立心理健康数据安全保护机制,保护学生隐私,杜绝信息泄露。

4.加强预防干预。完善心理测评方式,优化量表选用,禁止使用可能损害学生心理健康的方法和仪器。科学分析经济社会快速发展、互联网新媒体应用快速推进、个人成长历程、家庭环境等因素对学生心理健康的深刻影响,准确把握学生心理健康状况及变化规律,不断提高心理健康素质测评覆盖面和科学性。健全心理危机预防和快速反应机制,建立学校、院系、班级、宿舍"四级"预警防控体系,完善心理危机干预工作预案,做好对心理危机学生的跟踪服务,注重做好特殊时期、不同季节的心理危机预防与干预工作,定期开展案例督导和个案研讨,不断提高心理危机预防干预专业水平。建立心理危机转介诊疗机制,畅通从学校心理健康教育与咨询机构到校医院、精神卫生专业机构的心理危机转介绿色通道,及时转介疑似患有严重心理或精神疾病的学生到专业机构接受诊断和治疗。

五、工作保障

1.队伍建设。各高校要建设一支以专职教师为骨干、以兼职教师为补充,专兼结合、专业互补、相对稳定、素质良好的心理健康教育师资队伍。心理健康教育专职教师要具有从事大学生心理健康教育的相关学历和专业资质,要按照师生比不低于1∶4000配备,每校至少配备2名。心理健康教育师资队伍原则上应纳入高校思想政治工作队伍管理,要落实好职务(职称)评聘工作。设有教育学、心理学教学机构的高校,可同时纳入相应专业队伍管理。积极组织开展师资队伍培训,保证心理健康教育专职教师每年接受不低于40学时的专业培训,或参加至少2次省级以上主管部门及二级以上心理学专业学术团体召开的学术会议。充分调动全体教职员工参与心理健康教育的主动性和积极性,重视对班主任、辅导员以及其他从事高校思想政治工作的干部、教师开展心理健康教育知识培训。

2.条件保障。各高校应落实心理健康教育专项工作经费,配备必要的办公场地和设备。有条件的高校,要建立相对独立的心理健康教育与咨询机构和院(系)二级心理辅导站。要建设校内外心理健康教育素质拓展基地,培育高校心理健康教育优秀工作案例,辐射推动区域和全国高校心理健康教育工作。

六、组织实施

1.组织管理。各级教育工作部门要切实加强对学生心理健康教育工作的统一领导和统筹规划,积极支持开展大学生心理健康教育工作,要将心理健康教育工作作为高校思想政治工作测评和文明校园创建的重要内容。各高校要将心理健康教育纳入学校改革发展整体规划,纳入人才培养体系、思想政治工作体系和督导评估指标体系。要明确心理健康教育工作牵头负责职能部门,构建校内各部门统筹协调机制,研究制定心理健康教育的工作规划和相关制度。

2.评估督导。各级教育工作部门要研究制定大学生心理健康教育工作的评价与督导指标体系,组织或委托心理学专家以及实践工作者,定期对学生心理健康教育工作开展评估、督导。评估、督导内容包括学校重视和支持程度、机构设置情况、专项经费保障、师资队伍建设、教学科研、开展辅导或咨询情况以及工作实效等。

3.科学研究。各级教育工作部门和各高校要推动开展心理健康教育基础理论研究,逐步形成具有中国特色的心理学、教育学学科体系、学术体系、话语体系,促进研究成果转化及应用。开展心理健康教育相关理论和技术的实证研究,促进临床服务规范。开展心理健康问题的早期识别与干预研究,推广应用效果明确的心理干预技术和方法。

全国民办高校和中外合作办学类高校学生心理健康教育工作,参照本指导纲要执行。

☞ 重点提炼

1.高等学校学生心理健康教育工作遵循哪些基本原则?

一是科学性与实效性相结合;二是普遍性与特殊性相结合;三是主导性与主体性相结合;四是发展性与预防性相结合。

2.高等学校学生心理健康教育工作的主要任务是什么?

一是推进知识教育,二是开展宣传活动,三是强化咨询服务,四是加强预防干预。

第五部分
就业创业类文件

国务院关于进一步做好新形势下就业创业工作的意见

国发〔2015〕23 号

各省、自治区、直辖市人民政府,国务院各部委、各直属机构:

就业事关经济发展和民生改善大局。党中央、国务院高度重视,坚持把稳定和扩大就业作为宏观调控的重要目标,大力实施就业优先战略,积极深化行政审批制度和商事制度改革,推动大众创业、万众创新,创业带动就业倍增效应进一步释放,就业局势总体稳定。但也要看到,随着我国经济发展进入新常态,就业总量压力依然存在,结构性矛盾更加凸显。大众创业、万众创新是富民之道、强国之举,有利于产业、企业、分配等多方面结构优化。面对就业压力加大形势,必须着力培育大众创业、万众创新的新引擎,实施更加积极的就业政策,把创业和就业结合起来,以创业创新带动就业,催生经济社会发展新动力,为促进民生改善、经济结构调整和社会和谐稳定提供新动能。现就进一步做好就业创业工作提出以下意见:

一、深入实施就业优先战略

(一)坚持扩大就业发展战略。把稳定和扩大就业作为经济运行合理区间的下限,将城镇新增就业、调查失业率作为宏观调控重要指标,纳入国民经济和社会发展第十四个五年规划。合理确定经济增长速度和发展模式,科学把握宏观调控的方向和力度,以稳增长促就业,以鼓励创业就业带动经济增长。加强财税、金融、产业、贸易等经济政策与就业政策的配套衔接,建立宏观经济政策对就业影响评价机制。建立公共投资和重大项目建设带动就业评估机制,同等条件下对创造就业岗位多、岗位质量好的项目优先安排。

(二)发展吸纳就业能力强的产业。创新服务业发展模式和业态,支持发展商业特许经营、连锁经营,大力发展金融租赁、节能环保、电子商务、现代物流等生产性服务业和旅游休闲、健康养老、家庭服务、社会工作、文化体育等生活性服务业,打造新的经济增长点,提高服务业就业比重。加快创新驱动发展,推进产业转型升级,培育战略性新兴产业和先进制造业,提高劳动密集型产业附加值;结合实施区域发展总体战略,引导具有成本优势的资源加工型、劳动密集型产业和具有市场需求的资本密集型、技术密集型产业向中西部地区转移,挖掘第二产业就业潜力。推进农业现代化,加快转变农业发展方式,培养新型职业农民,鼓励有文化、有技术、有市场经济观念的各类城乡劳动者根据市场需求到农村就业创业。

(三)发挥小微企业就业主渠道作用。引导银行业金融机构针对小微企业经营特点和融资需求特征,创新产品和服务。发展政府支持的融资性担保机构和再担保机构,完善风险分担机制,为小微企业提供融资支持。落实支持小微企业发展的税收政策,加强市场监管执法和知识产权保护,对小微企业亟须获得授权的核心专利申请优先审查。发挥新型载体聚集发展的优势,引入竞争机制,开展小微企业创业创新基地城市示范,中央财政给予综合奖励。创新政府采购支持方式,消除中小企业享受相关优惠政策面临的条件认定、企业资质等不合理限制门槛。指导企业改善用工管理,对小微企业新招用劳动者,符合相关条件的,按规定给予就业创业支持,不断提高小微企业带动就业能力。

(四)积极预防和有效调控失业风险。落实调整失业保险费率政策,减轻企业和个人负担,稳定就业岗位。将失业保险基金支持企业稳岗政策实施范围由兼并重组企业、化解产能过剩企业、淘汰落后产能企业等三类企业扩大到所有符合条件的企业。生产经营困难企业可通过与职工进行集体协商,采取在岗培训、轮班工作、弹性工时、协商薪酬等办法不裁员或少裁员。对确实要裁员的,应制定人员安置方案,实施专项就业帮扶行动,妥善处理劳动关系和社会保险接续,促进失业人员尽快再就业。淘汰落后产能奖励资金、依据兼并重组政策规定支付给企业的土地补偿费要优先用于职工安置。完善失业监测预警机制,建立应对失业风险的就业应急预案。

二、积极推进创业带动就业

（五）营造宽松便捷的准入环境。深化商事制度改革，进一步落实注册资本登记制度改革，坚决推行工商营业执照、组织机构代码证、税务登记证"三证合一"，年内出台推进"三证合一"登记制度改革意见和统一社会信用代码方案，实现"一照一码"。继续优化登记方式，放松经营范围登记管制，支持各地结合实际放宽新注册企业场所登记条件限制，推动"一址多照"、集群注册等住所登记改革，分行业、分业态释放住所资源。运用大数据加强对市场主体的服务和监管。依托企业信用信息公示系统，实现政策集中公示、扶持申请导航、享受扶持信息公示。建立小微企业目录，对小微企业发展状况开展抽样统计。推动修订与商事制度改革不衔接、不配套的法律、法规和政策性文件。全面完成清理非行政许可审批事项，再取消下放一批制约经济发展、束缚企业活力等含金量高的行政许可事项，全面清理中央设定、地方实施的行政审批事项，大幅减少投资项目前置审批。对保留的审批事项，规范审批行为，明确标准，缩短流程，限时办结，推广"一个窗口"受理、网上并联审批等方式。

（六）培育创业创新公共平台。抓住新技术革命和产业变革的重要机遇，适应创业创新主体大众化趋势，大力发展技术转移转化、科技金融、认证认可、检验检测等科技服务业，总结推广创客空间、创业咖啡、创新工场等新型孵化模式，加快发展市场化、专业化、集成化、网络化的众创空间，实现创新与创业、线上与线下、孵化与投资相结合，为创业者提供低成本、便利化、全要素、开放式的综合服务平台和发展空间。落实科技企业孵化器、大学科技园的税收优惠政策，对符合条件的众创空间等新型孵化机构适用科技企业孵化器税收优惠政策。有条件的地方可对众创空间的房租、宽带网络、公共软件等给予适当补贴，或通过盘活商业用房、闲置厂房等资源提供成本较低的场所。可在符合土地利用总体规划和城乡规划前提下，或利用原有经批准的各类园区，建设创业基地，为创业者提供服务，打造一批创业示范基地。鼓励企业由传统的管控型组织转型为新型创业平台，让员工成为平台上的创业者，形成市场主导、风投参与、企业孵化的创业生态系统。

（七）拓宽创业投融资渠道。运用财税政策，支持风险投资、创业投资、天使投资等发展。运用市场机制，引导社会资金和金融资本支持创业活动，壮大创业投资规模。按照政府引导、市场化运作、专业化管理的原则,加快设立国家中小企业发展基金和国家新兴产业创业投资引导基金,带动社会资本共同加大对中小企业创业创新的投入,促进初创期科技型中小企业成长,支持新兴产业领域早期、初创期企业发展。鼓励地方设立创业投资引导等基金。发挥多层次资本市场作用,加快创业板等资本市场改革,强化全国中小企业股份转让系统融资、交易等功能,规范发展服务小微企业的区域性股权市场。开展股权众筹融资试点,推动多渠道股权融资,积极探索和规范发展互联网金融,发展新型金融机构和融资服务机构,促进大众创业、万众创新。

(八)支持创业担保贷款发展。将小额担保贷款调整为创业担保贷款,针对有创业要求、具备一定创业条件但缺乏创业资金的就业重点群体和困难人员,提高其金融服务可获得性,明确支持对象、标准和条件,贷款最高额度由针对不同群体的 5 万元、8 万元、10 万元不等统一调整为 10 万元。鼓励金融机构参照贷款基础利率,结合风险分担情况,合理确定贷款利率水平,对个人发放的创业担保贷款,在贷款基础利率基础之上上浮 3 个百分点以内的,由财政给予贴息。简化程序,细化措施,健全贷款发放考核办法和财政贴息资金规范管理约束机制,提高代偿效率,完善担保基金呆坏账核销办法。

(九)加大减税降费力度。实施更加积极的促进就业创业税收优惠政策,将企业吸纳就业税收优惠的人员范围由失业一年以上人员调整为失业半年以上人员。高校毕业生、登记失业人员等重点群体创办个体工商户、个人独资企业的,可依法享受税收减免政策。抓紧推广中关村国家自主创新示范区税收试点政策,将职工教育经费税前扣除试点政策、企业转增股本分期缴纳个人所得税试点政策、股权奖励分期缴纳个人所得税试点政策推广至全国范围。全面清理涉企行政事业性收费、政府性基金、具有强制垄断性的经营服务性收费、行业协会商会涉企收费,落实涉企收费清单管理制度和创业负担举报反馈机制。

(十)调动科研人员创业积极性。探索高校、科研院所等事业单位专业技术人员在职创业、离岗创业有关政策。对于离岗创业的,经原单位同意,可在 3 年内保留人事关系,与原单位其他在岗人员同等享有参加职称评聘、岗位等级晋升和社会保险等方面的权利。原单位应当根据专业技术人员创业的实际情况,与其签订或变更聘用合同,明确权利义务。加快推进中央级事业单位科技成果使用、处置和收益管理改革试点政策推广。鼓励利用财政性资金设立的科研机构、普通高校、职业院校,通过合作实施、转让、许可和投资等方式,向高校毕业生创设的小微企业优先转移科技成果。完善科技人员创业股权激励政策,放宽股权奖励、股权出售的企业设立年限和盈利水平限制。

(十一)鼓励农村劳动力创业。支持农民工返乡创业,发展农民合作社、家庭农场等新型农业经营主体,落实定向减税和普遍性降费政策。依托现有各类园区等存量资源,整合创建一批农民工返乡创业园,强化财政扶持和金融服务。将农民创业与发展县域经济结合起来,大力发展农产品加工、休闲农业、乡村旅游、农村服务业等劳动密集型产业项目,促进农村一二三产业融合。依托基层就业和社会保障服务设施等公共平台,提供创业指导和服务。鼓励各类企业和社会机构利用现有资源,搭建一批农业创业创新示范基地和见习基地,培训一批农民创业创新辅导员。支持农民网上创业,大力发展"互联网+"和电子商务,积极组织创新创业农民与企业、小康村、市场和园区对接,推进农村青年创业富民行动。

(十二)营造大众创业良好氛围。支持举办创业训练营、创业创新大赛、创新成果和创业项目展示推介等活动,搭建创业者交流平台,培育创业文化,营造鼓励创业、宽容失败的良好社会氛围,让大众创业、万众创新蔚然成风。对劳动者创办社会组织、从事网络创业符合条件的,给予相应创业扶持政策。推进创业型城市创建,对政策落实好、创业环境优、工作成效显著的,按规定予以表彰。

三、统筹推进高校毕业生等重点群体就业

(十三)鼓励高校毕业生多渠道就业。把高校毕业生就业摆在就业工作首位。完善工资待遇进一步向基层倾斜的办法,健全高校毕业生到基层工作的服务保障机制,鼓励毕业生到乡镇特别是困难乡镇机关事业单位工作。对高校毕业生到中西部地区、艰苦边远地区和老工业基地县以下基层单位就业、履行一定服务期限的,按规定给予学费补偿和国家助学贷款代偿。结合政府购买服务工作的推进,在基层特别是街道(乡镇)、社区(村)购买一批公共管理和社会服务岗位,优先用于吸纳高校毕业生就业。对小微企业新招用毕业年度高校毕业生,签订1年以上劳动合同并缴纳社会保险费的,给予1年社会保险补贴。落实完善见习补贴政策,对见习期满留用率达到50%以

上的见习单位,适当提高见习补贴标准。将求职补贴调整为求职创业补贴,对象范围扩展到已获得国家助学贷款的毕业年度高校毕业生。深入实施大学生创业引领计划、离校未就业高校毕业生就业促进计划,整合发展高校毕业生就业创业基金,完善管理体制和市场化运行机制,实现基金滚动使用,为高校毕业生就业创业提供支持。积极支持和鼓励高校毕业生投身现代农业建设。对高校毕业生申报从事灵活就业的,按规定纳入各项社会保险,各级公共就业人才服务机构要提供人事、劳动保障代理服务。技师学院高级工班、预备技师班和特殊教育院校职业教育类毕业生可参照高校毕业生享受相关就业补贴政策。

(十四)加强对困难人员的就业援助。合理确定就业困难人员范围,规范认定程序,加强实名制动态管理和分类帮扶。坚持市场导向,鼓励其到企业就业、自主创业或灵活就业。对用人单位招用就业困难人员,签订劳动合同并缴纳社会保险费的,在一定期限内给予社会保险补贴。对就业困难人员灵活就业并缴纳社会保险费的,给予一定比例的社会保险补贴。对通过市场渠道确实难以实现就业的,可通过公益性岗位予以托底安置,并给予社会保险补贴及适当岗位补贴。社会保险补贴和岗位补贴期限最长不超过3年,对初次核定享受补贴政策时距退休年龄不足5年的人员,可延长至退休。规范公益性岗位开发和管理,科学设定公益性岗位总量,适度控制岗位规模,制定岗位申报评估办法,严格按照法律规定安排就业困难人员,不得用于安排非就业困难人员。加强对就业困难人员在岗情况的管理和工作考核,建立定期核查机制,完善就业困难人员享受扶持政策期满退出办法,做好退出后的政策衔接和就业服务。依法大力推进残疾人按比例就业,加大对用人单位安置残疾人的补贴和奖励力度,建立用人单位按比例安排残疾人就业公示制度。加快完善残疾人集中就业单位扶持政策,推进残疾人辅助性就业和灵活就业。加大对困难人员就业援助力度,确保零就业家庭、最低生活保障家庭等困难家庭至少有一人就业。对就业困难人员较集中的地区,上级政府要强化帮扶责任,加大产业、项目、资金、人才等支持力度。

(十五)推进农村劳动力转移就业。结合新型城镇化建设和户籍制度改革,建立健全城乡劳动者平等就业制度,进一步清理针对农民工就业的歧视性规定。完善职业培训、就业服务、劳动维权"三位一体"的工作机制,加强农民工输出输入地劳务对接,特别是对劳动力资源较为丰富的老少边穷地区,充分发挥各类公共就业服务机构和人力资源服务机构作用,积极开展有组织的劳务输出,加强对转移就业农民工的跟踪服务,有针对性地帮助其解决实际困难,推进农村富余劳动力有序外出就业和就地就近转移就业。做好被征地农民就业工作,在制定征地补偿安置方案时,要明确促进被征地农民就业的具体措施。

(十六)促进退役军人就业。扶持自主择业军转干部、自主就业退役士兵就业创业,落实各项优惠政策,组织实施教育培训,加强就业指导和服务,搭建就业创业服务平台。对符合政府安排工作条件的退役士官、义务兵,要确保岗位落实,细化完善公务员招录和事业单位招聘时同等条件优先录用(聘用),以及国有、国有控股和国有资本占主导地位企业按比例预留岗位择优招录的措施。退役士兵报考公务员、应聘事业单位职位的,在军队服现役经历视为基层工作经历,服现役年限计算为工作年限。调整完善促进军转干部及随军家属就业税收政策。

四、加强就业创业服务和职业培训

(十七)强化公共就业创业服务。健全覆盖城乡的公共就业创业服务体系,提高服务均等化、标准化和专业化水平。完善公共就业服务体系的创业服务功能,充分发挥公共就业服务、中小企业服务、高校毕业生就业指导等机构的作用,为创业者提供项目开发、开业指导、融资服务、跟踪扶持等服务,创新服务内容和方式。健全公共就业创业服务经费保障机制,切实将县级以上公共就业创业服务机构和县级以下(不含县级)基层公共就业创业服务平台经费纳入同级财政预算。将职业介绍补贴和扶持公共就业服务补助合并调整为就业创业服务补贴,支持各地按照精准发力、绩效管理的原则,加强公共就业创业服务能力建设,向社会力量购买基本就业创业服务成果。创新就业创业服务供给模式,形成多元参与、公平竞争格局,提高服务质量和效率。

(十八)加快公共就业服务信息化。按照统一建设、省级集中、业务协同、资源共享的原则,逐步建成以省级为基础、全国一体化的就业信息化格局。建立省级集中的就业信息资源库,加强信息系统应用,实现就业管理和就业服务工作全程信息化。推进公共就业信息服务平台建设,实现各类就业信息统一发布,健全全国就业信息监测平台。推进就业信息共享开放,支持社会服务机构利用政府数据开展专业化就业服务,推动政府、社会协同提升公共就业服务水平。

(十九)加强人力资源市场建设。加快建立统一规范灵活的人力资源市场,消除城乡、行业、身份、性别、残疾等影响平等就业的制度障碍和就业歧视,形成有利于公平就业的制度环境。健全统一的市场监管体系,推进人力资源市场诚信体系建设和标准化建设。加强对企业招聘行为、职业中介活动的规范,及时纠正招聘过程中的歧视、限制及欺诈等行为。建立国有企事业单位公开招聘制度,推动实现招聘信息公开、过程公开和结果公开。加快发展人力资源服务业,规范发展人事代理、人才推荐、人员培训、劳务派遣等人力资源服务,提升服务供给能力和水平。完善党政机关、企事业单位、社会各方面人才顺畅流动的制度体系。

(二十)加强职业培训和创业培训。顺应产业结构迈向中高端水平、缓解就业结构性矛盾的需求,优化高校学科专业结构,加快发展现代职业教育,大规模开展职业培训,加大创业培训力度。利用各类创业培训资源,开发针对不同创业群体、创业活动不同阶段特点的创业培训项目,把创新创业课程纳入国民教育体系。重点实施农民工职业技能提升和失业人员转业转岗培训,增强其就业创业和职业转换能力。尊重劳动者培训意愿,引导劳动者自主选择培训项目、培训方式和培训机构。发挥企业主体作用,支持企业以新招用青年劳动者和新转岗人员为重点开展新型学徒制培训。强化基础能力建设,创新培训模式,建立高水平、专兼职的创业培训师资队伍,提升培训质量,落实职业培训补贴政策,合理确定补贴标准。推进职业资格管理改革,完善有利于劳动者成长成才的培养、评价和激励机制,畅通技能人才职业上升通道,推动形成劳动、技能等要素按贡献参与分配的机制,使技能劳动者获得与其能力业绩相适应的工资待遇。

(二十一)建立健全失业保险、社会救助与就业的联动机制。进一步完善失业保险制度,充分发挥失业保险保生活、防失业、促就业的作用,鼓励领取失业保险金人员尽快实现就业或自主创业。对实现就业或自主创业的最低生活保障对象,在核算家庭收入时,可以扣减必要的就业成本。

(二十二)完善失业登记办法。在法定劳动年龄内、有劳动能力和就业要求、处于无业状态的城镇常住人员,可以到常住地的公共就业服务机构进行失业登记。各地公共就业服务机构要为登记失业的各类人员提供均等化的政策咨询、职业指导、职业介绍等公共就业服务和普惠性就业政策,并逐步使外来劳动者与当地户籍人口享有同等的就业扶持政策。将《就业失业登记证》调整为《就业创业证》,免费发放,作为劳动者享受公共就业服务及就业扶持政策的凭证。有条件的地方可积极推动社会保障卡在就业领域的应用。

五、强化组织领导

(二十三)健全协调机制。县级以上人民政府要加强对就业创业工作的领导,把促进就业创业摆上重要议程,健全政府负责人牵头的就业创业工作协调机制,加强就业形势分析研判,落实完善就业创业政策,协调解决重点难点问题,确保各项就业目标完成和就业局势稳定。有关部门要增强全局意识,密切配合,尽职履责。进一步发挥各人民团体以及其他社会组织的作用,充分调动社会各方促进就业创业积极性。

(二十四)落实目标责任制。将就业创业工作纳入政绩考核,细化目标任务、政策落实、就业创业服务、资金投入、群众满意度等指标,提高权重,并层层分解,督促落实。对在就业创业工作中取得显著成绩的单位和个人,按国家有关规定予以表彰奖励。有关地区不履行促进就业职责,造成恶劣社会影响的,对当地人民政府有关负责人及具体责任人实行问责。

(二十五)保障资金投入。各级人民政府要根据就业状况和就业工作目标,在财政预算中合理安排就业相关资金。按照系统规范、精简效能的原则,明确政府间促进就业政策的功能定位,严格支出责任划分。进一步规范就业专项资金管理,强化资金预算执行和监督,开展资金使用绩效评价,着力提高就业专项资金使用效益。

(二十六)建立健全就业创业统计监测体系。健全就业统计指标,完善统计口径和统计调查方法,逐步将性别等指标纳入统计监测范围,探索建立创业工作统计指标。进一步加强和完善全国劳动力调查制度建设,扩大调查范围,增加调查内容。强化统计调查的质量控制。加大就业统计调查人员、经费和软硬件等保障力度,推进就业统计调查信息化建设。依托行业组织,建立健全行业人力资源需求预测和就业状况定期发布制度。

(二十七)注重舆论引导。坚持正确导向,加强政策解读,及时回应社会关切,大力宣传促进就业创业工作的经验做法,宣传劳动者自主就业、自主创业和用人单位促进就业的典型事迹,引导全社会共同关心和支持就业创业工作,引导高校毕业生等各类劳动者转变观念,树立正确的就业观,大力营造劳动光荣、技能宝贵、创造伟大的时代风尚。

各地区、各部门要认真落实本意见提出的各项任务,结合本地区、本部门实际,创造性地开展工作,制定具体方案和配套政策,同时要切实转变职能,简化办事流程,提高服务效率,确保各项就业创业政策措施落实到位,以稳就业惠民生促进经济社会平稳健康发展。

国务院

2015 年 4 月 27 日

☞ 重点提炼

1.就业事关经济发展和民生改善大局。

2.大众创业、万众创新是富民之道、强国之举,有利于产业、企业、分配等多方面结构优化。

3.从哪些方面入手,鼓励高校毕业生多渠道就业?

把高校毕业生就业摆在就业工作首位。完善工资待遇进一步向基层倾斜的办法,健全高校毕业生到基层工作的服务保障机制,鼓励毕业生到乡镇特别是困难乡镇机关事业单位工作。对高校毕业生到中西部地区、艰苦边远地区和老工业基地县以下基层单位就业、履行一定服务期限的,按规定给予学费补偿和国家助学贷款代偿。结合政府购买服务工作的推进,在基层特别是街道(乡镇)、社区(村)购买一批公共管理和社会服务岗位,优先用于吸纳高校毕业生就业。对小微企业新招用毕业年度高校毕业生,签订1年以上劳动合同并缴纳社会保险费的,给予1年社会保险补贴。落实完善见习补贴政策,对见习期满留用率达到50%以上的见习单位,适当提高见习补贴标准。将求职补贴调整为求职创业补贴,对象范围扩展到已获得国家助学贷款的毕业年度高校毕业生。深入实施大学生创业引领计划、离校未就业高校毕业生就业促进计划,整合发展高校毕业生就业创业基金,完善管理体制和市场化运行机制,实现基金滚动使用,为高校毕业生就业创业提供支持。积极支持和鼓励高校毕业生投身现代农业建设。对高校毕业生申报从事灵活就业的,按规定纳入各项社会保险,各级公共就业人才服务机构要提供人事、劳动保障代理服务。技师学院高级工班、预备技师班和特殊教育院校职业教育类毕业生可参照高校毕业生享受相关就业补贴政策。

4.如何推进创业带动就业?

(1)营造宽松便捷的准入环境。(2)培育创业创新公共平台。(3)拓宽创业投融资渠道。(4)支持创业担保贷款发展。(5)加大减税降费力度。(6)调动科研人员创业积极性。(7)鼓励农村劳动力创业。(8)营造大众创业、万众创新良好氛围。

国务院关于
大力推进大众创业、万众创新若干政策措施的意见

国发〔2015〕32 号

各省、自治区、直辖市人民政府,国务院各部委、各直属机构:

推进大众创业、万众创新,是发展的动力之源,也是富民之道、公平之计、强国之策,对于推动经济结构调整、打造发展新引擎、增强发展新动力、走创新驱动发展道路具有重要意义,是稳增长、扩就业、激发亿万群众智慧和创造力,促进社会纵向流动、公平正义的重大举措。根据 2015 年《政府工作报告》部署,为改革完善相关体制机制,构建普惠性政策扶持体系,推动资金链引导创业创新链、创业创新链支持产业链、产业链带动就业链,现提出以下意见。

一、充分认识推进大众创业、万众创新的重要意义

——推进大众创业、万众创新,是培育和催生经济社会发展新动力的必然选择。随着我国资源环境约束日益强化,要素的规模驱动力逐步减弱,传统的高投入、高消耗、粗放式发展方式难以为继,经济发展进入新常态,需要从要素驱动、投资驱动转向创新驱动。推进大众创业、万众创新,就是要通过结构性改革、体制机制创新,消除不利于创业创新发展的各种制度束缚和桎梏,支持各类市场主体不断开办新企业、开发新产品、开拓新市场,培育新兴产业,形成小企业"铺天盖地"、大企业"顶天立地"的发展格局,实现创新驱动发展,打造新引擎、形成新动力。

——推进大众创业、万众创新,是扩大就业、实现富民之道的根本举措。我国有 13 亿多人口、9 亿多劳动力,每年高校毕业生、农村转移劳动力、城镇

困难人员、退役军人数量较大,人力资源转化为人力资本的潜力巨大,但就业总量压力较大,结构性矛盾凸显。推进大众创业、万众创新,就是要通过转变政府职能、建设服务型政府,营造公平竞争的创业环境,使有梦想、有意愿、有能力的科技人员、高校毕业生、农民工、退役军人、失业人员等各类市场创业主体"如鱼得水",通过创业增加收入,让更多的人富起来,促进收入分配结构调整,实现创新支持创业、创业带动就业的良性互动发展。

——推进大众创业、万众创新,是激发全社会创新潜能和创业活力的有效途径。目前,我国创业创新理念还没有深入人心,创业教育培训体系还不健全,善于创造、勇于创业的能力不足,鼓励创新、宽容失败的良好环境尚未形成。推进大众创业、万众创新,就是要通过加强全社会以创新为核心的创业教育,弘扬"敢为人先、追求创新、百折不挠"的创业精神,厚植创新文化,不断增强创业创新意识,使创业创新成为全社会共同的价值追求和行为习惯。

二、总体思路

按照"四个全面"战略布局,坚持改革推动,加快实施创新驱动发展战略,充分发挥市场在资源配置中的决定性作用和更好发挥政府作用,加大简政放权力度,放宽政策、放开市场、放活主体,形成有利于创业创新的良好氛围,让千千万万创业者活跃起来,汇聚成经济社会发展的巨大动能。不断完善体制机制、健全普惠性政策措施,加强统筹协调,构建有利于大众创业、万众创新蓬勃发展的政策环境、制度环境和公共服务体系,以创业带动就业、创新促进发展。

——坚持深化改革,营造创业环境。通过结构性改革和创新,进一步简政放权、放管结合、优化服务,增强创业创新制度供给,完善相关法律法规、扶持政策和激励措施,营造均等普惠环境,推动社会纵向流动。

——坚持需求导向,释放创业活力。尊重创业创新规律,坚持以人为本,切实解决创业者面临的资金需求、市场信息、政策扶持、技术支撑、公共服务等瓶颈问题,最大限度释放各类市场主体创业创新活力,开辟就业新空间,拓展发展新天地,解放和发展生产力。

——坚持政策协同,实现落地生根。加强创业、创新、就业等各类政策统筹,部门与地方政策联动,确保创业扶持政策可操作、能落地。鼓励有条件的地区先行先试,探索形成可复制、可推广的创业创新经验。

——坚持开放共享,推动模式创新。加强创业创新公共服务资源开放共享,整合利用全球创业创新资源,实现人才等创业创新要素跨地区、跨行业自由流动。依托"互联网+"、大数据等,推动各行业创新商业模式,建立和完善线上与线下、境内与境外、政府与市场开放合作等创业创新机制。

三、创新体制机制,实现创业便利化

(一)完善公平竞争市场环境。进一步转变政府职能,增加公共产品和服务供给,为创业者提供更多机会。逐步清理并废除妨碍创业发展的制度和规定,打破地方保护主义。加快出台公平竞争审查制度,建立统一透明、有序规范的市场环境。依法反垄断和反不正当竞争,消除不利于创业创新发展的垄断协议和滥用市场支配地位以及其他不正当竞争行为。清理规范涉企收费项目,完善收费目录管理制度,制定事中事后监管办法。建立和规范企业信用信息发布制度,制定严重违法企业名单管理办法,把创业主体信用与市场准入、享受优惠政策挂钩,完善以信用管理为基础的创业创新监管模式。

(二)深化商事制度改革。加快实施工商营业执照、组织机构代码证、税务登记证"三证合一""一照一码",落实"先照后证"改革,推进全程电子化登记和电子营业执照应用。支持各地结合实际放宽新注册企业场所登记条件限制,推动"一址多照"、集群注册等住所登记改革,为创业创新提供便利的工商登记服务。建立市场准入等负面清单,破除不合理的行业准入限制。开展企业简易注销试点,建立便捷的市场退出机制。依托企业信用信息公示系统建立小微企业名录,增强创业企业信息透明度。

(三)加强创业知识产权保护。研究商业模式等新形态创新成果的知识产权保护办法。积极推进知识产权交易,加快建立全国知识产权运营公共服务平台。完善知识产权快速维权与维权援助机制,缩短确权审查、侵权处理周期。集中查处一批侵犯知识产权的大案要案,加大对反复侵权、恶意侵权等行为的处罚力度,探索实施惩罚性赔偿制度。完善权利人维权机制,合理划分权利人举证责任,完善行政调解等非诉讼纠纷解决途径。

(四)健全创业人才培养与流动机制。把创业精神培育和创业素质教育纳入国民教育体系,实现全社会创业教育和培训制度化、体系化。加快完善创业课程设置,加强创业实训体系建设。加强创业创新知识普及教育,使大众创业、万众创新深入人心。加强创业导师队伍建设,提高创业服务水平。加快推进社会保障制度改革,破除人才自由流动制度障碍,实现党政机关、企事业单位、社会各方面人才顺畅流动。加快建立创业创新绩效评价机制,让一批富有创业精神、勇于承担风险的人才脱颖而出。

四、优化财税政策,强化创业扶持

(五)加大财政资金支持和统筹力度。各级财政要根据创业创新需要,统筹安排各类支持小微企业和创业创新的资金,加大对创业创新支持力度,强化资金预算执行和监管,加强资金使用绩效评价。支持有条件的地方政府设立创业基金,扶持创业创新发展。在确保公平竞争前提下,鼓励对众创空间等孵化机构的办公用房、用水、用能、网络等软硬件设施给予适当优惠,减轻创业者负担。

(六)完善普惠性税收措施。落实扶持小微企业发展的各项税收优惠政策。落实科技企业孵化器、大学科技园、研发费用加计扣除、固定资产加速折旧等税收优惠政策。对符合条件的众创空间等新型孵化机构适用科技企业孵化器税收优惠政策。按照税制改革方向和要求,对包括天使投资在内的投向种子期、初创期等创新活动的投资,统筹研究相关税收支持政策。修订完善高新技术企业认定办法,完善创业投资企业享受70%应纳税所得额税收抵免政策。抓紧推广中关村国家自主创新示范区税收试点政策,将企业转增股本分期缴纳个人所得税试点政策、股权奖励分期缴纳个人所得税试点政策推广至全国范围。落实促进高校毕业生、残疾人、退役军人、登记失业人员等创业就业税收政策。

(七)发挥政府采购支持作用。完善促进中小企业发展的政府采购政策,加强对采购单位的政策指导和监督检查,督促采购单位改进采购计划编制和项目预留管理,增强政策对小微企业发展的支持效果。加大创新产品和服务的采购力度,把政府采购与支持创业发展紧密结合起来。

五、搞活金融市场,实现便捷融资

(八)优化资本市场。支持符合条件的创业企业上市或发行票据融资,并鼓励创业企业通过债券市场筹集资金。积极研究尚未盈利的互联网和高新技术企业到创业板发行上市制度,推动在上海证券交易所建立战略新兴产业板。加快推进全国中小企业股份转让系统向创业板转板试点。研究解决特殊股权结构类创业企业在境内上市的制度性障碍,完善资本市场规则。规范发展服务于中小微企业的区域性股权市场,推动建立工商登记部门与区域性股权市场的股权登记对接机制,支持股权质押融资。支持符合条件的发行主体发行小微企业增信集合债等企业债券创新品种。

(九)创新银行支持方式。鼓励银行提高针对创业创新企业的金融服务专业化水平,不断创新组织架构、管理方式和金融产品。推动银行与其他金融机构加强合作,对创业创新活动给予有针对性的股权和债权融资支持。鼓励银行业金融机构向创业企业提供结算、融资、理财、咨询等一站式系统化的金融服务。

(十)丰富创业融资新模式。支持互联网金融发展,引导和鼓励众筹融资平台规范发展,开展公开、小额股权众筹融资试点,加强风险控制和规范管理。丰富完善创业担保贷款政策。支持保险资金参与创业创新,发展相互保险等新业务。完善知识产权估值、质押和流转体系,依法合规推动知识产权质押融资、专利许可费收益权证券化、专利保险等服务常态化、规模化发展,支持知识产权金融发展。

六、扩大创业投资,支持创业起步成长

(十一)建立和完善创业投资引导机制。不断扩大社会资本参与新兴产业创投计划参股基金规模,做大直接融资平台,引导创业投资更多向创业企业起步成长的前端延伸。不断完善新兴产业创业投资政策体系、制度体系、融资体系、监管和预警体系,加快建立考核评价体系。加快设立国家新兴产业创业投资引导基金和国家中小企业发展基金,逐步建立支持创业创新和战略性新兴产业发展的市场化长效运行机制。发展联合投资等新模式,探索建立风险补偿机制。鼓励各地方政府建立和完善创业投资引导基金。加强创业投资立法,完善促进天使投资的政策法规。促进国家新兴产业创业投资引导基金、科技型中小企业创业投资引导基金、国家科技成果转化引导基金、国家中小企业发展基金等协同联动。推进创业投资行业协会建设,加强行业自律。

(十二)拓宽创业投资资金供给渠道。加快实施新兴产业"双创"三年行动计划,建立一批新兴产业"双创"示范基地,引导社会资金支持大众创业、万众创新。推动商业银行在依法合规、风险隔离的前提下,与创业投资机构建立市场化长期性合作。进一步降低商业保险资金进入创业投资的门槛。推动发展投贷联动、投保联动、投债联动等新模式,不断加大对创业创新企业的融资支持。

(十三)发展国有资本创业投资。研究制定鼓励国有资本参与创业投资的系统性政策措施,完善国有创业投资机构激励约束机制、监督管理机制。引导和鼓励中央企业和其他国有企业参与新兴产业创业投资基金、设立国有资本创业投资基金等,充分发挥国有资本在创业创新中的作用。研究完善国有创业投资机构国有股转持豁免政策。

(十四)推动创业投资"引进来"与"走出去"。抓紧修订外商投资创业投资企业相关管理规定,按照内外资一致的管理原则,放宽外商投资准入,完善外资创业投资机构管理制度,简化管理流程,鼓励外资开展创业投资业务。放宽对外资创业投资基金投资限制,鼓励中外合资创业投资机构发展。引导和鼓励创业投资机构加大对境外高端研发项目的投资,积极分享境外高端技术成果。按投资领域、用途、募集资金规模,完善创业投资境外投资管理。

七、发展创业服务,构建创业生态

(十五)加快发展创业孵化服务。大力发展创新工场、车库咖啡等新型孵化器,做大做强众创空间,完善创业孵化服务。引导和鼓励各类创业孵化器与天使投资、创业投资相结合,完善投融资模式。引导和推动创业孵化与高校、科研院所等技术成果转移相结合,完善技术支撑服务。引导和鼓励国内资本与境外合作设立新型创业孵化平台,引进境外先进创业孵化模式,提升孵化能力。

(十六)大力发展第三方专业服务。加快发展企业管理、财务咨询、市场营销、人力资源、法律顾问、知识产权、检验检测、现代物流等第三方专业化服务,不断丰富和完善创业服务。

(十七)发展"互联网+"创业服务。加快发展"互联网+"创业网络体系,建设一批小微企业创业创新基地,促进创业与创新、创业与就业、线上与线下相结合,降低全社会创业门槛和成本。加强政府数据开放共享,推动大型互联网企业和基础电信企业向创业者开放计算、存储和数据资源。积极推广众包、用户参与设计、云设计等新型研发组织模式和创业创新模式。

(十八)研究探索创业券、创新券等公共服务新模式。有条件的地方继续探索通过创业券、创新券等方式对创业者和创新企业提供社会培训、管理咨询、检验检测、软件开发、研发设计等服务,建立和规范相关管理制度和运行机制,逐步形成可复制、可推广的经验。

八、建设创业创新平台,增强支撑作用

(十九)打造创业创新公共平台。加强创业创新信息资源整合,建立创业政策集中发布平台,完善专业化、网络化服务体系,增强创业创新信息透明度。鼓励开展各类公益讲坛、创业论坛、创业培训等活动,丰富创业平台形式和内容。支持各类创业创新大赛,定期办好中国创新创业大赛、中国农业科技创新创业大赛和创新挑战大赛等赛事。加强和完善中小企业公共服务平台网络建设。充分发挥企业的创新主体作用,鼓励和支持有条件的大型企业发展创业平台、投资并购小微企业等,支持企业内外部创业者创业,增强企业创业创新活力。为创业失败者再创业建立必要的指导以及援助机制,不断增强创业信心和创业能力。加快建立创业企业、天使投资、创业投资统计指标体系,规范统计口径和调查方法,加强监测和分析。

(二十)用好创业创新技术平台。建立科技基础设施、大型科研仪器和专利信息资源向全社会开放的长效机制。完善国家重点实验室等国家级科研平台(基地)向社会开放机制,为大众创业、万众创新提供有力支撑。鼓励企业建立一批专业化、市场化的技术转移平台。鼓励依托三维(3D)打印、网络制造等先进技术和发展模式,开展面向创业者的社会化服务。引导和支持有条件的领军企业创建特色服务平台,面向企业内部和外部创业者提供资金、技术和服务支撑。加快建立军民两用技术项目实施、信息交互和标准化协调机制,促进军民创新资源融合。

(二十一)发展创业创新区域平台。支持开展全面创新改革试验的省(区、市)、国家综合配套改革试验区等,依托改革试验平台在创业创新体制机制改革方面积极探索,发挥示范和带动作用,为创业创新制度体系建设提供可复制、可推广的经验。依托自由贸易试验区、国家自主创新示范区、战略性新兴产业集聚区等创业创新资源密集区域,打造若干具有全球影响力的创业创新中心。引导和鼓励创业创新型城市完善环境,推动区域集聚发展。推动实施小微企业创业基地城市示范。鼓励有条件的地方出台各具特色的支持政策,积极盘活闲置的商业用房、工业厂房、企业库房、物流设施和家庭住所、租赁房等资源,为创业者提供低成本办公场所和居住条件。

九、激发创造活力,发展创新型创业

(二十二)支持科研人员创业。加快落实高校、科研院所等专业技术人员离岗创业政策,对经同意离岗的可在3年内保留人事关系,建立健全科研人员双向流动机制。进一步完善创新型中小企业上市股权激励和员工持股计划制度规则。鼓励符合条件的企业按照有关规定,通过股权、期权、分红等激励方式,调动科研人员创业积极性。支持鼓励学会、协会、研究会等科技社团为科技人员和创业企业提供咨询服务。

(二十三)支持大学生创业。深入实施大学生创业引领计划,整合发展高校毕业生就业创业基金。引导和鼓励高校统筹资源,抓紧落实大学生创业指导服务机构、人员、场地、经费等。引导和鼓励成功创业者、知名企业家、天使和创业投资人、专家学者等担任兼职创业导师,提供包括创业方案、创业渠道等创业辅导。建立健全弹性学制管理办法,支持大学生保留学籍休学创业。

(二十四)支持境外人才来华创业。发挥留学回国人才特别是领军人才、高端人才的创业引领带动作用。继续推进人力资源市场对外开放,建立和完善境外高端创业创新人才引进机制。进一步放宽外籍高端人才来华创业办理签证、永久居留证等条件,简化开办企业审批流程,探索由事前审批调整为事后备案。引导和鼓励地方对回国创业高端人才和境外高端人才来华创办高科技企业给予一次性创业启动资金,在配偶就业、子女入学、医疗、住房、社会保障等方面完善相关措施。加强海外科技人才离岸创业基地建设,把更多的国外创业创新资源引入国内。

十、拓展城乡创业渠道,实现创业带动就业

(二十五)支持电子商务向基层延伸。引导和鼓励集办公服务、投融资支持、创业辅导、渠道开拓于一体的市场化网商创业平台发展。鼓励龙头企业结合乡村特点建立电子商务交易服务平台、商品集散平台和物流中心,推动农村依托互联网创业。鼓励电子商务第三方交易平台渠道下沉,带动城乡基层创业人员依托其平台和经营网络开展创业。完善有利于中小网商发展的相关措施,在风险可控、商业可持续的前提下支持发展面向中小网商的融资贷款业务。

（二十六）支持返乡创业集聚发展。结合城乡区域特点,建立有市场竞争力的协作创业模式,形成各具特色的返乡人员创业联盟。引导返乡创业人员融入特色专业市场,打造具有区域特点的创业集群和优势产业集群。深入实施农村青年创业富民行动,支持返乡创业人员因地制宜围绕休闲农业、农产品深加工、乡村旅游、农村服务业等开展创业,完善家庭农场等新型农业经营主体发展环境。

（二十七）完善基层创业支撑服务。加强城乡基层创业人员社保、住房、教育、医疗等公共服务体系建设,完善跨区域创业转移接续制度。健全职业技能培训体系,加强远程公益创业培训,提升基层创业人员创业能力。引导和鼓励中小金融机构开展面向基层创业创新的金融产品创新,发挥社区地理和软环境优势,支持社区创业者创业。引导和鼓励行业龙头企业、大型物流企业发挥优势,拓展乡村信息资源、物流仓储等技术和服务网络,为基层创业提供支撑。

十一、加强统筹协调,完善协同机制

（二十八）加强组织领导。建立由发展改革委牵头的推进大众创业、万众创新部际联席会议制度,加强顶层设计和统筹协调。各地区、各部门要立足改革创新,坚持需求导向,从根本上解决创业创新中面临的各种体制机制问题,共同推进大众创业、万众创新蓬勃发展。重大事项要及时向国务院报告。

（二十九）加强政策协调联动。建立部门之间、部门与地方之间政策协调联动机制,形成强大合力。各地区、各部门要系统梳理已发布的有关支持创业创新发展的各项政策措施,抓紧推进"立、改、废"工作,将对初创企业的扶持方式从选拔式、分配式向普惠式、引领式转变。建立健全创业创新政策协调审查制度,增强政策普惠性、连贯性和协同性。

（三十）加强政策落实情况督查。加快建立推进大众创业、万众创新有关普惠性政策措施落实情况督查督导机制,建立和完善政策执行评估体系和通报制度,全力打通决策部署的"最先一公里"和政策落实的"最后一公里",确保各项政策措施落地生根。

各地区、各部门要进一步统一思想认识,高度重视、认真落实本意见的各项要求,结合本地区、本部门实际明确任务分工、落实工作责任,主动作为、敢于担当,积极研究解决新问题,及时总结推广经验做法,加大宣传力度,加强舆论引导,推动本意见确定的各项政策措施落实到位,不断拓展大众创业、万众创新的空间,汇聚经济社会发展新动能,促进我国经济保持中高速增长、迈向中高端水平。

国务院

2015 年 6 月 11 日

☞ 重点提炼

1. 推进大众创业、万众创新的总体思路是什么?

坚持深化改革,营造创业环境。坚持需求导向,释放创业活力。坚持政策协同,实现落地生根。坚持开放共享,推动模式创新。

2. 推进大众创业、万众创新的重要意义是什么?

推进大众创业、万众创新,是培育和催生经济社会发展新动力的必然选择。推进大众创业、万众创新,是扩大就业、实现富民之道的根本举措。推进大众创业、万众创新,是激发全社会创新潜能和创业活力的有效途径。

国务院办公厅
关于深化高等学校创新创业教育改革的实施意见

国办发〔2015〕36 号

各省、自治区、直辖市人民政府,国务院各部委、各直属机构:

深化高等学校创新创业教育改革,是国家实施创新驱动发展战略、促进经济提质增效升级的迫切需要,是推进高等教育综合改革、促进高校毕业生更高质量创业就业的重要举措。党的十八大对创新创业人才培养作出重要部署,国务院对加强创新创业教育提出明确要求。近年来,高校创新创业教育不断加强,取得了积极进展,对提高高等教育质量、促进学生全面发展、推动毕业生创业就业、服务国家现代化建设发挥了重要作用。但也存在一些不容忽视的突出问题,主要是一些地方和高校重视不够,创新创业教育理念滞后,与专业教育结合不紧,与实践脱节;教师开展创新创业教育的意识和能力欠缺,教学方式方法单一,针对性实效性不强;实践平台短缺,指导帮扶不到位,创新创业教育体系亟待健全。为了进一步推动大众创业、万众创新,经国务院同意,现就深化高校创新创业教育改革提出如下实施意见。

一、总体要求

(一)指导思想

全面贯彻党的教育方针,落实立德树人根本任务,坚持创新引领创业、创业带动就业,主动适应经济发展新常态,以推进素质教育为主题,以提高人才培养质量为核心,以创新人才培养机制为重点,以完善条件和政策保障为支撑,促进高等教育与科技、经济、社会紧密结合,加快培养规模宏大、富有创新精神、勇于投身实践的创新创业人才队伍,不断提高高等教育对稳增长促改革调结构惠民生的贡献度,为建设创新型国家、实现"两个一百年"奋斗目标和中华民族伟大复兴的中国梦提供强大的人才智力支撑。

(二)基本原则

坚持育人为本,提高培养质量。把深化高校创新创业教育改革作为推进高等教育综合改革的突破口,树立先进的创新创业教育理念,面向全体、分类施教、结合专业、强化实践,促进学生全面发展,提升人力资本素质,努力造就大众创业、万众创新的生力军。

坚持问题导向,补齐培养短板。把解决高校创新创业教育存在的突出问题作为深化高校创新创业教育改革的着力点,融入人才培养体系,丰富课程、创新教法、强化师资、改进帮扶,推进教学、科研、实践紧密结合,突破人才培养薄弱环节,增强学生的创新精神、创业意识和创新创业能力。

坚持协同推进,汇聚培养合力。把完善高校创新创业教育体制机制作为深化高校创新创业教育改革的支撑点,集聚创新创业教育要素与资源,统一领导、齐抓共管、开放合作、全员参与,形成全社会关心支持创新创业教育和学生创新创业的良好生态环境。

(三)总体目标

2015年起全面深化高校创新创业教育改革。2017年取得重要进展,形成科学先进、广泛认同、具有中国特色的创新创业教育理念,形成一批可复制可推广的制度成果,普及创新创业教育,实现新一轮大学生创业引领计划预期目标。到2020年建立健全课堂教学、自主学习、结合实践、指导帮扶、文化引领融为一体的高校创新创业教育体系,人才培养质量显著提升,学生的创新精神、创业意识和创新创业能力明显增强,投身创业实践的学生显著增加。

二、主要任务和措施

(一)完善人才培养质量标准

制订实施本科专业类教学质量国家标准,修订实施高职高专专业教学标准和博士、硕士学位基本要求,明确本科、高职高专、研究生创新创业教育目标要求,使创新精神、创业意识和创新创业能力成为评价人才培养质量的重要指标。相关部门、科研院所、行业企业要制订、修订专业人才评价标准,细化创新创业素质能力要求。不同层次、类型、区域高校要结合办学定位、服务面向和创新创业教育目标要求,制订专业教学质量标准,修订人才培养方案。

(二)创新人才培养机制

实施高校毕业生就业和重点产业人才供需年度报告制度,完善学科专业预警、退出管理办法,探索建立需求导向的学科专业结构和创业就业导向的人才培养类型结构调整新机制,促进人才培养与经济社会发展、创业就业需求紧密对接。深入实施系列"卓越计划"、科教结合协同育人行动计划等,多形式举办创新创业教育实验班,探索建立校校、校企、校地、校所以及国际合作的协同育人新机制,积极吸引社会资源和国外优质教育资源投入创新创业人才培养。高校要打通一级学科或专业类下相近学科专业的基础课程,开设跨学科专业的交叉课程,探索建立跨院系、跨学科、跨专业交叉培养创新创业人才的新机制,促进人才培养由学科专业单一型向多学科融合型转变。

(三)健全创新创业教育课程体系

各高校要根据人才培养定位和创新创业教育目标要求,促进专业教育与创新创业教育有机融合,调整专业课程设置,挖掘和充实各类专业课程的创新创业教育资源,在传授专业知识过程中加强创新创业教育。面向全体学生开发开设研究方法、学科前沿、创业基础、就业创业指导等方面的必修课和选修课,纳入学分管理,建设依次递进、有机衔接、科学合理的创新创业教育专门课程群。各地区、各高校要加快创新创业教育优质课程信息化建设,推出一批资源共享的慕课、视频公开课等在线开放课程。建立在线开放课程学习认证和学分认定制度。组织学科带头人、行业企业优秀人才,联合编写具有科学性、先进性、适用性的创新创业教育重点教材。

(四)改革教学方法和考核方式

各高校要广泛开展启发式、讨论式、参与式教学,扩大小班化教学覆盖面,推动教师把国际前沿学术发展、最新研究成果和实践经验融入课堂教学,注重培养学生的批判性和创造性思维,激发创新创业灵感。运用大数据技术,掌握不同学生学习需求和规律,为学生自主学习提供更加丰富多样的教育资源。改革考试考核内容和方式,注重考查学生运用知识分析、解决问题的能力,探索非标准答案考试,破除"高分低能"积弊。

(五)强化创新创业实践

各高校要加强专业实验室、虚拟仿真实验室、创业实验室和训练中心建设,促进实验教学平台共享。各地区、各高校科技创新资源原则上向全体在校学生开放,开放情况纳入各类研究基地、重点实验室、科技园评估标准。鼓励各地区、各高校充分利用各种资源建设大学科技园、大学生创业园、创业孵化基地和小微企业创业基地,作为创业教育实践平台,建好一批大学生校外实践教育基地、创业示范基地、科技创业实习基地和职业院校实训基地。完善国家、地方、高校三级创新创业实训教学体系,深入实施大学生创新创业训练计划,扩大覆盖面,促进项目落地转化。举办全国大学生创新创业大赛,办好全国职业院校技能大赛,支持举办各类科技创新、创意设计、创业计划等专题竞赛。支持高校学生成立创新创业协会、创业俱乐部等社团,举办创新创业讲座论坛,开展创新创业实践。

(六)改革教学和学籍管理制度

各高校要设置合理的创新创业学分,建立创新创业学分积累与转换制度,探索将学生开展创新实验、发表论文、获得专利和自主创业等情况折算为学分,将学生参与课题研究、项目实验等活动认定为课堂学习。为有意愿有潜质的学生制定创新创业能力培养计划,建立创新创业档案和成绩单,客观记录并量化评价学生开展创新创业活动情况。优先支持参与创新创业的学生转入相关专业学习。实施弹性学制,放宽学生修业年限,允许调整学业进程、保留学籍休学创新创业。设立创新创业奖学金,并在现有相关评优评先项目中拿出一定比例用于表彰优秀创新创业的学生。

(七)加强教师创新创业教育教学能力建设

各地区、各高校要明确全体教师创新创业教育责任,完善专业技术职务评聘和绩效考核标准,加强创新创业教育的考核评价。配齐配强创新创业教育与创业就业指导专职教师队伍,并建立定期考核、淘汰制度。聘请知名科学家、创业成功者、企业家、风险投资人等各行各业优秀人才,担任专业课、创新创业课授课或指导教师,并制定兼职教师管理规范,形成全国万名优秀创新创业导师人才库。将提高高校教师创新创业教育的意识和能力作为岗前培训、课程轮训、骨干研修的重要内容,建立相关专业教师、创新创业教育专职教师到行业企业挂职锻炼制度。加快完善高校科技成果处置和收益分配机制,支持教师以对外转让、合作转化、作价入股、自主创业等形式将科技成果产业化,并鼓励带领学生创新创业。

（八）改进学生创业指导服务

各地区、各高校要建立健全学生创业指导服务专门机构,做到"机构、人员、场地、经费"四到位,对自主创业学生实行持续帮扶、全程指导、一站式服务。健全持续化信息服务制度,完善全国大学生创业服务网功能,建立地方、高校两级信息服务平台,为学生实时提供国家政策、市场动向等信息,并做好创业项目对接、知识产权交易等服务。各地区、各有关部门要积极落实高校学生创业培训政策,研发适合学生特点的创业培训课程,建设网络培训平台。鼓励高校自主编制专项培训计划,或与有条件的教育培训机构、行业协会、群团组织、企业联合开发创业培训项目。各地区和具备条件的行业协会要针对区域需求、行业发展,发布创业项目指南,引导高校学生识别创业机会、捕捉创业商机。

（九）完善创新创业资金支持和政策保障体系

各地区、各有关部门要整合发展财政和社会资金,支持高校学生创新创业活动。各高校要优化经费支出结构,多渠道统筹安排资金,支持创新创业教育教学,资助学生创新创业项目。部委属高校应按规定使用中央高校基本科研业务费,积极支持品学兼优且具有较强科研潜质的在校学生开展创新科研工作。中国教育发展基金会设立大学生创新创业教育奖励基金,用于奖励对创新创业教育做出贡献的单位。鼓励社会组织、公益团体、企事业单位和个人设立大学生创业风险基金,以多种形式向自主创业大学生提供资金支持,提高扶持资金使用效益。深入实施新一轮大学生创业引领计划,落实各项扶持政策和服务措施,重点支持大学生到新兴产业创业。有关部门要加快制定有利于互联网创业的扶持政策。

三、加强组织领导

（一）健全体制机制

各地区、各高校要把深化高校创新创业教育改革作为"培养什么人,怎样培养人"的重要任务摆在突出位置,加强指导管理与监督评价,统筹推进本地本校创新创业教育工作。各地区要成立创新创业教育专家指导委员会,开展高校创新创业教育的研究、咨询、指导和服务。各高校要落实创新创业教育主体责任,把创新创业教育纳入改革发展重要议事日程,成立由校长任组长、分管校领导任副组长、有关部门负责人参加的创新创业教育工作领导小组,建立教务部门牵头,学生工作、团委等部门齐抓共管的创新创业教育工作机制。

（二）细化实施方案

各地区、各高校要结合实际制定深化本地本校创新创业教育改革的实施方案,明确责任分工。教育部属高校需将实施方案报教育部备案,其他高校需报学校所在地省级教育部门和主管部门备案,备案后向社会公布。

（三）强化督导落实

教育部门要把创新创业教育质量作为衡量办学水平、考核领导班子的重要指标,纳入高校教育教学评估指标体系和学科评估指标体系,引入第三方评估。把创新创业教育相关情况列入本科、高职高专、研究生教学质量年度报告和毕业生就业质量年度报告重点内容,接受社会监督。

（四）加强宣传引导

各地区、各有关部门以及各高校要大力宣传加强高校创新创业教育的必要性、紧迫性、重要性,使创新创业成为管理者办学、教师教学、学生求学的理性认知与行动自觉。及时总结推广各地各高校的好经验好做法,选树学生创新创业成功典型,丰富宣传形式,培育创客文化,努力营造敢为人先、敢冒风险、宽容失败的氛围环境。

国务院办公厅
2015 年 5 月 4 日

☞ 重点提炼

1.深化高校创新创业教育改革的主要任务是什么?

一是完善人才培养质量标准,二是创新人才培养机制,三是健全创新创业教育课程体系,四是改革教学方法和考核方式,五是强化创新创业实践,六是改革教学和学籍管理制度,七是加强教师创新创业教育教学能力建设,八是改进学生创业指导服务,九是完善创新创业资金支持和政策保障体系。

中共中央办公厅国务院办公厅印发
《关于进一步引导和鼓励高校毕业生到基层工作的意见》

中办发〔2016〕79号

　　高校毕业生是国家宝贵的人才资源。党中央、国务院高度重视高校毕业生就业工作,把基层作为高校毕业生成长成才的重要平台,对引导和鼓励高校毕业生到基层工作提出了明确要求。各地区各有关部门创新政策措施,完善服务保障机制,引导大批高校毕业生到基层工作,有力推动了基层事业发展。同时也要看到,与全面建成小康社会目标和基层发展对各类人才需求相比,高校毕业生到基层工作还存在动力不足、渠道不畅、发挥作用不够、发展空间有限、服务保障不力等问题。为进一步引导和鼓励高校毕业生到基层工作,发挥高校毕业生在促进基层经济社会发展中的作用,现提出如下意见。

　　一、总体要求

　　(一)指导思想。全面贯彻党的十八大和十八届三中、四中、五中、六中全会精神,深入贯彻习近平总书记系列重要讲话精神和治国理政新理念新思想新战略,认真落实党中央、国务院决策部署,紧紧围绕统筹推进"五位一体"总体布局和协调推进"四个全面"战略布局,牢固树立新发展理念,深入实施人才强国战略和就业优先战略,以培育和践行社会主义核心价值观为引领,以服务基层发展为目标,以更好发挥高校毕业生作用为核心,进一步创新体制机制,完善政策措施,健全服务体系,加快构建引导和鼓励高校毕业生到基层工作长效机制,确保下得去、留得住、干得好、流得动。

　　(二)基本原则。——坚持服务基层和培养人才相结合。将促进基层经济社会发展作为出发点和落脚点,积极营造有利于高校毕业生立足基层成长成才的良好环境,更好鼓励高校毕业生扎根基层、服务基层。——坚持市场主导和政府推动相结合。充分发挥市场在人力资源配置中的决定性作用和更好发挥政府作用,健全统一规范的人力资源市场,加强对在校大学生的思想引导,实施基层服务示范引领项目,建立健全有利于高校毕业生向基层流动的长效机制。——坚持政策支持和完善服务相结合。把转变政府职能和创新管理方式结合起来,着力完善各项支持政策,加强公共就业和人才服务体系建设,建立健全有利于高校毕业生到基层工作的服务保障机制。

二、多渠道开发基层岗位,为高校毕业生到基层工作搭建平台

(三)结合政府购买基层公共管理和社会服务开发就业岗位。认真落实政府购买基层公共管理和社会服务岗位更多用于吸纳高校毕业生就业的要求,结合基层实际需求和转变政府职能、创新公共服务供给模式需要,加大在基层公共教育、医疗卫生、文化体育、农业技术、农村水利、扶贫开发、社会救助、城乡社区建设、社会工作、法律援助、信息化建设与管理等领域购买服务的力度,创造更多适合高校毕业生的就业岗位。从基层实际需求出发,精准聚焦短缺人才,以县域为单位定期梳理本地区迫切急需的岗位信息,依托各级公共就业人才服务机构信息发布平台等渠道,加强信息发布和政策引导,鼓励用人单位优先吸纳高校毕业生就业。集中政策资源精准发力,落实好各项就业扶持政策。

(四)引导高校毕业生投身扶贫开发和农业现代化建设。围绕打赢脱贫攻坚战和农业现代化部署,结合推进农业科技创新、扶贫开发需求,积极引导和鼓励高校毕业生投身现代种业、农业技术、农产品加工、休闲农业、乡村旅游、农村电子商务、农村合作经济和基层水利等事业。鼓励高校毕业生到贫困村从事扶贫工作,到贫困村创业并带领建档立卡贫困人口脱贫致富的高校毕业生,可按规定申报扶贫项目支持、享受扶贫贴息贷款等扶贫开发政策。到农业生产经营主体就业的高校毕业生,可按规定享受就业培训、继续教育、项目申报、成果审定等政策,符合条件的可优先评聘相应专业技术资格。

(五)引导高校毕业生到中西部地区、东北地区和艰苦边远地区工作。在深入实施中部崛起、西部大开发和振兴东北地区等老工业基地战略中,积极拓展高校毕业生就业新空间,引导和鼓励高校毕业生到中西部地区、东北地区就业。艰苦边远地区基层机关招录高校毕业生可适当放宽学历、专业等条件,降低开考比例,可设置一定数量的职位面向具有本市、县户籍或在本市、县长期生活的高校毕业生。抓好《关于进一步做好艰苦边远地区县乡事业单位公开招聘工作的通知》的贯彻执行,落实好艰苦边远地区事业单位公开招聘高校毕业生各项倾斜政策。

(六)鼓励高校毕业生到基层机关事业单位工作。根据基层发展需要和财力状况,编制政策和编制标准适当向基层机关事业单位倾斜,为适度扩大招聘高校毕业生创造条件。基层单位出现岗位空缺,择优招录高校毕业生或者拿出一定数量的岗位专门招录高校毕业生。研究制定符合县乡机关工作特点的公务员考录测评办法。市地级以上机关新录用高校毕业生没有基层工作经历的,可安排到县乡机关锻炼1年。加大招录国家重点高校优秀毕业生到乡镇一线和其他基层单位工作的力度,为基层干部队伍建设提供源头活水。

(七)鼓励大学生参军入伍。适应深化国防和军队改革形势,将大学生参军入伍纳入军民融合发展战略,鼓励和吸引更多优秀高校毕业生到军营建功立业。进一步完善高校学生参军入伍优惠政策,重点落实好退役大学生士兵专项研究生招生计划、学费资助、复学升学、就业创业等政策。进一步优化工作流程,为大学生入伍开辟绿色通道,落实预定兵工作机制。完善鼓励高校毕业生在部队长期服役政策,部队服役经历视为基层工作经历,按有关规定享受在基层工作高校毕业生同等政策待遇。认真细致做好服务,对大学新生、在校生、毕业生等不同群体开展有针对性的宣传动员,持续关心大学生士兵锻炼成长,进一步提高大学生征兵数量和质量。

(八)鼓励高校毕业生到中小微企业就业。发挥中小微企业吸纳高校毕业生就业主渠道作用,鼓励中小微企业在适应供给侧结构性改革、推进产业优化升级以及发展新经济、培育新动能过程中,进一步开发有利于发挥高校毕业生专长的管理型、技术型就业岗位。引导新兴业态与传统行业融合发展,支持发展就业新模式、新形态。综合运用财政、金融等政策,加大对中小微企业支持力度。对小微企业新招用毕业年度高校毕业生,按规定给予社会保险补贴和职业培训补贴。

(九)支持高校毕业生到基层创新创业。落实国家关于清障减负各项政策,为高校毕业生创新创业营造良好环境。加快发展众创空间,依托大学生创业园、国家农业科技园区、创业孵化基地等,为高校毕业生搭建低成本、全方位、专业化的创新创业平台。发挥财政、信贷、创投以及社会公益等各类资金的作用,为高校毕业生创业创新提供多渠道资金支持。充分挖掘社会组织吸纳高校毕业生就业的潜力,积极发挥社会组织帮扶高校毕业生创新创业的作用。鼓励高校毕业生根据自身专长和区域经济特色,在基层创办企业、从事个体经营或网络创业,并按规定给予就业创业政策支持。支持高校毕业生以资金入股、技术参股等方式,加入农民专业合作社等经济组织,鼓励其兴办家庭农场,对其中符合扶贫扶持政策、农业补贴政策条件的,按规定给予政策支持。鼓励高校毕业生充分利用闲暇时间,通过互联网远程技术为基层和艰苦边远地区提供公益性志愿服务或兼职工作,以多种形式为基层发展贡献才智。

三、健全保障措施,为高校毕业生在基层成长成才创造良好条件

(十)加大教育培训力度。建立健全面向基层高校毕业生的多层次、多元化培训和实训体系,组织开展有针对性的教育培训,多渠道组织引导高校毕业生到基层实践锻炼。各地组织实施的专业技术人才知识更新工程、创新创业培训项目等,应安排一定比例班次或人次专门面向在基层工作的高校毕业生。

(十一)营造有利于高校毕业生发展的制度环境。认真落实县以下机关公务员职务与职级并行制度。建立事业单位管理岗位职员等级晋升制度。优化基层事业单位岗位设置,适当提高基层中、高级专业技术岗位比例。对到条件特别艰苦乡镇事业单位工作的高校毕业生,要统筹做好交流工作。

(十二)完善基层职称评审制度。建立体现基层一线特别是脱贫攻坚一线专业技术人才工作实际特点的职称评价标准,合理设置评审条件,对论文、科研、外语、计算机应用等不做硬性要求。对长期在基层一线工作或作出重要贡献的基层专业技术人才,可破格晋升职称等级。有条件的地区可试行基层专业技术人才申报高级职称单独分组、单独评审、单独确定通过率。推广中小学教师、卫生等重点领域专业技术人才晋升高级职称须有1年以上农村基层工作服务经历的做法。

(十三)逐步提高基层工作人员工资待遇。对到中西部地区、东北地区或艰苦边远地区、国家扶贫开发工作重点县县以下机关事业单位工作的高校毕业生,新录用为公务员的,试用期工资可直接按试用期满后工资确定,试用期满考核合格后的级别工资,在未列入艰苦边远地区或国家扶贫开发工作重点县的中西部地区和东北地区的高定一档,在三类及以下艰苦边远地区或国家扶贫开发工作重点县的高定两档,在四类及以上艰苦边远地区的高定三档;招聘为事业单位正式工作人员的,可提前转正定级,转正定级时的薪级工资,在未列入艰苦边远地区或国家扶贫开发工作重点县的中西部地区和东北地区的高定一级,在三类及以下艰苦边远地区或国家扶贫开发工作重点县的高定两级,在四类及以上艰苦边远地区的高定三级。落实对乡镇机关事业单位工作人员实行的工作补贴政策,当前补贴水平不低于月人均200元,并向条件艰苦的偏远乡镇和长期在乡镇工作的人员倾斜。落实艰苦边远地区津贴增长机制。

(十四)加强其他待遇保障。各类基层用人单位招用高校毕业生,应依法签订劳动合同或聘用合同,参加社会保险,兑现劳动报酬。高校毕业生从非公有制经济组织和社会组织考录或招聘到机关事业单位或其他用人单位工作时,及时转移其社会保险关系,缴费年限合并计算。支持高校毕业生从事多种形式的灵活就业,符合条件的给予社会保险补贴。更好实施高校毕业生赴基层就业学费补偿和助学贷款代偿政策。对到农村基层急需紧缺专业(行业)就业的高校毕业生可给予专项安家费。落实省会及以下城市放开对高校毕业生落户限制的规定,高校毕业生在基层就业可根据需要自愿迁移户口。技师学院高级工班、预备技师班和特殊教育院校职业教育类毕业生可参照高校毕业生享受相关就业补贴政策。

四、实施高校毕业生基层项目,发挥项目示范引领作用

(十五)实施基层服务项目。继续组织实施大学生村官、农村教师特岗计划、"三支一扶"计划、志愿服务西部计划和农技特岗计划等专门项目,每年选派一批高校毕业生到基层服务。规范项目组织管理,加强人员培养使用,强化日常考核监督,切实发挥项目示范引领作用。进一步加大服务基层项目统筹实施力度,促进项目间政策协调平衡,有条件的地区可探索基层服务项目统一征集岗位、统一发布公告、统一组织考试、统一服务管理。

(十六)完善基层服务项目政策措施。适时提高基层服务项目人员工作生活补贴标准,落实社会保险、人员培训等相关政策。基层服务项目人员服务满1年且考核合格后,可按规定参加职称评定。参加基层服务项目前无工作经历的人员服务期满且考核合格后2年内,在参加机关事业单位考录(招聘)、各类企业吸纳就业、自主创业、落户、升学等方面可同等享受应届高校毕业生的相关政策。落实机关事业单位定向考录(招聘)、升学扶持等政策,组织开展专场招聘,加强职业指导和职业介绍,促进服务期满人员就业。

(十七)实施高校毕业生基层成长计划。将在基层重点领域就业创业的优秀高校毕业生作为后备人才,实行导师制培养模式,由用人单位负责同志或业务带头人进行"一对一"传帮带,原则上放在校长助理、所长助理、专家助理、总经理助理等重要岗位上进行锻炼培养,促进高校毕业生扎根基层、在基层成长成才。各地区各有关部门和用人单位要积极创造条件,加大对后备人才支持力度,为其在基层工作生活提供便利。上级机关事业单位选拔干部人才、同级单位岗位职务(等级)晋升和评聘专业技术职务(岗位),应当将纳入后备人才的优秀高校毕业生作为重点人选对象。

五、畅通流动渠道,为在基层工作的高校毕业生职业发展提供支持

(十八)注重拓展在基层工作的高校毕业生职业发展渠道。在干部人才选拔任用机制上,进一步强化基层工作经历的政策导向,向在基层工作的优秀高校毕业生倾斜。省级以上机关录用公务员,除特殊职位外,按照有关规定一律从具有2年以上基层工作经历的人员中考录。市地级以上机关应拿出一定数量职位面向具有基层工作经历的公务员进行公开遴选。省、市级所属事业单位面向社会公开招聘时,应拿出一定数量岗位公开招聘有基层事业单位工作经历的人员。有条件的地区,可明确具体公开遴选或招聘的比例。鼓励国有大中型企业建立健全人力资源管理激励机制,将在基层生产和管理一线表现优秀的高校毕业生纳入后备人才队伍,加大从基层一线选拔任用中层干部的力度。

(十九)完善基层人才顺畅流动机制。健全统一规范的人力资源市场,打破户籍、地域、身份、学历、人事关系等制约,促进高校毕业生在不同地域和不同性质单位间合理流动。实施"互联网+"人力资源服务行动,建立健全人力资源市场供求信息发布制度,加大基层急需紧缺人才宣传推介力度,加强区域性、行业性人才市场间的交流合作,推动政策互通、资格互认、信息共

享,加快人事档案管理服务信息化建设,完善社会保险关系转移接续办法,为在基层工作的高校毕业生跨地区、跨行业、跨体制流动提供便利条件。

(二十)优化公共就业和人才服务。健全公共就业和人才服务体系,不断丰富服务内容,满足高校毕业生多样化服务需求。进一步简化优化服务流程,明确服务标准,规范服务行为,提升服务水平。充分运用各类信息通信技术创新就业信息服务方式,开发移动客户端等信息服务平台,提供精准、高效的就业服务。

六、加强组织领导

(二十一)健全工作机制。各地要将引导和鼓励高校毕业生到基层工作纳入政府就业和人才工作总体规划,建立健全党委和政府领导、人力资源社会保障部门牵头、各有关部门参与的工作协调机制。人力资源社会保障部门要认真履行牵头抓总职责,加强统筹协调。各有关部门要按照职责分工,积极参与,形成齐抓共管、整体推进的工作格局。

(二十二)强化教育引导。教育部门和高校要强化对在校大学生的理想信念教育和思想教育,引导高校毕业生切实转变择业观念,树立科学的就业观和成才观。要完善引导在校大学生基层服务和基层实践体系,积极组织在校大学生到基层开展实习实践、志愿服务、社会公益等活动,增强对国情、社情、民情的了解,自觉把个人理想同国家与社会需要紧密结合起来,激发高校毕业生到基层就业创业的热情。

(二十三)加大财政支持力度。各地要优化和调整财政支出结构,统筹安排使用好人才发展、就业等各方面资金,加大支持力度,引导高校毕业生到基层就业工作。

(二十四)加强监督检查。各地区各部门各单位要加强对引导和鼓励高校毕业生到基层工作各项政策落实情况的监督检查,对不落实或者故意拖延落实的,要及时纠正,并依纪依法追究相关人员责任。

(二十五)开展宣传表彰。加强舆论引导,准确解读相关政策,广泛宣传报道扎根基层、建功立业的优秀高校毕业生典型,营造良好社会氛围。按照有关规定将在基层工作的高校毕业生纳入国家表彰奖励范围,对扎根基层、干事创业、敬业奉献、表现突出或作出重大贡献的高校毕业生适时开展评选表彰。鼓励各地按照有关规定对在基层工作的优秀高校毕业生进行表彰奖励。

☞ 重点提炼

1.引导和鼓励高校毕业生到基层就业应坚持哪些原则?

坚持服务基层和培养人才相结合,坚持市场主导和政府推动相结合,坚持政策支持和完善服务相结合。

2.如何开拓高校毕业生到基层就业的渠道?

一是结合政府购买基层公共管理和社会服务开发就业岗位;二是引导高校毕业生投身扶贫开发和农业现代化建设;三是引导高校毕业生到中西部地区、东北地区和艰苦边远地区工作;四是鼓励高校毕业生到基层机关事业单位工作;五是鼓励大学生参军入伍;六是鼓励高校毕业生到中小微企业就业;七是支持高校毕业生到基层创新创业。